为中华文化传承尽责任
为中华民族复兴育英才

《易经》诵读本

罗浮山泰学学校
中华优秀传统文化编辑委员会 编著

華文出版社
SINO-CULTURE PRESS

图书在版编目（CIP）数据

《易经》诵读本 / 罗浮山泰学学校，中华优秀传统文化编辑委员会编著. -- 北京：华文出版社，2024. 9.
ISBN 978-7-5075-6030-5

Ⅰ. B221-49

中国国家版本馆 CIP 数据核字第 20241P2Z05 号

《易经》诵读本

编　　著：罗浮山泰学学校　中华优秀传统文化编辑委员会
责任编辑：潘　婕
特约编辑：王国风
出版发行：华文出版社
地　　址：北京市西城区广安门外大街305号8区2号楼
电　　话：总 编 室 010-58336239　发 行 部 010-58336267
　　　　　责任编辑 010-63429159
邮政编码：100055
网　　址：http://www.hwcbs.cn
经　　销：新华书店
印　　刷：河北环京美印刷有限公司
开　　本：787mm×1092mm　1/16
印　　张：17.75
字　　数：160 千字
版　　次：2024 年 9 月第 1 版
印　　次：2024 年 9 月第 1 次印刷
标准书号：ISBN 978-7-5075-6030-5
定　　价：59.80 元

出版说明

作为央视《百家讲坛》备受欢迎的讲师之一，曾仕强教授以其深厚的国学底蕴和独到的见解，赢得了广大观众的喜爱和尊敬。他生前出版的《易经的奥秘》和《论语的生活智慧》等畅销书籍，更是将古老的中国智慧与现代生活紧密结合，为读者提供了宝贵的启示和指引。

2016年9月，曾仕强教授创办罗浮山泰学学校，把国家标准、国学根基、国际视野融为一体，引领现代教育方向。自建校以来，学校肩负文化与时代使命，将建立中华文化课程和教材体系作为当务之急，积极构建关联“国学根基”的课程，让传统文化教育进入中小学课堂。

为使课程更具传统文化的特色，学校决定出版由曾仕强教授精心解读的《易经》诵读本、《论语》诵读本、《道德经》诵读本与《孝经》诵读本。这些经典之作，不仅是中国古代文化的瑰宝，更是中华民族智慧的结晶。曾仕强教授的解读为这四部经典注入了新的活力和理解，使其更加贴近现代生活，为广大读者提供了宝贵的精神食粮。

本系列图书具有强烈的曾师风格，具体表现在以下几点。

1.本系列图书的语句解读、标点符号位置、个别字的读音等内容以曾仕强教授已著图书《易经的奥秘》《易经的智慧》《论语的生活智慧》《道德经的奥秘》《孝了，人生就顺了》为依据，所以与市场上的同类书有一些出入，但是曾仕强教授解读《易经》《论语》《道德经》《孝经》自成一派，在《百家讲坛》解读时，有强烈的个人风格，经过斟酌，我们决定保留这些不同之处，以便读者学习讨论。

2.译文简洁易懂，使读者能够轻松理解经典著作中的深奥哲理，从而普及国学知识。

3. 注音采用通行的汉语拼音方案，旨在保证初学者读音之准确。

我们相信，本系列图书将成为广大读者传承和弘扬中华文化的宝贵财富。让我们一起携手努力，为中华文化传承尽责任，为中华民族复兴育英才！

序　言

曾仕强

大家想一想，什么叫国学，什么叫经典？为什么有些东西不叫经典，而叫国学，就是因为经典很容易被搞乱，而国学，是具有中国特色的学问。有人可能会问，学问怎么有特色？我们从实际来了解，就是每个民族对同一件事情的看法不一样，而它的关键就在思维。

既然学问的特色在思维，那我们就非读《易经》不可。读《易经》就是给我们一种思维方式。让孩子从小背诵《易经》，再从实践活动中去练习思维方式，孩子将来会一辈子受用。我们应该在孩子年纪最小、最适合记忆的时候，给他们记一生中最有用的东西，否则这个黄金时期就浪费掉了。

我这样说大家不必担心。我曾亲眼看到过一个三岁半的小女孩把四千多字的《易经》从头背到尾。我问她："你知道意思吗？"她说："不知道。"我说："没有关系，你背了可以一生回味，不断地去用它。"

《易经》要完全看懂，不是容易的事。因此就有两个人：一个是孔子，一个是老子，来帮助我们去了解。

所以，我比较主张让孩子在小时候背三本书：一本是《易经》，一本是《道德经》，一本是《论语》，这三本书对他们终生都有用。

我们要知道，孔子和老子都在讲《易经》的道理，只是他们两个有分工。孔子是有教无类的，他是替大多数中等智慧的人来解释《易经》；而老子专门替高等智慧的人讲《易经》。孔子认为自己是述而不作的；但是老子认为，如果大家都走这一条路的话，那我们中国就没有本体论，就没有宇宙论了。于是，他说：那好吧，这一部分工作由我来做。所以他们两位老人家谈完以后，就分工了。他们是互补的，没有冲突，没有矛盾。全世界只有一个道，这个道，不只道家在讲，儒家也讲，诸子百家也讲。这个道，就是《易经》的道，叫作易道，几千年来，绵延不绝。

另外还有一本书，也是很值得孩子去背诵的，就是《孝经》。孔子曾说：我的主张反映在《春秋》，我的为人体现在《孝经》。由此可见，《孝经》在儒家经典中的位次，在中国文化中的位次。况且，中华民族是倡导孝道的民族，作为一名中国人，怎可不读《孝经》?

这样大家就了解了，《易经》《论语》《道德经》《孝经》，就是我们一以贯之的中华大道，是我们中华民族最核心的智慧。从小让孩子背诵、学习、实践其中的道理，将来才能成为一个合格的中国人，一辈子受用。我们要用儿童本位来考虑问题，这是很重要的。儿童本位不是现在所认为的一切以儿童意愿为准，而是站在儿童的立场来替他着想。过分迁就儿童，过分按照儿童意愿去走，这是不对的，反而把他们宠坏了、害惨了。现在教育的问题就是思路搞错了。

我们要为孩子未来的二十年、三十年去想事情，而不是只考虑现在。这才叫良心。我们要替他想到，他现在学的，二十年以后要能用。这样的思路才正确。

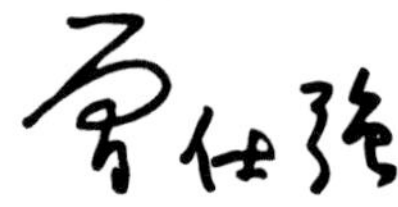

目　录

shàng jīng
上 经

qián guà dì yī

乾卦第一

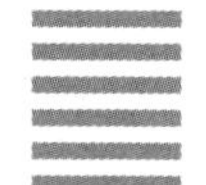

乾卦代表创造的力量。乾最大的美德是自强不息，乐善好施。

qián yuán hēng lì zhēn

1.1 乾，元亨利贞。

tuàn yuē dà zāi qián yuán wàn wù zī shǐ nǎi tǒng tiān yún xíng yǔ shī pǐn wù liú xíng dà míng zhōng shǐ liù wèi shí chéng shí chéng liù lóng yǐ yù tiān qián dào biàn huà gè zhèng xìng mìng bǎo hé tài hé nǎi lì zhēn shǒu chū shù wù wàn guó xián níng

1.2 《彖》曰：大哉乾元，万物资始，乃统天。云行雨施，品物流形。大明终始，六位时成，时乘六龙以御天。乾道变化，各正性命，保合太和乃利贞。首出庶物，万国咸宁。

xiàng yuē tiān xíng jiàn jūn zǐ yǐ zì qiáng bù xī

1.3 《象》曰：天行健；君子以自强不息。

【译文】1.1 乾卦象征天，慎始、亨通、和谐、贞正。 1.2《彖传》说：乾无限广大，主宰着万物的创始，统率天道的整个运行过程。云气流转，雨水充沛，充满造化的生机，产生各种有形的物质。太阳东升西落，循环往复，确定六个特定的时空环境，好像驾着六条巨龙在天空中翱翔。天道变化，万物各有不同的天性，成就不同的品性，丰富多彩，和谐共处，生生不息。把天道运行的规律应用在人事方面，赞天地之化育，促进物产的丰富，使得天下安定祥和。 1.3《象传》说：天道运行周而复始，永无止息，而且乐善好施，作为君子，应效法天道，度量宽广，并不停地奋斗下去。

chū jiǔ qián lóng wù yòng
1.4 初九：潜龙勿用。

xiàng yuē qián lóng wù yòng yáng zài xià yě
1.5 《象》曰："潜龙勿用"，阳在下也。

jiǔ èr xiàn lóng zài tián lì jiàn dà rén
1.6 九二：见龙在田，利见大人。

xiàng yuē xiàn lóng zài tián dé shī pǔ yě
1.7 《象》曰："见龙在田"，德施普也。

jiǔ sān jūn zǐ zhōng rì qián qián xī tì ruò lì wú jiù
1.8 九三：君子终日乾乾，夕惕若厉，无咎。

xiàng yuē zhōng rì qián qián fǎn fù dào yě
1.9 《象》曰："终日乾乾"，反复道也。

jiǔ sì huò yuè zài yuān wú jiù
1.10 九四：或跃在渊，无咎。

【译 文】1.4 初九：潜在地下的龙，对地面上的环境并不熟悉，最好谨慎小心，不要乱动。 1.5《象传》说：潜在地下的龙，对地面上的环境并不熟悉，最好谨慎小心，不要乱动，因为阳处在下位，要暂时保持勿用的状态，以策安全。 1.6 九二：龙出现在田野里，崭露头角，对君子将要见到大人有利。 1.7《象传》说：龙出现在田野里，崭露头角，开始普遍施展自己的品德。 1.8 九三：君子白天要警惕，晚上也要警惕，好像随时会发生灾难一样，这样的忧患意识能免除祸患。 1.9《象传》说：君子白天要警惕，晚上也要警惕，说明自强不息，立志继续往上走。 1.10 九四：倘若要跃，有两种结果，要么高飞上天，要么跌落谷底，不管怎么样，心甘情愿便没有祸患。

1.11 《象》曰："或跃在渊"，进无咎也。

（xiàng yuē huò yuè zài yuān jìn wú jiù yě）

1.12 九五：飞龙在天，利见大人。

（jiǔ wǔ fēi lóng zài tiān lì jiàn dà rén）

1.13 《象》曰："飞龙在天"，大人造也。

（xiàng yuē fēi lóng zài tiān dà rén zào yě）

1.14 上九：亢龙有悔。

（shàng jiǔ kàng lóng yǒu huǐ）

1.15 《象》曰："亢龙有悔"，盈不可久也。

（xiàng yuē kàng lóng yǒu huǐ yíng bù kě jiǔ yě）

1.16 用九：见群龙无首，吉。

（yòng jiǔ xiàn qún lóng wú shǒu jí）

1.17 《象》曰："用九"，天德不可为首也。

（xiàng yuē yòng jiǔ tiān dé bù kě wéi shǒu yě）

【译 文】1.11《象传》说：要么高飞上天，要么跌落谷底，不管结果怎么样，不怨天尤人，也就没有祸患。 1.12 九五：飞上高位，犹如飞龙在天，一方面表现出大人的风范，另一方面跟底下的干部心连心。 1.13《象传》说：飞上高位，是品德修养高尚的大人造福于民的大好时机。 1.14 上九：高高在上，脱离群众，定会孤立无援，后悔晚矣。 1.15《象传》说：高高在上，脱离群众，定会孤立无援，后悔不已，盛极而衰，骄亢引来懊悔，也是势所必然。 1.16 乾卦用九：从初九到上九都是龙，各个阶段要做出不同的调整，这是吉利的。 1.17《象传》说：乾卦用九，天虽然化生万物，但不居首、不居功。

【现代启示】在人生的初始阶段，不要急于表现，而应当放低姿态、努力积累能量，以待合适的机会再充分地表现，要得到大家的欢迎，这才是最重要的。

kūn guà dì èr

坤卦第二

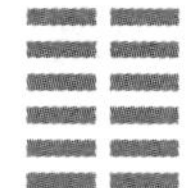

坤卦是配合乾卦的。坤最大的美德就是厚德载物、包容成全。

kūn yuán hēng lì pìn mǎ zhī zhēn jūn zǐ yǒu yōu
2.1 坤，元，亨。利牝马之贞。君子有攸
wǎng xiān mí hòu dé zhǔ lì xī nán dé péng
往，先迷，后得主，利。西南得朋，
dōng běi sàng péng ān zhēn jí
东北丧朋。安贞吉。

tuàn yuē zhì zāi kūn yuán wàn wù zī shēng
2.2 《彖》曰：至哉坤元！万物资生，
nǎi shùn chéng tiān kūn hòu zài wù dé hé wú jiāng hán
乃顺承天。坤厚载物，德合无疆。含
hóng guāng dà pǐn wù xián hēng pìn mǎ dì lèi
弘光大，品物咸亨。“牝马”地类，
xíng dì wú jiāng róu shùn lì zhēn jūn zǐ yōu xíng
行地无疆，柔顺利贞。“君子”攸行，
xiān mí shī dào hòu shùn dé cháng xī nán dé péng
先迷失道，后顺得常。“西南得朋”，

【译 文】 2.1 坤卦象征地，元始，亨通。如果像雌马那样柔顺、忠贞不贰，则是吉利的。君子有所往，走在前面可能会迷失方向，如果能跟从乾元的指引，是有利的。往西南方，会找到志同道合的朋友；往东北方，则会失去朋友。柔顺，获得君子的协助，是吉利的。
2.2《彖传》说：坤至为广大，孕育形成万物，承受天意以生长万物。地道博厚，但必须与天德相合，才能共同生出万物。地无所不包，博施厚积，光明伟大，万物生于地、长于地、老于地、死于地、藏于地，都因地而亨通。像雌马那样柔顺、忠贞不贰，可以驾驭它行至无比遥远的地方，则是吉利的。君子有所往，走在前面可能会迷失方向，如果跟从乾元的指引，才合乎柔顺的常道。

nǎi yǔ lèi xíng dōng běi sàng péng nǎi zhōng yǒu
乃与类行；“东北丧朋”，乃终有
qìng ān zhēn zhī jí yìng dì wú jiāng
庆。“安贞”之“吉”，应地无疆。

xiàng yuē dì shì kūn jūn zǐ yǐ hòu dé zài wù
2.3 《象》曰：地势坤，君子以厚德载物。

chū liù lǚ shuāng jiān bīng zhì
2.4 初六：履霜，坚冰至。

xiàng yuē lǚ shuāng jiān bīng yīn shǐ
2.5 《象》曰：“履霜，坚冰”，阴始
níng yě xùn zhì qí dào zhì jiān bīng yě
凝也。驯致其道，至坚冰也。

liù èr zhí fāng dà bù xí wú bú lì
2.6 六二：直方大，不习无不利。

xiàng yuē liù èr zhī dòng zhí yǐ fāng yě
2.7 《象》曰：六二之动，直以方也。
bù xí wú bú lì dì dào guāng yě
“不习无不利”，地道光也。

【译 文】往西南方，会找到志同道合的朋友，共同前行，因为物以类聚；往东北方，则会失去朋友，因为追随小人难免离经叛道，丧朋反而值得庆贺。发挥柔顺的美德，顺承天德，才是坤伟大的功能。 2.3《象传》说：坤象征大地，地势高高低低，无私地承载万物，作为君子应效法大地，胸怀宽广，包容万物，使每样东西各安其位。 2.4 初六：脚上踩到了霜，霜会慢慢结成冰。 2.5《象传》说：脚上踩到了霜，霜会慢慢结成冰，因为初六为阴爻，阴气开始凝结。顺着时间发展下去，就天寒地冻，要结冰了。 2.6 六二：地广大无边，这是自然而然的，没有经过人工做作，才会无所不利。 2.7《象传》说：直方大是地的自然景象，丝毫不造作地表现出来。没有经过人工做作，才会无所不利，表明人居大地之上，要像地一样真诚、光明。

2.8 六三：含章可贞。或从王事，无成有终。

（liù sān hán zhāng kě zhēn huò cóng wáng shì wú chéng yǒu zhōng）

2.9 《象》曰："含章可贞"，以时发也。"或从王事"，知光大也。

（xiàng yuē hán zhāng kě zhēn yǐ shí fā yě huò cóng wáng shì zhì guāng dà yě）

2.10 六四：括囊。无咎无誉。

（liù sì kuò náng wú jiù wú yù）

2.11 《象》曰："括囊无咎"，慎不害也。

（xiàng yuē kuò náng wú jiù shèn bú hài yě）

2.12 六五：黄裳。元吉。

（liù wǔ huáng shang yuán jí）

2.13 《象》曰："黄裳。元吉"，文在中也。

（xiàng yuē huáng shang yuán jí wén zài zhōng yě）

【译 文】2.8 六三：胸怀才华而不显露，别人自然会欣赏。辅佐君王或上司，一定要怀有某些疑虑，合理地顺从。功成而不居，才会获得善终。 2.9《象传》说：胸怀才华而不显露，以等待合适的时机再发挥。辅佐君王或上司，合理顺从，才能大显身手，有所作为。 2.10 六四：扎紧口袋，虽得不到赞美，但也没有祸患。 2.11《象传》说：扎紧口袋，不会有祸患，说明小心谨慎从事，就能免遭祸端。 2.12 六五：位置高贵而态度谦和，好比穿着黄色的衣裳，跟其他颜色都能调和一样，大吉大利。 2.13《象传》说：位置高贵而态度谦和，好比穿着黄色的衣裳，跟其他颜色都能调和一样，大吉大利，说明六五中和，才华在内，品德修养良好。

shàng liù lóng zhàn yú yě qí xuè xuán huáng
2.14 上六：龙战于野，其血玄黄。

xiàng yuē lóng zhàn yú yě qí dào qióng yě
2.15 《象》曰："龙战于野"，其道穷也。

yòng liù lì yǒng zhēn
2.16 用六：利永贞。

xiàng yuē yòng liù yǒng zhēn yǐ dà zhōng yě
2.17 《象》曰："用六"永贞，以大终也。

【译 文】2.14 上六：天龙地龙在野外作战，两败俱伤，惨不忍睹。 2.15《象传》说：天龙地龙在野外作战，表示阴到了极点，触犯了乾上九，非战不可。 2.16 坤卦用六：利于永远保持贞正的操守。 2.17《象传》说：坤卦用六，利于永远保持贞正的操守，方能有始有终。

【现代启示】内在美的具体表现，在于谨守本分，厚德包容。凡事不擅自做主，获得师长许可，才付诸实行。就算没有功劳，也应该有始有终，用心把该做的事情，从头到尾做好。

zhūn guà dì sān

屯卦第三

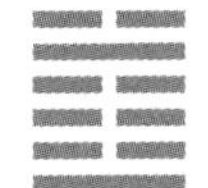

屯卦是乾坤两卦交合产生的第一卦，象征万物从很艰难的状况中产生出来。

zhūn yuán hēng lì zhēn wù yòng yǒu yōu

3.1 屯，元，亨，利，贞。勿用有攸

wǎng lì jiàn hóu

往。利建侯。

tuàn yuē zhūn gāng róu shǐ jiāo ér nán shēng

3.2 《彖》曰：屯，刚柔始交而难生。

dòng hū xiǎn zhōng dà hēng zhēn léi yǔ zhī dòng mǎn yíng

动乎险中，大亨贞。雷雨之动满盈，

tiān zào cǎo mèi yí jiàn hóu ér bù níng

天造草昧，宜建侯而不宁。

xiàng yuē yún léi zhūn jūn zǐ yǐ jīng lún

3.3 《象》曰：云雷屯，君子以经纶。

chū jiǔ pán huán lì jū zhēn lì jiàn hóu

3.4 初九：磐桓。利居贞，利建侯。

【译 文】3.1 屯卦象征始生，元始，亨通，和谐，贞正。根基未稳，不要急于发展，首先要找到一块有利的地盘，立君建国。 3.2《彖传》说：屯卦，阳刚与阴柔开始交合，出生的情状十分艰难。下卦为震，上卦为坎，在危险的情况下运动发展，必须保持合理的操守，才能获得吉祥亨通。开天辟地之后，雷雨交加，万物生成，却由于聚集、混杂、险难而造成不安，必须封爵建国，各有各的地盘而安守其分，化不安定为安定。 3.3《象传》说：屯卦的卦象是震（雷）下坎（水）上，云雷大作，万物开始生长。君子看到这种现象，就知道在国家始建之初，要找到一个立足点，并将自己全部的才智投入创建事业当中去。 3.4 初九：观望不前，犹豫不定。坚守正道和合理的操守，找到最佳的立足点，并安安稳稳、规规矩矩地守住，方可建功立业。

xiàng yuē suī pán huán zhì xíng zhèng
3.5 《象》曰：虽“磐桓”，志行正
yě yǐ guì xià jiàn dà dé mín yě
也。以贵下贱，大得民也。

liù èr zhūn rú zhān rú chéng mǎ pán rú fěi kòu
3.6 六二：屯如邅如，乘马班如。匪寇
hūn gòu nǚ zǐ zhēn bú zì shí nián nǎi zì
婚媾。女子贞不字，十年乃字。

xiàng yuē liù èr zhī nàn chéng gāng yě
3.7 《象》曰：六二之难，乘刚也。
shí nián nǎi zì fǎn cháng yě
“十年乃字”，反常也。

liù sān jí lù wú yú wéi rù yú lín zhōng jūn
3.8 六三：即鹿无虞，惟入于林中。君
zǐ jī bù rú shě wǎng lìn
子几，不如舍，往吝。

xiàng yuē jí lù wú yú yǐ cóng qín
3.9 《象》曰：“即鹿无虞”，以从禽
yě jūn zǐ shě zhī wǎng lìn qióng yě
也。君子舍之，往吝穷也。

【译 文】3.5《象传》说：虽然犹豫不定，但坚守正道，就大胆往前迈进，会有良好的结果。阳贵阴贱，初九一阳，居于六二、六三、六四之下，表示初九有远大志向，又能亲和民众，善于采纳大家的意见，自然深得民心。 3.6 六二：是进还是退，徘徊不定，乘马旋转不前。不是强盗，而是来求婚的。女子贞节自守，不答应嫁人，多年之后才应许。 3.7《象传》说：六二徘徊不定，难以前进，因为乘凌在初九之上。女子坚持多年之后才嫁人，这是非常不容易做到的。 3.8 六三：在森林里面追逐鹿，由于缺少向导，致使鹿逃入树林中。君子要见机行事，与其轻率地追踪还不如放弃，否则容易发生祸事。 3.9《象传》说：在森林里面追逐鹿，由于缺少向导，致使鹿逃入树林中跑掉了。君子适时放弃，否则穷追不舍，将会陷入险境。

liù sì chéng mǎ pán rú qiú hūn gòu wǎng jí wú bú lì

3.10 六四：乘马班如，求婚媾。往吉无不利。

xiàng yuē qiú ér wǎng míng yě

3.11 《象》曰："求"而往，明也。

jiǔ wǔ tún qí gāo xiǎo zhēn jí dà zhēn xiōng

3.12 九五：屯其膏。小，贞吉；大，贞凶。

xiàng yuē tún qí gāo shī wèi guāng yě

3.13 《象》曰："屯其膏"，施未光也。

shàng liù chéng mǎ pán rú qì xuè lián rú

3.14 上六：乘马班如，泣血涟如。

xiàng yuē qì xuè lián rú hé kě cháng yě

3.15 《象》曰："泣血涟如"，何可长也？

【译 文】3.10 六四：骑在马上，徘徊不定，犹豫要不要去求婚。如果坚定不移地前进，结果必然是吉祥而无不利的。 3.11《象传》说：坚定不移地去追求，是明智之举。 3.12 九五：囤积财富，有了一点儿积蓄，仅能小小的分享，才会吉祥；倘若扩大妄为，就会招来凶险。 3.13《象传》说：囤积财富，有了一点儿积蓄，不能大范围分享，以免反受其害。 3.14 上六：骑在马上，徘徊不定，血泪交流，十分凄惨。 3.15《象传》说：血泪交流，十分凄惨，这种状况怎能维持长久呢？

【现代启示】年轻人初出茅庐，心中可以怀有大志，却不宜在言语或行动上锋芒毕露，以免得罪他人或招惹妒忌，造成很多阻碍。做人要从自己做起，时刻不忘提升自己的品德修养，不忘自己的根本，礼拜天地，孝敬父母。

méng guà dì sì

蒙卦第四

万物诞生之初都是很蒙昧的，需要启蒙。

méng hēng fěi wǒ qiú tóng méng tóng méng qiú wǒ

4.1 蒙，亨。匪我求童蒙，童蒙求我。

chū shì gào zài sān dú dú zé bú gào lì zhēn

初筮告，再三渎，渎则不告。利贞。

tuàn yuē méng shān xià yǒu xiǎn xiǎn ér

4.2 《彖》曰：蒙，山下有险，险而

zhǐ méng méng hēng yǐ hēng xíng shí zhōng yě

止，蒙。蒙“亨”，以亨行时中也。

fěi wǒ qiú tóng méng tóng méng qiú wǒ zhì yìng

“匪我求童蒙，童蒙求我”，志应

yě chū shì gào yǐ gāng zhōng yě zài

也。“初筮告”，以刚中也。“再

sān dú dú zé bú gào dú méng yě méng yǐ yǎng

三渎，渎则不告”，渎蒙也。蒙以养

zhèng shèng gōng yě

正，圣功也。

【译 文】4.1 蒙卦象征启蒙，亨通。不是施教者去要求受教者，而是受教者来请教施教者。第一次请教，施教者有问必答。如果一而再，再而三地问同样的问题，就表示受教者没有恭敬之心，在这种状况之下，就不要再回答他了。施教者和受教者都保持贞正的品德修养，彼此都能获得好处。 4.2《彖传》说：蒙卦，下卦为坎为水，上卦为艮为山，遇到险阻要思考是否应该停止，这就是蒙。通过启蒙，可获亨通，施教要合理，力求适可而止。受教者要有诚意，用心请教，有问道的意向和决心，才能和施教者密切相应。第一次请教，有问必答，因为九二阳刚居中，能够包容那些蒙昧的人。如果一而再，再而三地问同样的问题，就表示受教者没有恭敬之心，在这种状况之下，就不要再回答他了。施教者温和善良地教导受教者，使其明白正道，才是好功德。

xiàng yuē shān xià chū quán méng jūn zǐ yǐ guǒ xíng yù dé

4.3 《象》曰：山下出泉，蒙。君子以果行育德。

chū liù fèi méng lì yòng xíng rén yòng tuō zhì gù yǐ wǎng lìn

4.4 初六：发蒙。利用刑人。用说桎梏；以往吝。

xiàng yuē lì yòng xíng rén yǐ zhèng fǎ yě

4.5 《象》曰："利用刑人"，以正法也。

jiǔ èr bāo méng jí nà fù jí zǐ kè jiā

4.6 九二：包蒙，吉。纳妇，吉，子克家。

xiàng yuē zǐ kè jiā gāng róu jiē yě

4.7 《象》曰：子克家，刚柔接也。

liù sān wù yòng qǔ nǚ jiàn jīn fū bù yǒu gōng wú yōu lì

4.8 六三：勿用取女，见金夫，不有躬，无攸利。

【译 文】4.3《象传》说：蒙卦的卦象是坎（水）下艮（山）上，山下有泉水，虽然水量不大，有蒙昧而不知流向何处的感觉，却显示出果敢向前的勇气。君子看到这种现象，最好反求诸己，以果敢的行为，来培养良好的品德。 4.4 初六：进行启蒙教育，最好的办法是树立楷模，确立法度，慢慢引起大家的共鸣。不能急于求成、急功近利，否则将来必然会后悔。 4.5《象传》说：用树立楷模的办法来进行启蒙教育，是为了确立合理的方法，以便遵循。 4.6 九二：周围很多人来请教，希望获得知识，当然是好现象。这样的好老师，就像家里娶了一个好媳妇，当然也是吉祥的。这样的老师教出来的子女将来都能持家，并把好的家教传承下去。 4.7《象传》说：这样的老师教出来的子女将来都能持家，并把好的家教传承下去，说明九二处于初六、六三、六四、六五这四个阴爻之间，刚柔交会，温和善良，收到了好的功效。 4.8 六三：不能娶这样的女子，她看到尊贵而多金的男子，便不顾礼俗，主动跑去嫁给他。如此不顾自己的身份，不守妇道，是不会有好处的。

xiàng yuē wù yòng qǔ nǚ xíng bú shùn yě
4.9 《象》曰："勿用取女"，行不顺也。

liù sì kùn méng lìn
4.10 六四：困蒙，吝。

xiàng yuē kùn méng zhī lìn dú yuǎn shí yě
4.11 《象》曰："困蒙"之"吝"，独远实也。

liù wǔ tóng méng jí
4.12 六五：童蒙，吉。

xiàng yuē tóng méng zhī jí shùn yǐ xùn yě
4.13 《象》曰："童蒙"之"吉"，顺以巽也。

shàng jiǔ jī méng bú lì wéi kòu lì yù kòu
4.14 上九：击蒙。不利为寇，利御寇。

xiàng yuē lì yòng yù kòu shàng xià shùn yě
4.15 《象》曰："利用御寇"，上下顺也。

【译 文】4.9《象传》说：不能娶这样的女子，因为她的行为不合道理。 4.10 六四：困惑于自己到底要学什么，或者遇到困境不敢开口请教，是非常遗憾的事情。 4.11《象传》说：困在蒙昧之中，是非常遗憾的事情，说明缺乏良师益友的适时指导和启发，看不清事实的真相。 4.12 六五：幼童虚心地向老师求教，这是很吉祥的。 4.13《象传》说：幼童虚心地向老师求教，这是很吉祥的，说明受教者虚心受教，施教者循循善诱。 4.14 上九：用强制的方式打破蒙昧的状况。不能像盗匪、敌人那样，毒打受教者，而应该采取像抵制盗匪、敌人来侵时那种谨慎小心的态度。 4.15《象传》说：采取像抵制盗匪、敌人来侵时那种谨慎小心的态度，只有这样，施教者和受教者之间才能够关系和顺，上下一心，收到启蒙教育的实效。

【现代启示】人要主动学习才会进步，虚心求教，尊敬父母、老师。

xū guà dì wǔ

需卦第五

需卦给我们的启示有三个：一是不能想要就要，二是不能能多要就多要，三是要培养自己等待的习惯。

xū yǒu fú guāng hēng zhēn jí lì shè dà chuān

5.1 需，有孚，光亨，贞吉，利涉大川。

tuàn yuē xū xū yě xiǎn zài qián yě

5.2 《彖》曰：需，须也。险在前也，

gāng jiàn ér bú xiàn qí yì bú kùn qióng yǐ xū

刚健而不陷，其义不困穷矣。“需，

yǒu fú guāng hēng zhēn jí wèi hū tiān wèi wèi yǐ

有孚，光亨，贞吉”，位乎天位，位以

zhèng zhōng yě lì shè dà chuān wǎng yǒu gōng yě

正中也。“利涉大川”，往有功也。

xiàng yuē yún shàng yú tiān xū jūn zǐ yǐ

5.3 《象》曰：云上于天，需。君子以

yǐn shí yàn lè

饮食宴乐。

chū jiǔ xū yú jiāo lì yòng héng wú jiù

5.4 初九：需于郊。利用恒，无咎。

【译 文】5.1 需卦象征需要、等待，心怀诚信，光明正大，才会亨通吉祥，才会渡过难关而有所作为。 5.2《彖传》说：需，等待、期待的意思。下卦为乾，上卦为坎，坎象征危险，下乾刚健有力，才能够不陷入险境，唯有自强不息，才能在遭遇艰难险阻时通行无阻，而不至于困穷其中。需，心怀诚信，光明正大，才会亨通吉祥，发挥天位九五的阳刚中正精神，方可渡过难关而有所作为。 5.3《象传》说：需卦的卦象是乾（天）下坎（水）上，地上的水蒸发上升，聚集成天上的云层，等待降落为雨。君子在这个时候饮酒宴乐，积蓄力量，等待时机。 5.4 初九：在郊外等待，持之以恒，不会有祸患。

5.5 《象》曰："需于郊"，不犯难行也；"利用恒，无咎"，未失常也。

5.6 九二：需于沙，小有言，终吉。

5.7 《象》曰："需于沙"，衍在中也；虽"小有言"，以吉终也。

5.8 九三：需于泥，致寇至。

5.9 《象》曰："需于泥"，灾在外也。自我"致寇"，敬慎不败也。

5.10 六四：需于血，出自穴。

5.11 《象》曰："需于血"，顺以听也。

【译文】5.5《象传》说：在郊外等待，表明不必冒险犯难，不必急着向前行进。持之以恒，等待时机，不会有祸患，说明没有违反常道。 5.6 九二：在沙滩上等待，虽然遭受到别人的闲言碎语，最终会获得吉祥。 5.7《象传》说：在沙滩上等待，沙渗入鞋子里，难以行进。虽然遭受到别人的闲言碎语，只要合理因应，就能获得吉祥。 5.8 九三：在泥泞中等待，偏偏这时候还招惹强盗过来。 5.9《象传》说：在泥泞中等待，寸步难行，灾难即将自外而来。招惹了强盗来，说明要小心谨慎，高度警戒，才能免于危险。 5.10 六四：在血泊中等待，仍有脱险出穴的希望。 5.11《象传》说：在血泊中等待，要保持谨慎、稳重的心态，顺从九五，听命而行，就可以处于险境而避开灾难。

jiǔ wǔ xū yú jiǔ shí zhēn jí
5.12 九五：需于酒食，贞吉。

xiàng yuē jiǔ shí zhēn jí yǐ
5.13 《象》曰：“酒食，贞吉”，以
zhōng zhèng yě
中正也。

shàng liù rù yú xué yǒu bú sù zhī kè sān rén
5.14 上六：入于穴，有不速之客三人
lái jìng zhī zhōng jí
来，敬之终吉。

xiàng yuē bú sù zhī kè lái jìng
5.15 《象》曰：“不速之客”来，“敬
zhī zhōng jí suī bù dāng wèi wèi dà shī yě
之终吉”，虽不当位，未大失也。

【译 文】5.12 九五：喝喝小酒，吃吃小菜，获得生活所必需的物质，安于这种小康的生活，思虑周到而有备无患，就能获得吉祥。 5.13《象传》说：喝喝小酒，吃吃小菜，就能获得吉祥，说明九五阳刚中正，从容不迫，老成稳重，世事练达。 5.14 上六：落入了洞穴之中，有几位不请自来的客人，对他们恭恭敬敬，以礼相待，最终获得吉祥。 5.15《象传》说：有几位不请自来的客人，对他们恭恭敬敬，以礼相待，最终获得吉祥，说明虽然所处位置不恰当，却也没有很大的损失。

【现代启示】我们有欲望，有需求，想要得到满足，就要走正道，用平和的心态去对待所有的人，才不至于引起大家的嫉妒，才不会招致祸患。不急于求得需求的满足会培养我们永恒的修养，这才是成功的根本。

sòng guà dì liù

讼卦第六

诉讼的目的是化解问题，寻求和解，不是用来告倒某人，所以站在不告的立场来告，才不会乱告，才不会告得两败俱伤。

6.1 sòng　yǒu fú zhì tì　zhōng jí zhōng xiōng　lì jiàn dà rén　bú lì shè dà chuān

讼。有孚窒惕，中吉终凶。利见大人，不利涉大川。

6.2 tuàn yuē　sòng　shàng gāng xià xiǎn　xiǎn ér jiàn　sòng　sòng　yǒu fú zhì tì　zhōng jí　gāng lái ér dé zhōng yě　zhōng xiōng　sòng bù kě chéng yě　lì jiàn dà rén　shàng zhōng zhèng yě　bú lì shè dà chuān　rù yú yuān yě

《彖》曰：讼，上刚下险，险而健，讼。“讼。有孚窒惕，中吉”，刚来而得中也。“终凶”，讼不可成也。“利见大人”，尚中正也。“不利涉大川”，入于渊也。

【译 文】6.1 讼卦象征打官司，人与人之间诚信全无，双方互不信任而有所警戒，就会诉诸法庭。坚守正道，就会吉祥；坚持打官司，就会有凶险。遇到公正的法官是有利的，但不要以为自己一定能赢，任何诉讼都充满危险的变数。　6.2《彖传》说：讼卦，上卦为乾，代表刚健；下卦为坎，代表险阻。面临艰难险阻，依然十分强健，很容易引起诉讼。讼，人与人之间诚信全无，双方互不信任而有所警戒，就会诉诸法庭，坚守正道，就会吉祥，因为九五阳刚，居中当位。坚持打官司，就会有凶险，纠缠下去，只会两败俱伤。遇到公正的法官是有利的，因为能秉公处事，让大家信服。但是不管由谁来审判，都不一定能赢，都可能是蹚浑水，所以充满危险的变数。

xiàng yuē tiān yǔ shuǐ wéi xíng sòng jūn zǐ
6.3 《象》曰：天与水违行，讼。君子
yǐ zuò shì móu shǐ
以作事谋始。

chū liù bù yǒng suǒ shì xiǎo yǒu yán zhōng jí
6.4 初六：不永所事，小有言，终吉。

xiàng yuē bù yǒng suǒ shì sòng bù kě
6.5 《象》曰："不永所事"，讼不可
cháng yě suī xiǎo yǒu yán qí biàn míng yě
长也。虽"小有言"，其辩明也。

jiǔ èr bú kè sòng guī ér bǔ qí yì rén
6.6 九二：不克讼，归而逋。其邑人
sān bǎi hù wú shěng
三百户，无眚。

xiàng yuē bú kè sòng guī bǔ cuàn
6.7 《象》曰："不克讼，归逋"，窜
yě zì xià sòng shàng huàn zhì chuò yě
也。自下讼上，患至掇也。

liù sān shí jiù dé zhēn lì zhōng jí huò cóng
6.8 六三：食旧德，贞厉，终吉。或从
wáng shì wú chéng
王事，无成。

【译 文】6.3《象传》说：讼卦的卦象是坎（水）下乾（天）上，天代表太阳，太阳从东向西转动，水代表河流，河流自西向东流，所以天与水是逆向而行的。意见不合，发生口角，彼此相争不下，就会引起诉讼。君子深深觉得不管做什么事情，一定要在开始之前就做好充分的准备。 6.4 初六：诉讼不是长久之策，尽量不要才好。稍微做一些辩解，息事宁人，才会吉祥。 6.5《象传》说：诉讼不是长久之策，否则势必费时费事，没有好处。即使受到某些闲言指责，做些辩解，最终都能明辨是非。 6.6 九二：打官司失利，赶快逃走，跑到只有三百户的小村庄，才能避免遭到迫害。 6.7《象传》说：打官司失利，只好逃窜回归故里。自下讼上的人，最好在大祸临头之前，及时终止，以求免祸。 6.8 六三：顺从旧道德，不免有危险，处处小心防备，终会获得吉祥。辅佐君王建功立业，最好心中存有某些疑惑，才不至于凡事依循往例而不知改善。能做到这种地步，就算没有什么大的成就，也不至于有什么灾祸。

xiàng yuē shí jiù dé cóng shàng jí yě
6.9 《象》曰：“食旧德”，从上吉也。

jiǔ sì bú kè sòng fù jí mìng yú ān zhēn jí
6.10 九四：不克讼，复即命，渝安贞，吉。

xiàng yuē fù jí mìng yú ān zhēn bù shī yě
6.11 《象》曰：“复即命，渝安贞”，不失也。

jiǔ wǔ sòng yuán jí
6.12 九五：讼，元吉。

xiàng yuē sòng yuán jí yǐ zhōng zhèng yě
6.13 《象》曰：“讼，元吉”，以中正也。

shàng jiǔ huò cì zhī pán dài zhōng zhāo sān chǐ zhī
6.14 上九：或锡之鞶带，终朝三褫之。

xiàng yuē yǐ sòng shòu fú yì bù zú jìng yě
6.15 《象》曰：以讼受服，亦不足敬也。

【译 文】6.9《象传》说：顺从旧道德，对阳刚的上九，既不可能自下讼上，也不会有反叛的言行，顺从长上，所以吉祥。 6.10 九四：就算打官司失利，只要能够把社会的歪风扭转过来，改变现有的状况，安分守己，就能获得吉利。 6.11《象传》说：能够把社会的歪风扭转过来，改变现有的状况，安分守己，便没有过失。 6.12 九五：明断争讼，判决公正，就能获得吉祥。 6.13《象传》说：明断争讼，判决公正，能获得吉祥，因为九五阳刚居中，具备光明正大的品德修养。 6.14 上九：诉讼获胜，君王赏赐华贵的衣服，但在一天之内多次被剥夺。 6.15《象传》说：凭借诉讼获胜而获得高官厚禄，是不值得尊敬的。

【现代启示】和别人发生争端，不如忍让一下，自己吃一些亏，避免打官司而两败俱伤。很多时候，吃亏就是占便宜。

shī guà dì qī

师卦第七

战争的目的应该是以战止战，为和平而战，所以一定要有公义，一定要有忠贞，一定要纪律严明。

shī zhēn zhàng rén jí wú jiù

7.1 师，贞，丈人吉，无咎。

tuàn yuē shī zhòng yě zhēn

7.2 《彖》曰："师"，众也；"贞"，

zhèng yě néng yǐ zhòng zhèng kě yǐ wàng yǐ gāng zhōng ér

正也。能以众正，可以王矣。刚中而

yìng xíng xiǎn ér shùn yǐ cǐ dú tiān xià ér mín cóng

应，行险而顺，以此毒天下，而民从

zhī jí yòu hé jiù yǐ

之，吉，又何咎矣！

xiàng yuē dì zhōng yǒu shuǐ shī jūn zǐ yǐ

7.3 《象》曰：地中有水，师。君子以

róng mín xù zhòng

容民畜众。

【译文】7.1 师卦象征兴师动众，忠贞不贰、德高望重、富有经验的统帅带领军队，就能获得吉祥，不会有什么灾祸。 7.2《彖传》说：师，众多；贞，忠贞。忠贞的将领率领正义之师，就是行施王道精神。下卦为坎，上卦为坤，九二刚中，跟六五相应，将领率师出征，君王能够安心，以战止战，除暴安良，百姓顺从，自然吉祥没有祸患。 7.3《象传》说：师卦的卦象是坎（水）下坤（地）上，地中蕴藏聚集了大量的水资源，取之不尽，用之不竭。君子要像地中藏水一样蓄养百姓，教育他们，爱护他们，等到必要的时候他们才会不顾一切，为国捐躯。

chū liù shī chū yǐ lǜ pǐ cáng xiōng
7.4 初六：师出以律，否臧凶。

xiàng yuē shī chū yǐ lǜ shī lǜ xiōng yě
7.5 《象》曰："师出以律"，失律凶也。

jiǔ èr zài shī zhōng jí wú jiù wáng sān xī mìng
7.6 九二：在师中，吉，无咎。王三锡命。

xiàng yuē zài shī zhōng jí chéng tiān chǒng yě wáng sān xī mìng huái wàn bāng yě
7.7 《象》曰："在师中，吉"，承天宠也。"王三锡命"，怀万邦也。

liù sān shī huò yú shī xiōng
7.8 六三：师或舆尸，凶。

xiàng yuē shī huò yú shī dà wú gōng yě
7.9 《象》曰："师或舆尸"，大无功也。

liù sì shī zuǒ cì wú jiù
7.10 六四：师左次，无咎。

xiàng yuē zuǒ cì wú jiù wèi shī cháng yě
7.11 《象》曰："左次，无咎"，未失常也。

【译文】7.4 初六：出师打仗要有严明的纪律，否则军纪不良一定凶险。 7.5《象传》说：出师打仗要有严明的纪律，否则将招致凶险。 7.6 九二：军中统帅，持中守正，就能获得吉祥，不会有什么灾祸。君王信任，并多次给予重大使命。 7.7《象传》说：军中统帅，持中守正，就能获得吉祥，说明六五对九二宠爱有加。君王信任，并多次给予重大使命，说明心怀促成世界和平、使各国人民近悦远来的志向。 7.8 六三：战争的结果可能是一车一车的尸体从战场上运回来，非常凶险。 7.9《象传》说：战争的结果可能是一车一车的尸体从战场上运回来，说明战败，没有任何功劳。 7.10 六四：率军撤退，不会有灾祸。 7.11《象传》说：率军撤退，不会有灾祸，说明懂得当进则进、应退即退的用兵之道。

liù wǔ tián yǒu qín lì zhí yán wú jiù zhǎng
7.12 六五：田有禽，利执言，无咎。长
zǐ shuài shī dì zǐ yú shī zhēn xiōng
子帅师，弟子舆尸，贞凶。

xiàng yuē zhǎng zǐ shuài shī yǐ zhōng xíng
7.13 《象》曰：“长子帅师”，以中行
yě dì zǐ yú shī shǐ bú dàng yě
也。“弟子舆尸”，使不当也。

shàng liù dà jūn yǒu mìng kāi guó chéng jiā xiǎo
7.14 上六：大君有命，开国承家，小
rén wù yòng
人勿用。

xiàng yuē dà jūn yǒu mìng yǐ zhèng gōng
7.15 《象》曰：“大君有命”，以正功
yě xiǎo rén wù yòng bì luàn bāng yě
也。“小人勿用”，必乱邦也。

【译 文】7.12 六五：农田里有危害作物的野兽出没，率军围猎，即使有人闲言碎语，也不会有祸患。君王任用德高望重的长者为统帅，必然有好处，如果任用品德不达标的人为统帅，就会带回满车的尸体，结果必然凶险。 7.13《象传》说：任用德高望重的长者为统帅，必然有好处，说明能够居中守正，行施正道。任用品德不达标的人为统帅，就会带回满车的尸体，说明任用非人，必有凶险。 7.14 上六：君王论功行赏，有功的臣子封了侯，可以建立家祠，光宗耀祖，但是品德不良的小人绝不能重用。 7.15《象传》说：君王论功行赏，评定的过程务必公正。品德不良的小人绝不能重用，否则必然引起祸乱。

【现代启示】师卦的重要意义，在于告诉我们，战争的目的是除暴安良，为和平而战。在现代社会中，我们讲的竞争，其实就是师卦。我们要记住，所有的竞争，要顾虑到每一个人的尊严，将心比心，当进则进、应退则退，才可能得到好的结果。

bǐ guà dì bā
比卦第八

人是群居动物，要团结，必须找到一个合适的人作为亲比的对象。作为被亲比的对象，要做好典范，使得前来亲比的人能够同心协力为民造福。

bǐ, jí. yuán shì, yuán yǒng zhēn, wú jiù. bù níng fāng lái, hòu fū xiōng.

8.1 比，吉。原筮，元永贞，无咎。不宁方来，后夫凶。

tuàn yuē: bǐ, jí yě; bǐ, fǔ yě, xià shùn cóng yě. yuán shì. yuán yǒng zhēn, wú jiù, yǐ gāng zhōng yě. bù níng fāng lái, shàng xià yìng yě. hòu fū xiōng, qí dào qióng yě.

8.2 《彖》曰：比，吉也；比，辅也，下顺从也。“原筮。元永贞，无咎”，以刚中也。“不宁方来”，上下应也。“后夫凶”，其道穷也。

xiàng yuē: dì shàng yǒu shuǐ, bǐ. xiān wáng yǐ jiàn wàn guó, qīn zhū hóu.

8.3 《象》曰：地上有水，比。先王以建万国，亲诸侯。

【译文】8.1 比卦象征亲比，亲密无间、团结一致，自然吉祥。推举一个心地光明、度量宽广、品德高尚，并能长期保持下去的人作为亲比的对象，是没有祸患的。连那些不安宁的人都来亲比，来得晚的就没有机会了。 8.2《彖传》说：比，团结一致，自然吉祥；比，彼此帮忙，下级心甘情愿顺从上级。推举一个心地光明、品德高尚的人来作为亲比的对象，没有祸患，因为九五阳刚居中。六二跟九五相应，连那些不安宁的人都来亲比。来得晚的人就没有机会了，因为难以容纳，物极必反。 8.3《象传》说：比卦的卦象为坤（地）下坎（水）上，水在地上流，地包容水，地与水亲密无间。历代的君王看到比卦，就知道要建立邦国，分封土地，亲近诸侯。

chū liù yǒu fú bǐ zhī wú jiù yǒu fú yíng

8.4 初六：有孚比之，无咎。有孚盈

fǒu zhōng lái yǒu tā jí

缶，终来有它，吉。

xiàng yuē bǐ zhī chū liù yǒu tā jí yě

8.5 《象》曰：比之初六，有它吉也。

liù èr bǐ zhī zì nèi zhēn jí

8.6 六二：比之自内，贞吉。

xiàng yuē bǐ zhī zì nèi bú zì shī yě

8.7 《象》曰："比之自内"，不自失也。

liù sān bǐ zhī fěi rén

8.8 六三：比之匪人。

xiàng yuē bǐ zhī fěi rén bú yì shāng hū

8.9 《象》曰："比之匪人"，不亦伤乎！

liù sì wài bǐ zhī zhēn jí

8.10 六四：外比之，贞吉。

xiàng yuē wài bǐ yú xián yǐ cóng shàng yě

8.11 《象》曰：外比于贤，以从上也。

【译 文】8.4 初六：出于真诚，心甘情愿去追随，就不会有祸患。真诚的态度和行为溢于言表，感染到领导，终究会得到很多吉祥。 8.5《象传》说：比卦的初六，会获得意想不到的吉庆。 8.6 六二：由内而外，诚信亲比，自然正当吉祥。 8.7《象传》说：由内而外，诚信亲比，说明没有偏离正道、失去原则。 8.8 六三：亲比不仁不义、行为不端的人。 8.9《象传》说：亲比不仁不义、行为不端的人，岂么不是一件令人悲伤的事情！ 8.10 六四：团结外面的人，互相信任，结果是吉祥的。 8.11《象传》说：团结外面的人，有幸遇到贤明的领导者，顺从长上，可获吉祥。

8.12 九五：显比。王用三驱，失前禽。邑人不诫，吉。

8.13 《象》曰："显比"之吉，位正中也。舍逆取顺，"失前禽"也。"邑人不诫"，上使中也。

8.14 上六：比之无首，凶。

8.15 《象》曰："比之无首"，无所终也。

【译 文】8.12 九五：以身作则让大家诚心拥护。君王去打猎的时候，网开一面，前面跑得快的动物就逃走了。百姓看到君王这样仁慈，便不心存警戒，心甘情愿地追随，自然吉顺。 8.13《象传》说：以身作则来让大家诚心地拥护，可获吉祥，因为九五居中守正。对前来亲比的人采取顺其自然的态度，并不加以强制，好比打猎时网开一面，前面跑得快的动物就逃走了。百姓看到君王这样仁慈，便不心存警戒，是九五的表现得到了百姓的拥戴。 8.14 上六：作为德高望重的人物，如果不配合领导的带领，会有凶险。 8.15《象传》说：作为德高望重的人物，如果不配合领导的带领，不会有好结果。

【现代启示】要团结，必须找到一个合适的人作为亲比对象。比卦的原则，即在慎选亲比的对象，而且必须诚信相待，以求持久。

xiǎo xù guà dì jiǔ

小畜卦第九

蓄积是好的，要从小做起，但是不能过分，而且还要懂得跟大家分享，为人类谋福利。

xiǎo xù hēng mì yún bú yǔ zì wǒ xī jiāo

9.1 小畜。亨。密云不雨，自我西郊。

tuàn yuē xiǎo xù róu dé wèi ér shàng xià yìng

9.2 《彖》曰：小畜，柔得位而上下应

zhī yuē xiǎo xù jiàn ér xùn gāng zhōng ér zhì xíng

之，曰小畜。健而巽，刚中而志行，

nǎi hēng mì yún bú yǔ shàng wǎng yě zì

乃“亨”。密云不雨，尚往也。“自

wǒ xī jiāo shī wèi xíng yě

我西郊”，施未行也。

xiàng yuē fēng xíng tiān shàng xiǎo xù jūn zǐ

9.3 《象》曰：风行天上，小畜。君子

yǐ yì wén dé

以懿文德。

【译文】9.1 小畜卦象征小有积蓄，亨通。天空布满积云，却没有下雨，因为风是从西边吹过来的，方向不对。 9.2《彖传》说：小畜，六四阴爻当位，并把五个刚健的阳爻蓄积在一起，叫作小畜。下卦为乾，上卦为巽，九五阳刚居中，端正观念，守持正道，是可以亨通的。天空布满积云，却没有下雨，说明还需要继续努力往上走。风从西边吹来，还不是实施行动的时候。 9.3《象传》说：小畜卦的卦象是乾（天）下巽（风）上，风在天上吹，乌云密布，等待下雨。君子看到这种情况，就知道要修养品德，等待时机。

chū jiǔ fù zì dào hé qí jiù jí
9.4 初九：复自道，何其咎？吉。

xiàng yuē fù zì dào qí yì jí yě
9.5 《象》曰："复自道"，其义吉也。

jiǔ èr qiān fù jí
9.6 九二：牵复，吉。

xiàng yuē qiān fù zài zhōng yì bú zì shī yě
9.7 《象》曰："牵复"在中，亦不自失也。

jiǔ sān yú tuō fù fū qī fǎn mù
9.8 九三：舆说辐，夫妻反目。

xiàng yuē fū qī fǎn mù bù néng zhèng shì yě
9.9 《象》曰："夫妻反目"，不能正室也。

liù sì yǒu fú xuè qù tì chū wú jiù
9.10 六四：有孚，血去惕出，无咎。

【译 文】9.4 初九：做错了，赶快调整过来，哪里还有后遗症？这样做比较容易吉祥。 9.5《象传》说：做错了，赶快调整过来，这样的观念本身就是很吉祥的。 9.6 九二：受到引导，能返回正道，这是吉祥的。 9.7《象传》说：受到引导，能返回正道，因为九二位于下乾的中位，能得到上下的辅佐，不会一错再错，可以减少很多损失。 9.8 九三：车的轮子脱开了，好好的夫妻反目失和。 9.9《象传》说：夫妻反目失和，说明丈夫不能规正妻室。 9.10 以诚信感人，避免流血和恐惧，就不会有祸患。

xiàng yuē yǒu fú tì chū shàng hé zhì yě

9.11 《象》曰："有孚"，"惕出"，上合志也。

jiǔ wǔ yǒu fú luán rú fù yǐ qí lín

9.12 九五：有孚挛如，富以其邻。

xiàng yuē yǒu fú luán rú bù dú fù yě

9.13 《象》曰："有孚挛如"，不独富也。

shàng jiǔ jì yǔ jì chǔ shàng dé zài fù zhēn lì yuè jī wàng jūn zǐ zhēng xiōng

9.14 上九：既雨既处，尚德载。妇贞厉，月几望。君子征凶。

xiàng yuē jì yǔ jì chǔ dé jī zài yě jūn zǐ zhēng xiōng yǒu suǒ yí yě

9.15 《象》曰："既雨既处"，德积载也。"君子征凶"，有所疑也。

【译 文】9.11《象传》说：以诚信感人，避免了流血和恐惧，说明六四和九五志同道合。 9.12 九五：自己讲诚信并与别人携手共进，自己富裕并跟邻居一起分享财富。 9.13《象传》说：自己讲诚信并与别人携手共进，表明不独自享受富贵，与人共同分享。 9.14 上九：下雨了，但不久又停了。要加强品德修养。妇女守贞节，但不能需求无度，要知道月满则亏。君子此时执意前行必有凶险。 9.15《象传》说：下雨了，但不久又停了，表明物质满足之后，要加强品德修养。君子盲目进取，盲目积累财富，势必引起别人的怀疑。

【现代启示】关于储蓄，有一句话要记住：当用不省，当省不用。不管结果怎么样，应该储蓄还是要储蓄，应该花用就要花用。我们要自给自足，要为自己负起完全的责任，必须培养几个基本的习惯：勤劳、节俭、朴实、安全。

lǚ guà dì shí
履卦第十

人不能老是过穷日子，但是有了钱，有了积蓄之后，要践行天道。

lǚ lǚ hǔ wěi bù dié rén hēng
10.1 履，履虎尾，不咥人，亨。

tuàn yuē lǚ róu lǚ gāng yě yuè ér yìng
10.2 《彖》曰：履，柔履刚也。说而应
hū qián shì yǐ lǚ hǔ wěi bù dié rén hēng
乎乾，是以“履虎尾，不咥人。亨”。
gāng zhōng zhèng lǚ dì wèi ér bú jiù guāng míng yě
刚中正，履帝位而不疚，光明也。

xiàng yuē shàng tiān xià zé lǚ jūn zǐ yǐ
10.3 《象》曰：上天下泽，履。君子以
biàn shàng xià dìng mín zhì
辨上下，定民志。

chū jiǔ sù lǚ wǎng wú jiù
10.4 初九：素履，往无咎。

【译 文】10.1 履卦象征小心行动，踩到了老虎的尾巴，老虎却没有回头咬人，当然亨通。　10.2《彖传》说：履卦，面对艰难险阻，要学会用柔制刚。下卦为兑，上卦为乾，内心喜悦而处处谨慎，踩到了老虎的尾巴，老虎却没有回头咬人，当然亨通。九五阳刚处于上乾的中位，居于帝位而无愧怍，心地正大光明。　10.3《象传》说：履卦的卦象是兑（泽）下乾（天）上，天在上，泽在下，这才合乎天理。君子要深明大义，知道社会中每个人都有不同的身份、职责，各安其分，才能井然有序。　10.4 初九：保持自己纯朴的本性，踏踏实实，争气向上，就没有灾祸。

xiàng yuē sù lǚ zhī wǎng dú xíng yuàn yě
10.5 《象》曰："素履"之往，独行愿也。

jiǔ èr lǚ dào tǎn tǎn yōu rén zhēn jí
10.6 九二：履道坦坦，幽人贞吉。

xiàng yuē yōu rén zhēn jí zhōng bú zì
10.7 《象》曰："幽人贞吉"，中不自
luàn yě
乱也。

liù sān miǎo néng shì bǒ néng lǚ lǚ hǔ
10.8 六三：眇能视，跛能履。履虎
wěi dié rén xiōng wǔ rén wéi yú dà jūn
尾，咥人，凶。武人为于大君。

xiàng yuē miǎo néng shì bù zú
10.9 《象》曰："眇能视"，不足
yǐ yǒu míng yě bǒ néng lǚ bù zú yǐ yǔ xíng
以有明也；"跛能履"，不足以与行
yě dié rén zhī xiōng wèi bù dāng yě wǔ
也。"咥人"之凶，位不当也。"武
rén wéi yú dà jūn zhì gāng yě
人为于大君"，志刚也。

【译 文】10.5《象传》说：保持自己纯朴的本性，踏踏实实，争气向上，表明不失本色，实现自己的意愿。 10.6 九二：当社会安定、秩序良好时，就要出来做事。当大环境很恶劣，走正道非常困难时，不如找一个偏僻的地方修身养性，以待时机，这是吉祥的。 10.7《象传》说：外在环境恶劣，隐而不现，是吉祥的，说明九二居下兑中位，能保中不自乱。 10.8 六三：眼睛快瞎了，看不清楚；脚跛了，走路不利索。在这种状况下，踩到老虎的尾巴，迟早要被老虎咬到，凶险。有武力却缺乏美德的人，自不量力，想登上大君的宝位。 10.9《象传》说：眼睛快瞎了，看不清楚，不足以分辨事物；脚跛了，勉强能走路。踩在老虎的尾巴上，有被咬到的危险，说明所处的位置很不妥当。有武力却缺乏美德的人，自不量力，想登上大君的宝位，说明心志过分刚烈，超过了自己的本分。

jiǔ sì lǚ hǔ wěi sù sù zhōng jí
10.10 九四：履虎尾，愬愬终吉。

xiàng yuē sù sù zhōng jí zhì xíng yě
10.11 《象》曰："愬愬，终吉"，志行也。

jiǔ wǔ guài lǚ zhēn lì
10.12 九五：夬履，贞厉。

xiàng yuē guài lǚ zhēn lì wèi zhèng dāng yě
10.13 《象》曰："夬履，贞厉"，位正当也。

shàng jiǔ shì lǚ kǎo xiáng qí xuán yuán jí
10.14 上九：视履考祥，其旋元吉。

xiàng yuē yuán jí zài shàng dà yǒu qìng yě
10.15 《象》曰："元吉"在上，大有庆也。

【译 文】10.10 九四：踩在老虎的尾巴上面，感到恐惧害怕，最终会获得吉祥的。10.11《象传》说：虽恐惧害怕，终究获得吉祥，说明处事小心谨慎，注重修养品德，就能实现自己的志愿。 10.12 九五：果断实践，履行正道，才没有危险，不守正的话，就会危险重重。 10.13《象传》说：果断实践，履行正道，提防危险，说明虽处于正当的位置，但也不能疏忽大意。 10.14 上九：回顾以前所做的种种，有好事也有坏事，不要后悔曾经犯下的错误，要让自己回归到原来纯朴的本性，就会大吉大利。 10.15《象传》说：大吉大利，高居尊上之位，实在是值得庆祝的福气。

【现代启示】人心不同，各有其面。每个人的立场不一样，感受就会不一样。所以，跟人讲话要注意对方的情绪。对方情绪好，是一种讲法；对方情绪不好，就换另一种讲法。

tài guà dì shí yī
泰卦第十一

君子要同心协力、广施善缘，对小人敬而远之，先把自己做好，再去感化他们，使他们自己改变，才能实现真正的通泰。

11.1 泰，小往大来，吉亨。

11.2 《彖》曰："泰，小往大来，吉亨"。则是天地交而万物通也；上下交而其志同也。内阳而外阴，内健而外顺，内君子而外小人。君子道长，小人道消也。

11.3 《象》曰：天地交，泰，后以财成天地之道，辅相天地之宜，以左右民。

【译文】11.1 泰卦象征通达，阳气上升，阴气下降，天地相交，吉祥，亨通。 11.2《彖传》说：泰卦，阳气上升，阴气下降，天地相交，吉祥，亨通。阴阳二气有对流，天地相交才会化生万物，上情下达，下情上达，同心协力，才能生生不息。下卦，即内卦为乾，上卦，即外卦为坤，乾在内而刚健，坤在外而柔顺，阳代表君子，阴代表小人。君子的力道增长，小人的力道消减。 11.3《象传》说：泰卦的卦象为乾（天）下坤（地）上，阳气上升，阴气下降，天地相交才会化生万物。君主了解了这个道理，就知道要裁决制定天地间合理的制度，指导一切合乎天地自然应该施行的事务，并给予合理的辅助，促使民生均衡发展。

chū jiǔ bá máo rú yǐ qí huì zhēng jí
11.4 初九：拔茅茹，以其汇。征吉。

xiàng yuē bá máo zhēng jí zhì zài wài yě
11.5 《象》曰："拔茅、征吉"，志在外也。

jiǔ èr páo huāng yòng píng hé bù xiá yí péng wú dé shàng yú zhōng xíng
11.6 九二：包荒，用冯河，不遐遗。朋亡，得尚于中行。

xiàng yuē páo huāng dé shàng yú zhōng xíng yǐ guāng dà yě
11.7 《象》曰："包荒"，"得尚于中行"，以光大也。

jiǔ sān wú píng bù bēi wú wǎng bú fù jiān zhēn wú jiù wù xù qí fú yú shí yǒu fú
11.8 九三：无平不陂，无往不复。艰贞无咎。勿恤其孚，于食有福。

xiàng yuē wú wǎng bú fù tiān dì jì yě
11.9 《象》曰："无往不复"，天地际也。

【译文】11.4 初九：拔茅草的时候，连根带泥土整个拔出来，因为茅草的根是连在一起的。跟志同道合的人在一起，同心协力，积极进取，是吉祥的。 11.5《象传》说：拔茅草，获得吉祥，说明志向远大，理想高尚，不只求自己的安泰，而是以天下为己任。 11.6 九二：胸怀宽广，连徒步涉水过河这种人都能用，再远的人都不遗弃。没有结党营私的小团体，能够重视中道，就能成为君子中的骨干力量。 11.7《象传》说：胸怀宽广，重视中道，说明光明磊落，品德高尚。 11.8 九三：没有绝对的平地，有去就有回，在艰难困苦当中，坚持正确的操守，就不会有祸患。不必担心别人不相信自己的诚信，管好自己的食禄自有福庆。 11.9《象传》说：有去就有回，这是天地交合转化使然。

liù sì piān piān bú fù yǐ qí lín bú
11.10 六四：翩翩，不富，以其邻。不
jiè yǐ fú
戒以孚。

xiàng yuē piān piān bú fù jiē shī
11.11 《象》曰：“翩翩，不富”，皆失
shí yě bú jiè yǐ fú zhōng xīn yuàn yě
实也。“不戒以孚”，中心愿也。

liù wǔ dì yǐ guī mèi yǐ zhǐ yuán jí
11.12 六五：帝乙归妹，以祉元吉。

xiàng yuē yǐ zhǐ yuán jí zhōng yǐ xíng
11.13 《象》曰：“以祉元吉”，中以行
yuàn yě
愿也。

shàng liù chéng fù yú huáng wù yòng shī zì yì
11.14 上六：城复于隍，勿用师。自邑
gào mìng zhēn lìn
告命，贞吝。

xiàng yuē chéng fù yú huáng qí mìng luàn yě
11.15 《象》曰：“城复于隍”，其命乱也。

【译 文】11.10六四：像小鸟一样翩翩降落，比邻追随。不必警戒，诚信相处。 11.11《象传》说：像小鸟一样翩翩降落，不必利诱，因为上卦三爻都是阴爻，会跟随而来。不必警戒，诚信相处，这合乎中道的要求。 11.12 六五：商朝帝王乙嫁出自己的妹妹，并得到了福祉，是十分吉利的事。 11.13《象传》说：嫁出自己的妹妹并获得了福分，实在是吉利的事，实现了长期以来心中的愿望。 11.14 上六：城墙倒在了护城河里，不可以动武。发出通告，昭告大家，以安定人心，就不会有祸患。 11.15《象传》说：城墙倒在了护城河里，命不可行，乱不可止，由泰转否，回天乏力。

【现代启示】君子和小人是同时存在的，正确的选择是跟君子多来往，对小人敬而远之。因为我们没有办法改变他，先把自己做好，从而去感化他，使他自己改变。

否卦第十二

上情不能下达，下情无法上达，闭塞不通，就是否的状态。

12.1 否之匪人，不利君子贞。大往小来。

12.2 《彖》曰：否之匪人，不利君子贞。大往小来，则是天地不交而万物不通也，上下不交而天下无邦也。内阴而外阳，内柔而外刚，内小人而外君子。小人道长，君子道消也。

12.3 《象》曰：天地不交，否。君子以俭德辟难，不可荣以禄。

【译文】12.1 否卦象征闭塞不通，在否的大环境里，有很多人不像人样，不利于君子固守合理的贞操。阳高高在上并继续上升，阴在下并继续下降，天地不交。 12.2《彖传》说：在否的大环境里，有很多人不像人样，对走正道、有君子修养的人是不利的。因为阳高高在上并继续上升，阴在下并继续下降，天地不交，万物无法生长，上下不能沟通，天下就没有邦国的存在，即使有也跟没有一样。下卦，即内卦为坤；上卦，即外卦为乾，坤柔顺而乾刚健。下卦三个阴爻，代表小人，上卦三个阳爻，代表君子。小人的力道增长，君子的力道消减。 12.3《象传》说：否卦的卦象为坤（地）下乾（天）上，天在上，地在下，阳气上升，阴气下降，天地不交。君子最好暂时退隐，收敛自己的才华，过勤俭的生活，以避开灾难，不能以高官厚禄为荣。

12.4 初六：拔茅茹，以其汇，贞吉亨。

chū liù bá máo rú yǐ qí huì zhēn jí hēng

12.5 《象》曰：“拔茅”，“贞吉”，志在君也。

xiàng yuē bá máo zhēn jí zhì zài jūn yě

12.6 六二：包承，小人吉，大人否，亨。

liù èr bāo chéng xiǎo rén jí dà rén pǐ hēng

12.7 《象》曰：“大人否，亨”，不乱群也。

xiàng yuē dà rén pǐ hēng bú luàn qún yě

12.8 六三：包羞。

liù sān bāo xiū

12.9 《象》曰：“包羞”，位不当也。

xiàng yuē bāo xiū wèi bù dāng yě

12.10 九四：有命无咎，畴离祉。

jiǔ sì yǒu mìng wú jiù chóu lí zhǐ

【译 文】12.4 初六：拔茅草的时候，连根带泥土整个拔出来，因为茅草的根是连在一起的。跟志同道合的人在一起，同心协力，积极进取，自然吉祥、亨通。 12.5《象传》说：拔茅草的时候，其根相连，结果吉祥，表示大家齐心协力，用自己的行动引起君王的注意。 12.6 六二：包容、仰承领导，小人获得吉祥，大人会倒霉，但安贫固穷，不接受威逼利诱，能获得亨通。 12.7《象传》说：大人固守自己，不接受威逼利诱，才能亨通，因为大人不与小人为伍，不会变成君子中的害群之马。 12.8 六三：招致羞辱。 12.9《象传》说：招致羞辱，说明所处的位置不妥当。 12.10 九四：按照命令去做事，不会有祸患，让底下的人依附在身边，才会有福祉。

12.11 《象》曰："有命无咎"，志行也。

xiàng yuē yǒu mìng wú jiù zhì xíng yě

12.12 九五：休否，大人吉。其亡，其亡，系于苞桑。

jiǔ wǔ xiū pǐ dà rén jí qí wáng qí wáng xì yú bāo sāng

12.13 《象》曰："大人"之吉，位正当也。

xiàng yuē dà rén zhī jí wèi zhèng dāng yě

12.14 上九：倾否，先否后喜。

shàng jiǔ qīng pǐ xiān pǐ hòu xǐ

12.15 《象》曰：否终则倾，何可长也。

xiàng yuē pǐ zhōng zé qīng hé kě cháng yě

【译文】12.11《象辞》说：按照命令去做事，不会有祸患，因为顺从了上面的心志。12.12 九五：困顿不通的局面可以休止，大人将获得吉祥。高度警戒，居安思危，才能像系结在一大片丛生的桑树上那样牢固。 12.13《象传》说：大人获得吉祥，说明九五处于居中位置，合适得当。 12.14 上九：闭塞不通的局面将要发生天翻地覆的改变，刚开始闭塞不通，后来通达顺畅，结果是皆大欢喜的。 12.15《象传》说：闭塞不通到了极点必然要发生倾覆，这种境况不会长久持续下去的。

【现代启示】否卦告诉我们，在行不通的时候，最好装傻，聪明不一定要外露。作为君子，不要正面去跟小人斗，因为老天会治理他。现在很多君子心里气愤，一定要跟小人斗，殊不知，只要一斗，自己也成了小人，就是品德修养不够好。

同人第十三

tóng rén dì shí sān

同人就是大家尽量朝向同一个目标努力，但是由于成长环境、人生观、价值观的差异，我们不可能要求大家完全相同，所以我们的方向是求同存异，大同而小异。

13.1 同人于野，亨，利涉大川，利君子贞。

tóng rén yú yě, hēng, lì shè dà chuān, lì jūn zǐ zhēn.

13.2 《彖》曰：同人，柔得位得中而应乎乾，曰同人。同人曰："同人于野，亨，利涉大川"，乾行也。文明以健，中正而应，君子正也。唯君子为能通天下之志。

tuàn yuē: tóng rén, róu dé wèi dé zhōng ér yìng hū qián, yuē tóng rén. tóng rén yuē: "tóng rén yú yě, hēng, lì shè dà chuān", qián xíng yě. wén míng yǐ jiàn, zhōng zhèng ér yìng, jūn zǐ zhèng yě. wéi jūn zǐ wéi néng tōng tiān xià zhī zhì.

【译文】13.1 同人卦象征与人和睦相处，把一视同仁的观念由亲到疏、由近及远地推广出去，就会获得亨通，就能克服艰难险阻，君子心胸宽广，坚守正道，自然是吉顺的。13.2《彖传》说：同人卦，上卦为乾，下卦为离，六二居中当位，并与九五彼此相应，六二一个阴爻，能够把五个阳爻都照顾到，这就叫同人。同人卦说，"把一视同仁的观念由亲到疏、由近及远地推广出去，就会获得亨通，就能克服艰难险阻"，因为上乾阳刚健行。下离光明，上乾刚健，六二、九五各自居中当位并相应。只有君子坚守正道，求同存异，不计较个人私怨，才能成就天下为公、世界大同。

xiàng yuē tiān yǔ huǒ tóng rén jūn zǐ yǐ lèi zú biàn wù

13.3 《象》曰：天与火，同人。君子以类族辨物。

chū jiǔ tóng rén yú mén wú jiù

13.4 初九：同人于门，无咎。

xiàng yuē chū mén tóng rén yòu shuí jiù yě

13.5 《象》曰：出门“同人”，又谁咎也？

liù èr tóng rén yú zōng lìn

13.6 六二：同人于宗，吝。

xiàng yuē tóng rén yú zōng lìn dào yě

13.7 《象》曰：“同人于宗”，吝道也。

jiǔ sān fú róng yú mǎng shēng qí gāo líng sān suì bù xīng

13.8 九三：伏戎于莽。升其高陵，三岁不兴。

xiàng yuē fú róng yú mǎng dí gāng yě sān suì bù xīng ān xíng yě

13.9 《象》曰：“伏戎于莽”，敌刚也。“三岁不兴”，安行也。

【译 文】13.3《象传》说：同人卦的卦象是离（火）下乾（天）上，天在高处，火在低处，而能和睦相处。君子看到这种状况，就知道物以类聚、人以群分的道理，并能够做到求同存异，彼此包容。 13.4 初九：走出家门，跟外面的人和睦相处，不会有什么灾祸。 13.5《象传》说：出门与人和睦相处，怎么会有灾祸呢？ 13.6 六二：只与亲戚、朋友、同胞打交道，会引起麻烦。 13.7《象传》说：只与亲戚、朋友、同胞打交道，不能说错，但也不值得表扬。 13.8 九三：把军队埋伏在草莽中，并登山观察情况，好几年都不敢出兵打仗。 13.9《象传》说：把军队埋伏在草莽中，说明对手很厉害。好几年都不敢出兵打仗，说明不敢轻举妄动。

jiǔ sì chéng qí yōng fú kè gōng jí

13.10 九四：乘其墉，弗克攻，吉。

xiàng yuē chéng qí yōng yì fú kè yě qí jí zé kùn ér fǎn zé yě

13.11 《象》曰：“乘其墉”，义弗克也，其“吉”，则困而反则也。

jiǔ wǔ tóng rén xiān háo táo ér hòu xiào dà shī kè xiāng yù

13.12 九五：同人，先号咷而后笑。大师克相遇。

xiàng yuē tóng rén zhī xiān yǐ zhōng zhí yě dà shī xiāng yù yán xiāng kè yě

13.13 《象》曰：同人之“先”，以中直也。“大师”相遇，言相克也。

shàng jiǔ tóng rén yú jiāo wú huǐ

13.14 上九：同人于郊，无悔。

xiàng yuē tóng rén yú jiāo zhì wèi dé yě

13.15 《象》曰：“同人于郊”，志未得也。

【译 文】13.10 九四：登上城墙，并没有攻击对手，这是吉祥的。 13.11《象传》说：登上城墙，并没有攻击对手，这样做之所以能获得吉祥，是因为在困境中挣扎，终能回归正道。 13.12 九五：与人和睦相处，先号啕大哭，后喜笑颜开。九五阳刚居中，如同拥有庞大的军队，足以威震群雄。 13.13《象传》说：与人和睦相处，首先心中要诚信正直。九五长期与人交往所培养出来的高尚声望，对众人来说有如庞大的军队，令人心悦诚服而不与争夺。 13.14 上九：与人和睦相处的理想才推广到郊外，就算没有实现“同人于野”的理想，也不后悔。 13.15《象传》说：与人和睦相处的理想才推广到郊外，说明希望天下大同的愿望没有实现。

【现代启示】人从一出生开始就各有差异，我们不可能要求大家完全相同，而是求同存异，共同朝着同一个目标努力。

大有第十四

如果仅仅是物质的丰富，很快就会穷困，只有不断提升品德修养，才可以一直发展下去。

14.1 大有，元亨。

14.2 《彖》曰：大有，柔得尊位，大中而上下应之，曰大有。其德刚健而文明，应乎天而时行，是以“元亨”。

14.3 《象》曰：火在天上，大有。君子以遏恶扬善，顺天休命。

14.4 初九：无交害，匪咎，艰则无咎。

【译文】14.1 大有卦象征大获所有，亨通吉利。 14.2 大有卦，下卦为乾，上卦为离，六五柔顺，居尊位，其他五个阳爻与其相互配合，才是大有。下乾刚健，上离文明，顺应自然规律并与时偕行，自然亨通吉利。 14.3《象传》说：大有卦的卦象是乾（天）下离（火）上，火在天上，光明普照。君子看到这种现象，就知道要遏制恶念、发扬善念，顺应天道赋予人的美好使命。 14.4 初九：与人不相交往，不惹祸患，不致咎害。牢记过去的艰难困苦，常怀忧患意识，不会有祸患。

xiàng yuē dà yǒu chū jiǔ wú jiāo hài yě

14.5 《象》曰：大有初九，无交害也。

jiǔ èr dà chē yǐ zài yǒu yōu wǎng wú jiù

14.6 九二：大车以载，有攸往，无咎。

xiàng yuē dà chē yǐ zài jī zhōng bú bài yě

14.7 《象》曰："大车以载"，积中不败也。

jiǔ sān gōng yòng xiǎng yú tiān zǐ xiǎo rén fú kè

14.8 九三：公用亨于天子，小人弗克。

xiàng yuē gōng yòng xiǎng yú tiān zǐ xiǎo rén hài yě

14.9 《象》曰："公用亨于天子"，小人害也。

jiǔ sì fěi qí wāng wú jiù

14.10 九四：匪其尪，无咎。

xiàng yuē fěi qí wāng wú jiù míng biàn xī yě

14.11 《象》曰："匪其尪，无咎"，明辨晳也。

【译文】14.5《象传》说：大有卦初九爻，说明初九不交往也就不惹祸患。 14.6 九二：牛车里装了很多东西，要去与人分享，自然没有祸患。 14.7《象传》说：牛车里装了很多东西，装载得宜，不会散失。 14.8 九三：王公财资厚实，有能力比照天子祭祀天地和祖先，倘若是小人处在这样的情境，很容易心生不轨。 14.9《象传》说：王公财资厚实，有能力比照天子祭祀天地和祖先，但就算九三不是小人，也可能有小人向六五（君王）打报告，引起君王的怀疑，招致灾祸。 14.10 九四：不大肆宣扬、过于盛大，就不会招致祸患。 14.11《象传》说：不大肆宣扬、过于盛大，就不会招致祸患，说明明辨是非，懂得物极必反、适可而止的道理。

14.12 六五：厥孚交如，威如，吉。

14.13 《象》曰："厥孚交如"，信以发志也。"威如"之吉，易而无备也。

14.14 上九：自天佑之，吉，无不利。

14.15 《象》曰：大有上吉，自天佑也。

【译 文】 14.12 六五：诚实守信对待别人，自有威严的气势，从而获得吉祥。 14.13《象传》说：诚实守信对待别人，说明六五能够以尊位而柔顺待人，启发大家共同维护大有的意志。有威严的气势，从而获得吉祥，说明六五通过平易近人的方式，使大家无须戒备而自然产生敬畏。 14.14 上九：自己凭良心，照天理去走，得到上天的保佑，吉祥而无所不利。 14.15《象传》说：大有吉无不利，是自己遵循正道，上天赐福的结果。

【现代启示】 刚刚进入大有的人，千万不要忘记当时自己所经历的艰难，时时刻刻将其铭记在心，要珍惜现在拥有的，不要随便去破坏，不断提升品德修养，这样才能维持长久。

qiān guà dì shí wǔ

谦卦第十五

不管碰到什么样的问题，什么样的阻碍，只要谦虚礼让，放低姿态，懂得委曲求全的道理，凡事都能化解。

qiān hēng jūn zǐ yǒu zhōng

15.1 谦，亨，君子有终。

tuàn yuē qiān hēng tiān dào xià jì

15.2 《彖》曰：谦“亨”，天道下济

ér guāng míng dì dào bēi ér shàng xíng tiān dào kuī yíng ér

而光明，地道卑而上行。天道亏盈而

yì qiān dì dào biàn yíng ér liú qiān guǐ shén hài yíng ér

益谦，地道变盈而流谦，鬼神害盈而

fú qiān rén dào wù yíng ér hào qiān qiān zūn ér guāng

福谦，人道恶盈而好谦。谦尊而光，

bēi ér bù kě yú jūn zǐ zhī zhōng yě

卑而不可逾，“君子”之“终”也。

xiàng yuē dì zhōng yǒu shān qiān jūn zǐ

15.3 《象》曰：地中有山，谦。君子

yǐ póu duō yì guǎ chēng wù píng shī

以裒多益寡，称物平施。

【译 文】15.1 谦卦象征谦虚，具有谦虚的美德，是很亨通的，君子坚持走谦道，才会有始有终。 15.2《彖传》说：谦卦，亨通，天之气下降，阳光普照，万物得以生长，大地位置在下，地之气蒸发而上升。天道使有余者减少而增益不满者，地道使水满而溢而流向不满的地方，鬼神减损盈满者而福荫虚空者，人讨厌贪得无厌者而喜欢谦让知足者。谦很尊贵，而且很有光彩，虽然姿态很低，但却无法超越，君子坚持走谦道，才会有始有终。 15.3《象传》说：谦卦的卦象是艮（山）下坤（地）上，地中有山，象征谦虚不外露。君子要知道减少有多余的一方，补充给缺少的一方，衡量各种事物并公平地去施与。

chū liù qiān qiān jūn zǐ yòng shè dà chuān jí

15.4 初六：谦谦君子，用涉大川，吉。

xiàng yuē qiān qiān jūn zǐ bēi yǐ zì mù yě

15.5 《象》曰：“谦谦君子”，卑以自牧也。

liù èr míng qiān zhēn jí

15.6 六二：鸣谦，贞吉。

xiàng yuē míng qiān zhēn jí zhōng xīn dé yě

15.7 《象》曰：“鸣谦，贞吉”，中心得也。

jiǔ sān láo qiān jūn zǐ yǒu zhōng jí

15.8 九三：劳谦，君子有终，吉。

xiàng yuē láo qiān jūn zǐ wàn mín fú yě

15.9 《象》曰：“劳谦”君子，万民服也。

liù sì wú bú lì huī qiān

15.10 六四：无不利，㧑谦。

【译文】15.4 初六：君子永保谦虚的态度，就能够克服一切困难，获得吉祥。 15.5《象传》说：君子永保谦虚的态度，说明能够很谦卑地约束自己。 15.6 六二：谦虚的品德得到他人的赞美，不沾沾自喜并能守持正道，可获吉祥。 15.7《象传》说：谦虚的品德得到他人的赞美，不沾沾自喜并能守持正道，可获吉祥，说明六二居中守正，其谦虚的品德实至名归。 15.8 九三：辛劳有贡献，并能始终如一保持谦虚的态度，才会吉顺。 15.9《象传》说：辛劳有贡献，并能始终如一保持谦虚的态度，天下百姓才会心悦诚服。 15.10 六四：发挥谦虚的美德，没有什么不吉利的。

15.11 xiàng yuē wú bú lì huī qiān bù wéi zé yě
《象》曰：“无不利，㧑谦”，不违则也。

15.12 liù wǔ bú fù yǐ qí lín lì yòng qīn fá wú bú lì
六五：不富以其邻，利用侵伐，无不利。

15.13 xiàng yuē lì yòng qīn fá zhēng bù fú yě
《象》曰：“利用侵伐”，征不服也。

15.14 shàng liù míng qiān lì yòng xíng shī zhēng yì guó
上六：鸣谦，利用行师，征邑国。

15.15 xiàng yuē míng qiān zhì wèi dé yě kě yòng xíng shī zhēng yì guó yě
《象》曰：鸣谦。志未得也。可用“行师，征邑国”也。

【译 文】15.11《象传》说：发挥谦虚的美德，没有什么不吉利的，因为这是符合自然法则、毫不做作的。 15.12 六五：不用富有来引诱左右的邻居，不以威势来讨伐，就不会有不吉利的结果。 15.13《象传》说：利用威势来讨伐，是为了征服那些不服从德化的人。 15.14 上六：发扬谦德，指责不重视谦道的人，适宜兴师动众，用自己的声望和威势来纠正那些不谦虚、破坏和谐的人和行为。 15.15《象传》说：继续发扬谦德，是因为谦虚没有过分的可能，必须持续谨慎，终生奉行。兴师动众，并非对外宣战，而是先促使自己人重视谦德，再扩大影响到国际，是平天下的一种方式。

【现代启示】不管碰到什么样的问题，什么样的阻碍，只要谦虚礼让，放低姿态，懂得委曲求全的道理，凡事都可以化解。记住，退一步海阔天空，凡事不要过于斤斤计较。

yù guà dì shí liù

豫卦第十六

用现在的话来讲，豫卦就是快乐之道。人生一定要快乐，但是快乐要合乎道理，要有一定的节制，才不会给自己制造祸端。

16.1

yù lì jiàn hóu xíng shī

豫，利建侯行师。

16.2

tuàn yuē yù gāng yìng ér zhì xíng shùn yǐ dòng yù yù shùn yǐ dòng gù tiān dì rú zhī ér kuàng jiàn hóu xíng shī hū tiān dì yǐ shùn dòng gù rì yuè bú guò ér sì shí bú tè shèng rén yǐ shùn dòng zé xíng fá qīng ér mín fú yù zhī shí yì dà yǐ zāi

《彖》曰：豫，刚应而志行，顺以动，豫。豫，顺以动，故天地如之，而况“建侯行师”乎！天地以顺动，故日月不过而四时不忒。圣人以顺动，则刑罚清而民服。豫之时义大矣哉！

16.3

xiàng yuē léi chū dì fèn yù xiān wáng yǐ zuò yuè chóng dé yīn jiàn zhī shàng dì yǐ pèi zǔ kǎo

《象》曰：雷出地奋，豫。先王以作乐崇德，殷荐之上帝，以配祖考。

【译文】16.1 豫卦象征欢乐愉快，有利于在有限的领域内，建立封国，兴兵讨逆安民。

16.2《彖传》说：豫卦，下卦为坤，上卦为震，九四阳刚，并与五个阴爻相应合，象征独乐之外，还能与众同乐，志向得以施行，这就是豫。豫，顺性而动，天地也是这样，更何况建立封国、兴兵讨逆呢！天地顺性而动，日月运行、四季交替，都不会出差错。圣人顺性而动，刑罚清明，百姓自然心悦诚服。可见合乎时宜，就悦乐而言，是多么重要！ 16.3《象传》说：豫卦的卦象为坤（地）下震（雷）上，雷在地上轰鸣，大自然充满活力。君王看到这种现象，就知道要在轻松快乐的氛围中推行礼制，并通过盛大的祭典，把音乐献给天帝，用以配祀历代祖先，共享喜悦。

chū liù míng yù xiōng
16.4 初六：鸣豫，凶。

xiàng yuē chū liù míng yù zhì qióng xiōng yě
16.5 《象》曰：初六“鸣豫”，志穷凶也。

liù èr jiè yú shí bù zhōng rì zhēn jí
16.6 六二：介于石。不终日，贞吉。

xiàng yuē bù zhōng rì zhēn jí yǐ zhōngzhèng yě
16.7 《象》曰：“不终日，贞吉”，以中正也。

liù sān xū yù huǐ chí yǒu huǐ
16.8 六三：盱豫，悔。迟有悔。

xiàng yuē xū yù yǒu huǐ wèi bù dāng yě
16.9 《象》曰：“盱豫”，“有悔”，位不当也。

jiǔ sì yóu yù dà yǒu dé wù yí péng hé zǎn
16.10 九四：由豫，大有得。勿疑，朋盍簪。

【译 文】16.4 初六：嘻嘻哈哈，自鸣得意，一定会有凶险。 16.5《象传》说：嘻嘻哈哈，自鸣得意，胸无大志，失败在所难免。 16.6 六二：正直坚定如磐石，不整天沉溺于安乐当中，可获吉祥。 16.7《象传》说：不整天沉溺于安乐当中，可获吉祥，是因为六二居中守正的缘故。 16.8 六三：装可爱，讨好、奉承上级，会招致怨恨。如果不及时悔改，则会有更大的无可挽回的悔恨。 16.9《象传》说：装可爱，讨好、奉承上级，会招致怨恨，这是因为六三所处的位置不当的缘故。 16.10 九四：安乐喜悦之感由自身而来，会大有所得。不用怀疑，朋友都会聚集在周围。

16.11 《象》曰："由豫，大有得"，志大行也。

xiàng yuē yóu yù dà yǒu dé zhì dà xíng yě

16.12 六五：贞疾，恒不死。

liù wǔ zhēn jí héng bù sǐ

16.13 《象》曰：六五"贞疾"，乘刚也。"恒不死"，中未亡也。

xiàng yuē liù wǔ zhēn jí chéng gāng yě héng bù sǐ zhōng wèi wáng yě

16.14 上六：冥豫成，有渝无咎。

shàng liù míng yù chéng yǒu yú wú jiù

16.15 《象》曰："冥豫"在上，何可长也？

xiàng yuē míng yù zài shàng hé kě cháng yě

【译 文】16.11《象传》说：安乐喜悦之感由自身而来，会大有所得，说明九四把大家的喜乐弄得很正当，而且让大家的使命能够完成。 16.12 六五：形势很危险，但仍能坚持下去，不会灭亡。 16.13《象传》说：六五形势很危险，是因为凌乘在阳刚的九四之上。仍能坚持，不会灭亡，是因为六五居中，只要坚守正道，就不会出问题。 16.14 上六：长期养成享乐的坏习惯，十分危险，要及时改变，才能免于灾祸。 16.15《象传》说：享乐到了极点，这样的情况怎么能够保持得长久呢？

【现代启示】人在快乐的时候，很容易得意忘形，只顾自己，根本顾不到旁边人的感受。要知道，旁边人的怨气所造成的后果是要自己去承受的，所以我们要有节制地喜乐，否则的话经常都是乐极生悲。

suí guà dì shí qī

随卦第十七

人生难免会追随别人，但是追随时要先搞清楚自己的目标，一定要择善而从。

suí yuán hēng lì zhēn wú jiù

17.1 随，元亨利贞，无咎。

tuàn yuē suí gāng lái ér xià róu dòng

17.2 《彖》曰：随，刚来而下柔，动

ér yuè suí dà hēng zhēn wú jiù

而说，随。大“亨”，贞“无咎”，

ér tiān xià suí shí suí zhī shí yì dà yǐ zāi

而天下随时。随之时义大矣哉！

xiàng yuē zé zhōng yǒu léi suí jūn zǐ yǐ

17.3 《象》曰：泽中有雷，随。君子以

xiàng huì rù yàn xī

向晦入宴息。

chū jiǔ guān yǒu yú zhēn jí chū mén jiāo yǒu gōng

17.4 初九：官有渝，贞吉。出门交有功。

【译文】17.1 随卦象征随从、随和。慎始、亨通、和谐、贞正，守持正道，没有祸患。 17.2《彖传》说：随卦，上兑是柔，下震是刚，刚来到柔的下面，刚一动，柔心悦诚服地配合，这才是最好的随。大大的亨通，守持正道，没有祸患，天下的现象也因为春夏秋冬的不同需要而随时在变。所以，跟着时做合理地调整，这是至关重要的。 17.3《象传》说：随卦的卦象是震（雷）下兑（泽）上，打雷的时候，泽水随着雷声而波动。君子看到这种现象就领悟到一定要动静咸宜，规律生活，日出而作，日入而息。 17.4 初九：官场变化无穷，坚守正道可获吉祥。与人交往，坚持原则，找到一个值得追随的人，才会有贡献和功劳。

17.5 《象》曰："官有渝"，从正吉也。"出门交有功"，不失也。

17.6 六二：系小子，失丈夫。

17.7 《象》曰："系小子"，弗兼与也。

17.8 六三：系丈夫，失小子，随有求得。利居贞。

17.9 《象》曰：系丈夫，志舍下也。

17.10 九四：随有获，贞凶。有孚在道以明，何咎？

【译文】17.5《象传》说：官场变化无穷，坚持正道可获吉祥。找到一个值得追随的人，才会有功劳，才是正道。 17.6 六二：拉拢年轻不成熟的人，就失掉了真正可以信赖的人。17.7《象传》说：拉拢年轻不成熟的人，就失掉了真正可以信赖的人，因为二者不可兼得。17.8 六三：追随上面值得信赖的人，疏远下面不成熟的人，会得到上面的照顾，有所求就会有所得。守正、走正道，才不会既害死自己又害死上面的人。 17.9《象传》说：追随上面值得信赖的人，有意舍弃底下的人。 17.10 九四：追随上层领导，虽然有收获，但也可能发生凶险。心怀诚信，合乎正道并表现出来，怎会有灾难呢？

xiàng yuē suí yǒu huò qí yì xiōng
17.11 《象》曰：“随有获”，其义凶
yě yǒu fú zài dào míng gōng yě
也。“有孚在道”，明功也。

jiǔ wǔ fú yú jiā jí
17.12 九五：孚于嘉，吉。

xiàng yuē fú yú jiā jí wèi zhèng
17.13 《象》曰：“孚于嘉，吉”，位正
zhōng yě
中也。

shàng liù jū xì zhī nǎi cóng wéi zhī wáng yòng xiǎng
17.14 上六：拘系之，乃从维之，王用亨
yú xī shān
于西山。

xiàng yuē jū xì zhī shàng qióng yě
17.15 《象》曰：“拘系之”，上穷也。

【译 文】17.11《象传》说：追随上层领导，虽然有收获，但是让领导起了疑心，就不会有好下场。应当心怀诚信，合乎正道，明辨进退，用实际行动来争取领导的信任，才会逢凶化吉。　17.12 九五：广施诚信于周围的人，并被众多的人信任，自然是吉祥的。　17.13《象传》说：广施诚信于周围的人，并被众多的人信任，自然吉祥，这是所处位置居中、坚守正道的缘故。　17.14 上六：用重重的绳子捆绑、拘禁起来，逼迫他们不得不服从，这样君王才能够安心吃饭。　17.15《象传》说：用重重的绳子捆绑、拘禁起来，说明上六处于高位，随顺之道已经开始穷尽了。

【现代启示】追随别人，首先要想一想整个大环境是正当还是邪恶，再考虑自己要不要去追随，这是每一个人应有的修养。不要一头栽下去，一路追到底，好像这样永远没有错，最后害死自己，也害死被追随的人。

gǔ guà dì shí bā

蛊卦第十八

人难免会生病，社会风气难免会变坏，事情很可能越来越糟，这就是蛊卦的道理。

gǔ yuán hēng lì shè dà chuān xiān jiǎ sān rì hòu jiǎ sān rì

18.1 蛊，元亨，利涉大川。先甲三日，后甲三日。

tuàn yuē gǔ gāng shàng ér róu xià xùn ér zhǐ gǔ gǔ yuán hēng ér tiān xià zhì yě lì shè dà chuān wǎng yǒu shì yě xiān jiǎ sān rì hòu jiǎ sān rì zhōng zé yǒu shǐ tiān xíng yě

18.2 《彖》曰：蛊，刚上而柔下，巽而止，蛊。蛊"元亨"，而天下治也。"利涉大川"，往有事也。"先甲三日，后甲三日"，终则有始，天行也。

xiàng yuē shān xià yǒu fēng gǔ jūn zǐ yǐ zhèn mín yù dé

18.3 《象》曰：山下有风，蛊。君子以振民育德。

【译 文】18.1 蛊卦象征整治腐败，慎始、亨通，能够克服困难。做事之前要有充分的准备，事后也要知道怎么样去摆平。 18.2《彖传》说：蛊卦，上卦为艮，为阳卦，下卦为巽，为阴卦，阳刚在上而阴柔在下，风遇山而能停止，这就是蛊卦的卦象。蛊卦，慎始、亨通，天下大治。面对困难，不要逃避，勇敢向前，才能攻无不破。做事之前要有充分的准备，事后也要知道怎么样去摆平，任何事情都要有始有终、循环往复，天道的运行也是这样的。 18.3《象传》说：蛊卦的卦象是巽（风）下艮（山）上，山下有风是自然的现象。君子看到这种情况就知道腐败是在所难免的，要培养人们的美德，及时防止腐败、整治腐败。

18.4 初六：干父之蛊。有子考，无咎。厉终吉。

(chū liù gàn fù zhī gǔ yǒu zǐ kǎo wú jiù lì zhōng jí)

18.5 《象》曰："干父之蛊"，意承考也。

(xiàng yuē gàn fù zhī gǔ yì chéng kǎo yě)

18.6 九二：干母之蛊，不可贞。

(jiǔ èr gàn mǔ zhī gǔ bù kě zhēn)

18.7 《象》曰："干母之蛊"，得中道也。

(xiàng yuē gàn mǔ zhī gǔ dé zhōng dào yě)

18.8 九三："干父之蛊"，小有悔，无大咎。

(jiǔ sān gàn fù zhī gǔ xiǎo yǒu huǐ wú dà jiù)

18.9 《象》曰："干父之蛊"，终无咎也。

(xiàng yuē gàn fù zhī gǔ zhōng wú jiù yě)

【译 文】18.4 初六：整治先父所造成的腐败（精神方面），有这样能干的儿子，是没有祸患的。虽然会遇到困难险阻，最终还是吉祥的。 18.5《象传》说：整治先父所造成的腐败，其用意在于继续发扬先父的遗志。 18.6 九二：整治母辈所造成的腐败（物质方面），要坚定信念，但不能固执。 18.7《象传》说：整治母辈所造成的腐败，一定要刚柔适宜，不偏不倚。 18.8 九三：整治先父所造成的腐败，虽然没有大的祸患，但是稍微会有一点儿令人遗憾的地方。 18.9《象传》说：整治先父所造成的腐败，该沟通的要沟通，该坚持的要坚持，最终不会有灾祸。

liù sì yù fù zhī gǔ wǎng jiàn lìn

18.10 六四：裕父之蛊，往见吝。

xiàng yuē yù fù zhī gǔ wǎng wèi dé yě

18.11 《象》曰：“裕父之蛊”，往未得也。

liù wǔ gàn fù zhī gǔ yòng yù

18.12 六五：干父之蛊，用誉。

xiàng yuē gàn fù zhī gǔ yòng yù chéng yǐ dé yě

18.13 《象》曰：“干父之蛊用誉”，承以德也。

shàng jiǔ bú shì wáng hóu gāo shàng qí shì

18.14 上九：不事王侯，高尚其事。

xiàng yuē bú shì wáng hóu zhì kě zé yě

18.15 《象》曰：“不事王侯”，志可则也。

【译 文】18.10 六四：以宽松而缓慢的态度来整治先父所造成的腐败，长此以往会有遗憾。 18.11《象传》说：以宽松而缓慢的态度来整治先父所造成的腐败，长此以往将一无所得。 18.12 六五：整治先父所造成的腐败，任用贤人，就会获得美誉。 18.13《象传》说：整治先父所造成的腐败，任用贤人，就会获得美誉，说明用自己美好的品德来团结、感染别人，共同推行整治工作，自然会得到赞誉。 18.14 上九：整治完毕，不留恋职位，淡泊世事，是值得崇尚的事情。 18.15《象传》说：整治完毕，不留恋职位，这样的志向，可以作为人们效仿的榜样。

【现代启示】每个人都难免犯错，不要后悔，面对错误，负起责任，勇敢地去改过。无事不惹事，有事不怕事，这是蛊卦的精神。

lín guà dì shí jiǔ
临卦第十九

凡是碰到了奇怪的事情，不能躲，也不能凑热闹，最好能够到现场去了解一下情况，尽到自己的责任，不能把什么事情都推给别人。

lín yuán hēng lì zhēn zhì yú bā yuè yǒu xiōng
19.1 临，元亨利贞，至于八月有凶。

tuàn yuē lín gāng jìn ér zhǎng yuè ér
19.2 《彖》曰：临，刚浸而长，说而

shùn gāng zhōng ér yìng dà hēng yǐ zhèng tiān zhī dào
顺。刚中而应。大亨以正，天之道

yě zhì yú bā yuè yǒu xiōng xiāo bù jiǔ yě
也。"至于八月有凶"，消不久也。

xiàng yuē zé shàng yǒu dì lín jūn zǐ yǐ
19.3 《象》曰：泽上有地，临。君子以

jiào sī wú qióng róng bǎo mín wú jiāng
教思无穷，容保民无疆。

chū jiǔ xián lín zhēn jí
19.4 初九：咸临，贞吉。

【译 文】19.1 临卦象征临事而惧（恭敬），慎始、亨通、和谐、贞正，到了八月，会有凶险。 19.2《彖传》说：临卦，阳气逐渐增长，阴气逐渐消退。下兑内心喜悦而柔顺，九二、六五居中而相应，相互提携。时节已至，阳气当仁不让，必须上升，一定会大亨通，这是合乎天道的。到了八月会有凶险，因为阳气逐渐消退，而阴气逐渐增长。 19.3《象传》说：临卦的卦象是兑（泽）下坤（地）上，一方面是说地的高度通常比泽要高，人站在地上看泽，处于居高临下的位置。另一方面，地起到限制泽水的作用，既能防止水泛滥，又能蓄水防旱。君子看到这种现象就体悟到一定要修己安人，不仅要重视自己的品德修养，还要教导百姓，这种责任是无穷无尽的。 19.4 初九：用真诚去感动别人，可获吉祥。

xiàng yuē xián lín zhēn jí zhì xíng
19.5 《象》曰："咸临，贞吉"，志行
zhèng yě
正也。

jiǔ èr xián lín jí wú bú lì
19.6 九二：咸临，吉，无不利。

xiàng yuē xián lín jí wú bú lì
19.7 《象》曰："咸临，吉，无不利"，
wèi shùn mìng yě
未顺命也。

liù sān gān lín wú yōu lì jì yōu zhī
19.8 六三：甘临，无攸利。既忧之，
wú jiù
无咎。

xiàng yuē gān lín wèi bù dāng yě
19.9 《象》曰："甘临"，位不当也。
jì yōu zhī jiù bù cháng yě
"既忧之"，咎不长也。

liù sì zhì lín wú jiù
19.10 六四：至临，无咎。

【译 文】 19.5《象传》说：用真诚去感动别人，可获吉祥，说明志向和行为合乎人性。 19.6 九二：有威势而不用，仍以真诚来感动别人，不但吉祥，而且无所不利。 19.7《象传》说：有威势而不用，仍以真诚来感动别人，不但吉祥，而且无所不利，说明自我约束，不借用自身的威势去逼迫别人。 19.8 六三：靠甜言蜜语去取悦别人，是得不到好处的。如果能够有所觉悟，及时悔改，就不会有祸患。 19.9《象传》说：靠甜言蜜语去取悦别人，是因为所处位置不当的缘故。如果能够有所觉悟，及时悔改，祸患就不会长久。 19.10 六四：亲临现场，没有祸患。

19.11 《象》曰："至临，无咎"，位当也。

xiàng yuē zhì lín wú jiù wèi dāng yě

19.12 六五：知临，大君之宜，吉。

liù wǔ zhī lín dà jūn zhī yí jí

19.13 《象》曰："大君之宜"，行中之谓也。

xiàng yuē dà jūn zhī yí xíng zhōng zhī wèi yě

19.14 上六：敦临，吉，无咎。

shàng liù dūn lín jí wú jiù

19.15 《象》曰："敦临"之吉，志在内也。

xiàng yuē dūn lín zhī jí zhì zài nèi yě

【译 文】19.11《象传》说：亲临现场，没有祸患，说明所处的位置是恰当的。 19.12 六五：知道该不该去，该做什么，一切以合理为准，这是贤能君主的标准之一，自然吉祥。 19.13《象传》说：一切以合理为准，这是贤能君主的标准之一，说明走的是中道。 19.14 上六：监临现场，温柔敦厚，不但吉祥，还没有祸患。 19.15《象传》说：监临现场，温柔敦厚，可获吉祥，是因为胸中怀有大志的缘故。

【现代启示】面对事情不要有功利心，我们只尽自己的本分，做自己该做的事，至于结果怎么样，只求四个字：问心无愧。

guān guà dì èr shí

观卦第二十

☴☷ 看人看事，不可以随便看一看，就认为自己全懂了，最好去掉自己的成见，仔细观察，用心观照，同时还要观其奥秘。

guān guàn ér bú jiàn yǒu fú yóng ruò

20.1 观，盥而不荐，有孚颙若。

tuàn yuē dà guān zài shàng shùn ér xùn zhōng zhèng yǐ guān tiān xià guān guàn ér bú jiàn yǒu fú yóng ruò xià guān ér huà yě guān tiān zhī shén dào ér sì shí bú tè shèng rén yǐ shén dào shè jiào ér tiān xià fú yǐ

20.2 《彖》曰：大观在上，顺而巽，中正以观天下，观。“盥而不荐。有孚颙若”，下观而化也。观天之神道，而四时不忒，圣人以神道设教，而天下服矣。

xiàng yuē fēng xíng dì shàng guān xiān wáng yǐ xǐng fāng guān mín shè jiào

20.3 《象》曰：风行地上，观。先王以省方观民设教。

【译 文】20.1 观卦象征观察瞻仰，洗干净手，准备妥当，可是整个仪式还没有开始，所以还没有人奉献祭品。虔诚地去观礼，心中充满恭敬。 20.2 观卦，九五、上九两个阳爻高高在上，气势宏大，下坤柔顺，上巽谦逊，九五中正，供天下人仿效并能自我反省。洗干净手，虔诚地观看祭祀的仪式，心中充满恭敬，并深深地受到感化。观看自然的神妙、气候的演变、四时的运转，从没出现过差错，圣人借用“天之神道”来教化百姓，天下无不诚服。20.3《象传》说：观卦的卦象是坤（地）下巽（风）上，风吹过地上，有的地方吹得干干净净，有的地方吹得乱七八糟。过去明智的君王看到这种现象，就知道要巡察四方，根据不同地域的风俗民情，对百姓进行教化。

chū liù tóng guān xiǎo rén wú jiù jūn zǐ lìn

20.4 初六：童观，小人无咎，君子吝。

xiàng yuē chū liù tóng guān xiǎo rén dào yě

20.5 《象》曰：“初六：童观”，小人道也。

liù èr kuī guān lì nǚ zhēn

20.6 六二：窥观，利女贞。

xiàng yuē kuī guān nǚ zhēn yì kě chǒu yě

20.7 《象》曰：“窥观”“女贞”，亦可丑也。

liù sān guān wǒ shēng jìn tuì

20.8 六三：观我生进退。

xiàng yuē guān wǒ shēng jìn tuì wèi shī dào yě

20.9 《象》曰：“观我生进退”，未失道也。

liù sì guān guó zhī guāng lì yòng bīn yú wáng

20.10 六四：观国之光。利用宾于王。

【译文】20.4 初六：像小孩子一样去参加祭典，对小人而言没有什么不好，对君子而言就会有很大的遗憾。 20.5《象传》说：初六像小孩子一样去参加祭典，这是小人的生存之道。 20.6 六二：从门缝中偷看，对女性来讲是正当的。 20.7《象传》说：从门缝中偷看，对女性来讲是正当的，但对男人来讲，这样的行为是很羞耻的。 20.8 六三：用心观察品德高尚的人，思量自己是前进还是后退。 20.9《象传》说：用心观察品德高尚的人，思量自己是前进还是后退，这种做法是不失正道的。 20.10 六四：观看国家盛大的景象，并有非常好的表现，有利于成为君王的贵宾。

xiàng yuē guān guó zhī guāng shàng bīn yě
20.11 《象》曰："观国之光"，尚宾也。

jiǔ wǔ guān wǒ shēng jūn zǐ wú jiù
20.12 九五：观我生，君子无咎。

xiàng yuē guān wǒ shēng guān mín yě
20.13 《象》曰："观我生"，观民也。

shàng jiǔ guān qí shēng jūn zǐ wú jiù
20.14 上九：观其生，君子无咎。

xiàng yuē guān qí shēng zhì wèi píng yě
20.15 《象》曰："观其生"，志未平也。

【译 文】20.11《象传》说：观看国家盛大的景象，得到很高的礼遇，就有机会成为君王的贵宾。 20.12 九五：接受大家的观瞻，并根据大家的反应，自我检讨，不断改善，这样的君子，不会有祸患。 20.13《象传》说：接受大家的观瞻，并根据大家的反应，自我检讨，主动去调整各地的民情民俗，老百姓也会把他当作典范来学习。 20.14 上九：观看九五（君王）的表现，不会有祸患。 20.15《象传》说：观看九五（君王）的表现，说明上九内心忐忑不安，怕心中大志难以实现。

【现代启示】什么事情要先看清楚，不要急着发表看法，一进场就发表很多言论，然后才发现自己所说的跟现实环境完全不一样，那是自取其辱，到时候只会无地自容。

shì hé guà dì èr shí yī

噬嗑卦第二十一

一件事情进展得很顺利，或者一个领导者有可观表现的时候，就会有人从中作梗，这就是噬嗑的处境。

shì hé hēng lì yòng yù

21.1 噬嗑，亨。利用狱。

tuàn yuē yí zhōng yǒu wù yuē shì hé

21.2 《彖》曰：颐中有物，曰噬嗑。

shì hé ér hēng gāng róu fēn dòng ér míng

“噬嗑”而“亨”，刚柔分，动而明，

léi diàn hé ér zhāng róu dé zhōng ér shàng xíng suī bù dāng

雷电合而章。柔得中而上行，虽不当

wèi lì yòng yù yě

位，“利用狱”也。

xiàng yuē léi diàn shì hé xiān wáng yǐ míng fá

21.3 《象》曰：雷电噬嗑。先王以明罚

chì fǎ

敕法。

chū jiǔ jù qiāo miè zhǐ wú jiù

21.4 初九，屦校灭趾，无咎。

【译 文】21.1 噬嗑卦象征梗碍，亨通。利于采取法律手段，公正办事。 21.2《彖传》说：嘴巴里面有个硬东西，就是噬嗑的处境。想办法化解它，就会亨通，下卦震卦为阳卦，代表刚；上卦离卦为阴卦，代表柔，刚柔分明，雷电交加，放出光明。六二和六五处于下卦和上卦的中间，柔顺得中，九四阳爻处阴位，不当位，利于采取法律手段，公正办事。 21.3《象传》说：噬嗑卦的卦象是震（雷）下离（火）上，地上打雷，天上闪电，雷电交加。以前明智的君王看到这种现象，就知道要采取合理的司法手段，公正办事。 21.4 初九：在脚上套上木头做成的刑具，行动不方便，不会产生祸患。

xiàng yuē jù jiào miè zhǐ bù xíng yě
21.5 《象》曰："屦校灭趾"，不行也。

liù èr shì fū miè bí wú jiù
21.6 六二：噬肤灭鼻，无咎。

xiàng yuē shì fū miè bí chéng gāng yě
21.7 《象》曰："噬肤灭鼻"，乘刚也。

liù sān shì xī ròu yù dú xiǎo lìn wú jiù
21.8 六三：噬腊肉，遇毒，小吝无咎。

xiàng yuē yù dú wèi bù dāng yě
21.9 《象》曰："遇毒"，位不当也。

jiǔ sì shì gān zǐ dé jīn shǐ lì jiān zhēn jí
21.10 九四：噬干胏，得金矢。利艰贞，吉。

xiàng yuē lì jiān zhēn jí wèi guāng yě
21.11 《象》曰："利艰贞，吉"，未光也。

【译文】21.5《象传》说：在脚上套上木头做成的刑具，行动不方便，表示刑罚很轻，略施警戒，让犯错的人不能继续搞破坏。 21.6 六二：咬破皮肤，伤及鼻子，但不会有祸患。 21.7《象传》说：咬破皮肤，伤及鼻子，六二是阴爻，乘凌在初九之上，表示刑罚有点儿过重，但没有什么大碍。 21.8 六三：咬干肉，遇到毒物，心里不安，但还不至于有祸患。 21.9《象传》说：咬干肉，遇到毒物，说明所处的位置不恰当。 21.10 九四：咬带骨的肉，碰到又刚又硬的利箭。在艰难中坚守正道，可获吉祥。 21.11《象传》说：在艰难中坚守正道，可获吉祥，说明还没有得到上级领导的支持和配合，没有实现公正审判的理想。

liù wǔ shì gān ròu dé huáng jīn zhēn lì

21.12 六五：噬干肉，得黄金。贞厉

wú jiù

无咎。

xiàng yuē zhēn lì wú jiù dé dāng yě

21.13 《象》曰：“贞厉无咎”，得当也。

shàng jiǔ hè jiào miè ěr xiōng

21.14 上九：何校灭耳，凶。

xiàng yuē hè jiào miè ěr cōng bù

21.15 《象》曰：“何校灭耳”，聪不

míng yě

明也。

【译 文】21.12 六五：咬干肉，碰到了黄金，虽然会有危险，但只要坚守正道，就不会有祸患。 21.13《象传》说：虽然会有危险，但不会有祸患，这是坚守正道、公正断案的缘故。 21.14 上九：刑具戴在脖子上，伤及耳朵，这是非常凶险的。 21.15《象传》说：刑具戴在脖子上，伤及耳朵，就是因为不聪不明，才铸成大错、受到严惩。

【现代启示】教化是很重要的。要教化那些违法分子、破坏社会秩序的人回心转意，改过自新，重新回归社会，而不是去之而后快。这样，社会才能够安定，大家才能和谐共处。

贲卦第二十二

bēn guà dì èr shí èr

☶☲

贲卦是一种人文精神，身为人，就应该创造一些文化，创造一种文明，造成一些人所特有的东西，即人文，人文就是花样。

22.1 贲，亨。小利有攸往。

22.2 《彖》曰：贲“亨”，柔来而文刚，故“亨”；分刚上而文柔，故“小利有攸往”，天文也。文明以止，人文也。观乎天文，以察时变；观乎人文，以化成天下。

22.3 《象》曰：山下有火，贲。君子以明庶政，无敢折狱。

【译 文】22.1 贲卦象征文饰，亨通。去做的话有小利。 22.2《彖传》说：贲卦，亨通。下卦为离，上卦为艮，用柔和的力量来文饰刚强，故而亨通；下离为阴卦，上艮为阳卦，刚在上而柔在下衬托，所以去做的话有小利，贲卦三个阳爻，三个阴爻，就像天上的太阳和月亮，一刚一柔，循环往复，这就是天文；人也有自己的花样，但是要适度，不能过分，这就是人文。观察天象，来看时间和季节的变化；观察人事，来做适当的调整，使天下百姓和谐相处。 22.3《象传》说：贲卦的卦象是离（火）下艮（山）上，山下有火，照亮万物。君子看到这种现象，就知道有责任使政治昌明、文化昌盛，慎重审判决断每一件事情。

22.4 初九：贲其趾，舍车而徒。

22.5 《象》曰："舍车而徒"，义弗乘也。

22.6 六二：贲其须。

22.7 《象》曰："贲其须"，与上兴也。

22.8 九三：贲如濡如，永贞吉。

22.9 《象》曰："永贞"之"吉"，终莫之陵也。

22.10 六四：贲如皤如。白马翰如。匪寇，婚媾。

【译 文】22.4 初九：装扮脚趾，不坐车子，甘于徒步行走。 22.5《象传》说：不坐车子，甘于徒步行走，是因为此时乘车是不合理的。 22.6 六二：装扮自己的胡须。 22.7《象传》说：装扮自己的胡须，说明六二会参考上面九三的意见。 22.8 九三：装扮得光鲜润泽，永保合理的态度、正确的原则，可获吉祥。 22.9《象传》说：永保合理的态度、正确的原则，可获吉祥，说明始终坚持正道，就不会侵犯到别人。 22.10 六四：装扮得很素净，骑着一匹白马飞奔而来。不是强盗，而是来求婚的。

xiàng yuē liù sì dāng wèi yí yě fěi
22.11 《象》曰：六四当位，疑也。“匪
kòu hūn gòu zhōng wú yóu yě
寇婚媾”，终无尤也。

liù wǔ bēn yú qiū yuán shù bó jiān jiān lìn
22.12 六五：贲于丘园，束帛戋戋。吝，
zhōng jí
终吉。

xiàng yuē liù wǔ zhī jí yǒu xǐ yě
22.13 《象》曰：六五之吉，有喜也。

shàng jiǔ bái bēn wú jiù
22.14 上九：白贲，无咎。

xiàng yuē bái bēn wú jiù shàng dé
22.15 《象》曰：“白贲，无咎”，上得
zhì yě
志也。

【译 文】22.11《象传》说：六四柔居阴位，是当位的，但心中不免疑虑。知道来的人不是强盗，而是求婚的，才放下心来。 22.12 六五：装扮自己的庄园，送上少量布帛。可能会有某些遗憾，但最终是吉祥的。 22.13《象传》说：六五最终是吉祥的，说明虽然身居高位，却依然保持着使人如沐春风的感觉，受到大家的爱戴和欢迎，自然皆大欢喜。 22.14 上九：装扮素白，不会有祸患。 22.15《象传》说：装扮素白，没有祸患，说明从绚丽归于朴素的心愿得以达成。

【现代启示】一个有才能的年轻人，初出茅庐，在适当的场合可以有适当的表现。但是，遇到重大事情，最好还是敬谢不敏，推辞掉为好。趁着这个机会，还要多向前辈、有经验的人学习，以提高和充实自己。

bō guà dì èr shí sān

剥卦第二十三

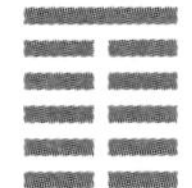

剥卦五阴逼迫一阳，象征君子被一群小人围攻。小人得志，君子节节败退。

bō bú lì yǒu yōu wǎng

23.1 剥，不利有攸往。

tuàn yuē bō bō yě róu biàn gāng yě

23.2 《彖》曰：剥，剥也，柔变刚也。

bú lì yǒu yōu wǎng xiǎo rén zhǎng yě shùn ér zhǐ zhī

“不利有攸往”，小人长也。顺而止之，

guān xiàng yě jūn zǐ shàng xiāo xī yíng xū tiān xíng yě

观象也。君子尚消息盈虚，天行也。

xiàng yuē shān fù yú dì bō shàng yǐ hòu

23.3 《象》曰：山附于地，剥。上以厚

xià ān zhái

下安宅。

chū liù bō chuáng yǐ zú miè zhēn xiōng

23.4 初六：剥床以足，蔑。贞凶。

【译 文】23.1 剥卦象征剥落，盲目乱动是不利的。 23.2《彖传》说：剥卦，剥落，阳气衰退，阴气增长。身处这种状况，不要盲目乱动，小人得势，君子只能自保，以待时机。下卦为坤，顺的意思；上卦为艮，止的意思。当五阴一直往上去靠近逼迫最后那一阳的时候，一阳便顺势而为，因为最后都会适可而止，这也是剥卦的卦象告诉我们的。君子崇尚消长盈虚的规律，这也是天道运行的道理。 23.3《象传》说：剥卦的卦象是坤（地）下艮（山）上，山附在地上，基础已经不稳固，随时会崩塌。有地位、有权势的人看到这种现象，就知道要心存宽厚，善待百姓，让他们安居乐业。 23.4 初六：床脚开始剥落，要引起重视，否则继续下去，会有凶祸。

23.5 《象》曰："剥床以足"，以灭下也。

xiàng yuē bō chuáng yǐ zú yǐ miè xià yě

23.6 六二：剥床以辨，蔑。贞凶。

liù èr bō chuáng yǐ biàn miè zhēn xiōng

23.7 《象》曰："剥床以辨"，未有与也。

xiàng yuē bō chuáng yǐ biàn wèi yǒu yǔ yě

23.8 六三：剥之，无咎。

liù sān bō zhī wú jiù

23.9 《象》曰："剥之，无咎"，失上下也。

xiàng yuē bō zhī wú jiù shī shàng xià yě

23.10 六四：剥床以肤，凶。

liù sì bō chuáng yǐ fū xiōng

【译 文】 23.5《象传》说：床脚开始剥落，说明东西下面是最容易被毁坏的，不加整修，就会慢慢涉及上面。 23.6 六二：连接床脚上面的那一部分开始剥落，要引起重视，否则继续下去，会有凶祸。 23.7《象传》说：连接床脚上面的那一部分开始剥落，说明六二与六五不相应，得不到帮助，自己也无能为力。 23.8 六三：剥落，却没有什么祸患。 23.9《象传》说：剥落，却没有什么祸患，是因为跟上面、下面都不是同党，不跟小人同流合污，知道适可而止。 23.10 六四：床面开始剥落，会有凶险。

xiàng yuē bō chuáng yǐ fū qiè jìn zāi yě
23.11 《象》曰："剥床以肤"，切近灾也。

liù wǔ guàn yú yǐ gōng rén chǒng wú bú lì
23.12 六五：贯鱼以宫人宠，无不利。

xiàng yuē yǐ gōng rén chǒng zhōng wú yóu yě
23.13 《象》曰："以宫人宠"，终无尤也。

shàng jiǔ shuò guǒ bù shí jūn zǐ dé yú xiǎo rén bō lú
23.14 上九：硕果不食，君子得舆，小人剥庐。

xiàng yuē jūn zǐ dé yú mín suǒ zài yě xiǎo rén bō lú zhōng bù kě yòng yě
23.15 《象》曰："君子得舆"，民所载也。"小人剥庐"，终不可用也。

【译 文】23.11《象传》说：床面开始剥落，会有凶险，说明离危险已经非常近了。23.12 六五：鱼贯而入，像宫人一样来服侍君王，是无所不利的。 23.13《象传》说：鱼贯而入，像宫人一样来服侍君王，说明懂得应变，并应变得合理，自然不会有什么怨尤。23.14 上九：硕大的果实没有被吃掉，君子得到车舆，小人庐舍的屋顶都快垮掉了。 23.15《象传》说：君子得到车舆，因为民众放心地拥戴。小人庐舍的屋顶都快垮掉了，无处安身，即使具有庐舍，也终究无法使用。

【现代启示】事不关己，高高挂起，是一般人遇到麻烦事时的普遍态度，但是逃避不能让我们远离麻烦，反而会招致更大的祸患。所以，防微杜渐和及时补救一样重要。

fù guà dì èr shí sì
复卦第二十四

复卦代表的是万物的再生和重生，对人类来说，复卦代表的是未来的希望。

fù hēng chū rù wú jí péng lái wú jiù
24.1 复，亨。出入无疾，朋来无咎。
fǎn fù qí dào qī rì lái fù lì yǒu yōu wǎng
反复其道，七日来复。利有攸往。

tuàn yuē fù hēng gāng fǎn dòng
24.2 《彖》曰：复“亨”，刚反。动
ér yǐ shùn xíng shì yǐ chū rù wú jí péng lái wú
而以顺行，是以“出入无疾，朋来无
jiù fǎn fù qí dào qī rì lái fù tiān xíng
咎”。“反复其道，七日来复”，天行
yě lì yǒu yōu wǎng gāng zhǎng yě fù qí
也。“利有攸往”，刚长也。复，其
jiàn tiān dì zhī xīn hū
见天地之心乎！

xiàng yuē léi zài dì zhōng fù xiān wáng
24.3 《象》曰：雷在地中，复。先王
yǐ zhì rì bì guān shāng lǚ bù xíng hòu bù xǐng fāng
以至日闭关，商旅不行，后不省方。

【译 文】24.1 复卦象征复兴，亨通。阴气慢慢消退，阳气慢慢增长而没有障碍，志同道合的朋友一起前进而没有祸患。阴阳相互变化，彼此消长，周而复始，七天一个周期。按照自然的规律去走，是有利的。 24.2《彖传》说：复卦，亨通。下卦为震，上卦为坤，趁机而动，顺势而行，没有阻碍。既然是顺着自然的规律，无论进进出出都不会有毛病，朋友一起前进也没有祸患。周期循环往复，这是自然的道理。按照这个道理去走，是有利的，因为阳气在逐渐增长。从复卦所表现出的道理，我们可以体会到天地之心。 24.3《象传》说：复卦的卦象是震（雷）下坤（地）上，雷尚未打响，只是作为一种力量蜷缩在地中。以前明智的君王知道冬至一阳来复，便下令全民休养，不要工作，所有经商之人不能开门营业，所有地方首长也不能去省察。

chū jiǔ bù yuǎn fù wú zhī huǐ yuán jí

24.4 初九：不远复，无祇悔，元吉。

xiàng yuē bù yuǎn zhī fù yǐ xiū shēn yě

24.5 《象》曰："不远"之"复"，以修身也。

liù èr xiū fù jí

24.6 六二：休复，吉。

xiàng yuē xiū fù zhī jí yǐ xià rén yě

24.7 《象》曰："休复"之吉，以下仁也。

liù sān pín fù lì wú jiù

24.8 六三：频复，厉无咎。

xiàng yuē pín fù zhī lì yì wú jiù yě

24.9 《象》曰："频复"之"厉"，义无咎也。

liù sì zhōng xíng dú fù

24.10 六四：中行独复。

xiàng yuē zhōng xíng dú fù yǐ cóng dào yě

24.11 《象》曰："中行独复"，以从道也。

【译 文】24.4 初九：没有偏离正道太远，犯错之后能及时改正，就不至于日后后悔，这样才会大吉。 24.5《象传》说：没有偏离正道太远，犯错之后能及时改正，说明注重自我修身。 24.6 六二：秉持美善的品德，可获吉祥。 24.7《象传》说：秉持美善的品德，可获吉祥，说明六二能够向下亲近，照顾初九。 24.8 六三：始终皱着眉头，焦虑不堪，虽然有危险，但不会有什么祸患。 24.9《象传》说：始终皱着眉头，焦虑不堪，虽然有危险，但最终顺时应势，也就没有什么祸患。 24.10 六四：秉持中道，坚持走自己认为正确的道路，最终走向复归的正道。 24.11《象传》说：秉持中道，坚持走自己认为正确的道路，最终走向复归的正道，说明追随正道而行是不会有凶险的。

24.12 六五：敦复，无悔。

liù wǔ duī fù wú huǐ

24.13 《象》曰：“敦复，无悔”，中以自考也。

xiàng yuē duī fù wú huǐ zhōng yǐ zì kǎo yě

24.14 上六：迷复。凶，有灾眚。用行师，终有大败。以其国君凶。至于十年不克征。

shàng liù mí fù xiōng yǒu zāi shěng yòng xíng shī zhōng yǒu dà bài yǐ qí guó jūn xiōng zhì yú shí nián bú kè zhēng

24.15 《象》曰：“迷复”之凶，反君道也。

xiàng yuē mí fù zhī xiōng fǎn jūn dào yě

【译文】 24.12 六五：敦厚忠实，没有什么可后悔的。 24.13《象传》说：敦厚忠实，没有什么可后悔的，说明六五自我反省，觉得自己力量不够、认知不足，不能担当领导的重任，但不阻挠，允许大家去恢复正道，这就很了不起。 24.14 上六：执迷于复兴，或者对复兴的趋势毫无所知，迟早会有天灾人祸，结果一定凶险。在这种情况下，想用武力来改变现况，必然会失败。这种行为，可能还会使国君（六五）受到牵连，以致长期没有办法实现复兴。 24.15《象传》说：执迷于复兴，或者对复兴的趋势毫无所知，迟早会有天灾人祸，结果一定凶险，这是因为违反了为君之道。

【现代启示】 学习了新知识之后，要时常复习，才能记得牢固。做错了事情，要及时反省，改过自新，否则只会越错越远。我们最好学会时时刻刻反省修正自己，随时随地把自己的歪念头、邪念头压制住、消除掉，这样才能保持正确的方向。

wú wàng guà dì èr shí wǔ

无妄卦第二十五

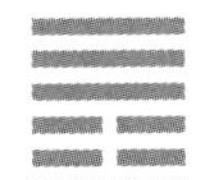

无妄就是没有妄念，没有妄行，最要紧的就是修德。

wú wàng yuán hēng lì zhēn qí fěi zhèng yǒu shěng

25.1 无妄，元亨利贞。其匪正，有眚，

bú lì yǒu yōu wǎng

不利有攸往。

tuàn yuē wú wàng gāng zì wài lái ér wéi

25.2 《彖》曰：无妄，刚自外来而为

zhǔ yú nèi dòng ér jiàn gāng zhōng ér yìng dà hēng yǐ

主于内。动而健，刚中而应，大亨以

zhèng tiān zhī mìng yě qí fěi zhèng yǒu shěng bú

正，天之命也。“其匪正，有眚，不

lì yǒu yōu wǎng wú wàng zhī wǎng hé zhī yǐ tiān

利有攸往”，无妄之往，何之矣？天

mìng bú yòu xíng yǐ zāi

命不佑，行矣哉？

xiàng yuē tiān xià léi xíng wù yǔ wú wàng

25.3 《象》曰：天下雷行，物与无妄。

xiān wáng yǐ mào duì shí yù wàn wù

先王以茂对时，育万物。

【**译 文**】25.1 无妄卦象征没有妄念、妄行，至为亨通，守持正道是有好处的。如果不守持正道，乱作主张，就会有天灾人祸，妄言乱动是不利的。 25.2《彖传》说：无妄卦，下卦为震，上卦为乾，也就是内卦为震，外卦为乾。阳刚的一阳爻从外而来，变成内卦的主爻。六二跟九五，守中并相应，只要走正道，就会亨通，这是自然的道理。如果不守持正道，乱作主张，就会有天灾人祸，妄言乱动是不利的。既然一切都很正常，自己也没有妄念，干吗还要乱动呢？老天都不保佑，怎么能行得通呢？ 25.3《象传》说：无妄卦的卦象是震（雷）下乾（天）上，雷行天下，万物都感到很害怕，不敢妄为，安分守己，按照自然规律生长衰落。以前明智的君主看到这种现象，就知道要顺应天时来养育万物。

chū jiǔ wú wàng wǎng jí
25.4 初九：无妄，往吉。

xiàng yuē wú wàng zhī wǎng dé zhì yě
25.5 《象》曰："无妄"之往，得志也。

liù èr bù gēng huò bù zī yú zé lì yǒu yōu wǎng
25.6 六二：不耕获，不菑畬，则利有攸往。

xiàng yuē bù gēng huò wèi fù yě
25.7 《象》曰："不耕获"，未富也。

liù sān wú wàng zhī zāi huò xì zhī niú xíng rén zhī dé yì rén zhī zāi
25.8 六三：无妄之灾，或系之牛，行人之得，邑人之灾。

xiàng yuē xíng rén dé niú yì rén zāi yě
25.9 《象》曰："行人"得牛，"邑人"灾也。

jiǔ sì kě zhēn wú jiù
25.10 九四：可贞，无咎。

【译 文】25.4 初九：心中没有妄念，中正平和，往前走会获得吉祥。 25.5《象传》说：心中没有妄念前去行动，就可以实现所期待的志愿。 25.6 六二：专心致志耕种，不去想能收获多少，刚刚开垦出来的贫瘠土地，不期望媲美良田一样的收成。这样想，这样做，才是有利的。 25.7《象传》说：专心致志耕种，不去想能收获多少，说明不过分看重结果，没有虚幻不恰当的想法。 25.8 六三：无缘无故遭受祸患，好像一个人把自己的牛拴在马路旁边，途经此地的外地人看到没有人照看，顺手把牛牵走，牛的主人找不到牛，就怀疑是住在附近的人把牛偷走了，当地人因此蒙受不白之冤，百口莫辩。 25.9《象传》说：途经此地的外地人顺手把牛牵走，当地人会被怀疑而蒙受不白之冤。 25.10 九四：守持正道，没有虚妄的念头，就不会有祸患。

xiàng yuē kě zhēn wú jiù gù yǒu
25.11 《象》曰：“可贞，无咎”，固有
zhī yě
之也。

jiǔ wǔ wú wàng zhī jí wù yào yǒu xǐ
25.12 九五：无妄之疾，勿药有喜。

xiàng yuē wú wàng zhī yào bù kě
25.13 《象》曰：“无妄”之药，不可
shì yě
试也。

shàng jiǔ wú wàng xíng yǒu shěng wú yōu lì
25.14 上九：无妄，行有眚，无攸利。

xiàng yuē wú wàng zhī xíng qióng zhī
25.15 《象》曰：“无妄”之行，穷之
zāi yě
灾也。

【译 文】25.11《象传》说：守持正道，没有虚妄的念头，就不会有祸患，说明良好的德行是人天生就有的。 25.12 九五：只要没有虚妄的念头，就算有点儿小毛病，也没有必要去吃药，自然会好。 25.13《象传》说：只要没有虚妄的念头，就算有点儿小毛病，也没有必要去吃药，因为人的身体有自我修复的能力，小毛病会不治而愈，根本无须用药。 25.14 上九：虽然没有虚妄的念头，但还是会遭遇祸患，得不到好处。 25.15《象传》说：虽然没有虚妄的念头，但还是会遭遇祸患，是因为物极必反，沿着无妄之道走到穷途末路，最后当然会有灾难。

【现代启示】只要一个人的心意、心愿不是虚妄的，而是很真诚的，最后大致会成功。可是当一个人心头起妄念，处事的动机里面包含太多自私的欲望、太多邪念时，到头来就会遭受失败的后果。

dà xù guà dì èr shí liù
大畜卦第二十六

小畜是蓄积财物，而大畜是蓄积德行。

dà xù lì zhēn bù jiā shí jí lì shè dà chuān
26.1 大畜，利贞。不家食，吉。利涉大川。

tuàn yuē dà xù gāng jiàn dǔ shí huī guāng rì xīn qí dé gāng shàng ér shàng xián néng zhǐ jiàn dà zhèng yě bù jiā shí jí yǎng xián yě lì shè dà chuān yìng hū tiān yě
26.2 《彖》曰：大畜，刚健笃实辉光，日新其德，刚上而尚贤，能止健，大正也。“不家食，吉”，养贤也。“利涉大川”，应乎天也。

xiàng yuē tiān zài shān zhōng dà xù jūn zǐ yǐ duō zhì qián yán wǎng xíng yǐ xù qí dé
26.3 《象》曰：天在山中，大畜。君子以多识前言往行，以畜其德。

【译 文】26.1 大畜卦象征大量的蓄积（大蓄德行），和谐、贞正，不让任何有才能的人在家里吃闲饭，便可获吉祥，利于顺利开展自己的事业。 26.2《彖传》说：大畜卦，阳刚强健，敦厚充实，光辉荣耀，与时俱进。下卦为乾，上卦为艮，刚强而又崇尚贤能，知足守分，才是至大的正道。给贤能的人施展才能的机会，本身就会吉利。按正道来走，合乎天道，才能顺利开展事业。 26.3《象传》说：大畜卦的卦象是乾（天）下艮（山）上，天好像包含在山中。君子看到这种现象，就知道要学习前人的言论和行为，增加自己的见识，提高自己的品德修养。

chū jiǔ yǒu lì lì jǐ
26.4 初九：有厉，利已。

xiàng yuē yǒu lì lì jǐ bú fàn zāi yě
26.5 《象》曰："有厉，利已"，不犯灾也。

jiǔ èr yú tuō fù
26.6 九二：舆说輹。

xiàng yuē yú tuō fù zhōng wú yóu yě
26.7 《象》曰："舆说輹"，中无尤也。

jiǔ sān liáng mǎ zhú lì jiān zhēn rì xián yú wèi lì yǒu yōu wǎng
26.8 九三：良马逐，利艰贞。日闲舆卫，利有攸往。

xiàng yuē lì yǒu yōu wǎng shàng hé zhì yě
26.9 《象》曰："利有攸往"，上合志也。

liù sì tóng niú zhī gù yuán jí
26.10 六四：童牛之牿，元吉。

【译文】26.4 初九：盲目乱冲，会有危险，先把自己的德行蓄养好，才会对自己有利。26.5《象传》说：盲目乱冲，会有危险，先把自己的德行蓄养好，才会对自己有利，说明不必明知有危险还唐突地采取行动。 26.6 九二：车子的转轴脱落了。 26.7《象传》说：车子的转轴脱落了，由于九二位置居中，知道做出合理的调整，采取适宜的措施，才没有怨尤。26.8 九三：良马飞奔，要守持正道，警惕可能遇到的困难。只有娴熟地掌握驾车和护卫的技能，才有利于继续前进。 26.9《象传》说：利于继续前进，因为九三跟上九是志同道合的。26.10 六四：给小牛的牛角上绑上一根横木，以防止它莽撞伤人，这是大吉大利的。

xiàng yuē liù sì yuán jí yǒu xǐ yě

26.11 《象》曰：六四“元吉”，有喜也。

liù wǔ fén shǐ zhī yá jí

26.12 六五：豮豕之牙，吉。

xiàng yuē liù wǔ zhī jí yǒu qìng yě

26.13 《象》曰：六五之“吉”，有庆也。

shàng jiǔ hè tiān zhī xiū hēng

26.14 上九：何天之衢，亨。

xiàng yuē hè tiān zhī xiū dào dà xíng yě

26.15 《象》曰：“何天之衢”，道大行也。

【译 文】26.11《象传》说：六四爻大吉大利，说明未雨绸缪，留住人才，自然是可喜的。 26.12 六五：公猪凶猛，把它阉割掉，它才会比较驯服，不会用锋利的牙齿伤人，这样就能获得吉祥。 26.13《象传》说：六五爻吉祥，说明防患于未然，留住人才，是值得庆贺的。 26.14 上九：四通八达的大路，人人都可以走，自然亨通顺利。 26.15《象传》说：四通八达的大路，人人都可以走，说明品德修养达到了很高的层次。

【现代启示】小蓄积物，大蓄积德。我们在生活中，要不断提升自己的品德修养。在事物的发展过程中，一定要尽量地去蓄积，不管是人才还是资金，凡是有用的东西都要蓄积。因为没有蓄积到相当的分量，是做不了什么事的。

yí guà dì èr shí qī

颐卦第二十七

民以食为天，吃东西是我们保存生命的最基本条件，所以颐卦对我们来讲是非常重要的。

yí zhēn jí guān yí zì qiú kǒu shí

27.1 颐，贞吉。观颐，自求口实。

tuàn yuē yí zhēn jí yǎng zhèng zé jí yě

27.2 《彖》曰：颐“贞吉”，养正则吉也。

guān yí guān qí suǒ yǎng yě zì qiú kǒu shí guān qí zì yǎng yě tiān dì yǎng wàn wù shèng rén yǎng xián yǐ jí wàn mín yí zhī shí yì dà yǐ zāi

“观颐”，观其所养也。“自求口实”，观其自养也。天地养万物，圣人养贤以及万民。颐之时义大矣哉！

xiàng yuē shān xià yǒu léi yí jūn zǐ yǐ shèn yán yǔ jié yǐn shí

27.3 《象》曰：山下有雷，颐。君子以慎言语，节饮食。

chū jiǔ shě ěr líng guī guān wǒ duǒ yí xiōng

27.4 初九：舍尔灵龟，观我朵颐，凶。

【译文】27.1 颐卦象征颐养，坚守正道可获吉祥。观察别人和自己如何吃饭颐养，通过自己的能力谋取饮食。 27.2《彖传》说：颐卦，坚守正道才会获得吉祥，是因为懂得深养自己的饮食之道。观察他人怎样养活自己。通过自己的能力谋取饮食，注意饮食的方法和顺序。天地养育万物不求回报，圣人要培养贤达人士，并尽其所能帮助百姓。颐卦与时偕行的意义非常重大啊！ 27.3《象传》说：颐卦的卦象是震（雷）下艮（山）上，大山镇住了轰鸣作响的雷。君子看到这种现象就知道要谨慎言语，节制饮食。 27.4 初九：舍弃自己本来拥有的神龟，对别人心生羡慕，贪图口腹之欲，结果是凶险的。

xiàng yuē guān wǒ duǒ yí yì bù zú guì yě

27.5 《象》曰："观我朵颐"，亦不足贵也。

liù èr diān yí fú jīng yú qiū yí zhēng xiōng

27.6 六二：颠颐，拂经于丘颐。征凶。

xiàng yuē liù èr zhēng xiōng xíng shī lèi yě

27.7 《象》曰：六二"征凶"，行失类也。

liù sān fú yí zhēn xiōng shí nián wù yòng wú yōu lì

27.8 六三：拂颐，贞凶，十年勿用，无攸利。

xiàng yuē shí nián wù yòng dào dà bèi yě

27.9 《象》曰："十年勿用"，道大悖也。

liù sì diān yí jí hǔ shì dān dān qí yù zhú zhú wú jiù

27.10 六四：颠颐，吉。虎视眈眈，其欲逐逐，无咎。

【译 文】27.5《象传》说：对别人心生羡慕，贪图口腹之欲，偏离正道，是不值得推崇的。 27.6 六二：颠倒了颐养之道的顺序，犹如违背了常道，这样下去必遭凶险。27.7《象传》说：六二爻这样是会遭遇凶险的，因为违反了常道，不跟大家走同样的路。27.8 六三：违反正常的颐养之道，一意孤行，必遭凶险。在很长一段时间里不可以轻举妄动，没有什么好处。 27.9《象传》说：在很长一段时间里不可以轻举妄动，说明扭曲颠倒了自然之道。 27.10 六四：颠倒了颐养之道的顺序，反而是吉祥的。不管是六四虎视眈眈，初九来奉养六四，六四得以满足之后，各种不好的习惯慢慢改掉；还是初九虎视眈眈，六四满足他的欲望，使得初九各种不好的习惯慢慢改掉，都没有什么祸患。

27.11 《象》曰："颠颐"之"吉"，上施光也。

xiàng yuē diān yí zhī jí shàng shī guāng yě

27.12 六五：拂经，居贞吉，不可涉大川。

liù wǔ fú jīng jū zhēn jí bù kě shè dà chuān

27.13 《象》曰："居贞"之吉，顺以从上也。

xiàng yuē jū zhēn zhī jí shùn yǐ cóng shàng yě

27.14 上九：由颐，厉吉，利涉大川。

shàng jiǔ yóu yí lì jí lì shè dà chuān

27.15 《象》曰："由颐，厉吉"，大有庆也。

xiàng yuē yóu yí lì jí dà yǒu qìng yě

【译文】27.11《象传》说：颠倒了颐养之道的顺序，反而是吉祥的，是因为六四居上位，与初九相应，能够向下施以光明。 27.12 六五：违反正常的颐养之道，只要走正道，也会获得吉祥。但要适当，不可以偏离太远。 27.13《象传》说：只要走正道，也会获得吉祥，说明能够顺从上面合理的建议。 27.14 上九：懂得颐养之道，能照顾所有人，虽有危险，也可获得吉祥，能够顺利地克服遇到的困难。 27.15《象传》说：懂得颐养之道，能照顾所有的人，虽有危险，也可获得吉祥，实在是值得庆贺的事情。

【现代启示】从吃饭这件平常的事情上，更能看出一个人的品德修养，因此在吃饭时，要遵循此时此地的饮食礼仪。

dà guò guà dì èr shí bā
大过卦第二十八

大过象征过分，阴阳失调，阳刚过盛，说明此时处于非常时期，要采取非常行动才能化解问题。

28.1 dà guò, dòng náo, lì yǒu yōu wǎng, hēng.
大过，栋桡，利有攸往，亨。

28.2 tuàn yuē: dà guò, dà zhě guò yě. "dòng náo", běn mò ruò yě. gāng guò ér zhōng, xùn ér yuè xíng. "lì yǒu yōu wǎng" nǎi "hēng". dà guò zhī shí yì dà yǐ zāi!
《彖》曰：大过，大者过也。“栋桡”，本末弱也。刚过而中，巽而说行。“利有攸往”乃“亨”。大过之时义大矣哉！

28.3 xiàng yuē: zé miè mù, dà guò. jūn zǐ yǐ dú lì bú jù, dùn shì wú mèn.
《象》曰：泽灭木，大过。君子以独立不惧，遁世无闷。

【译 文】28.1 大过卦象征过分，房子的栋梁开始弯曲了，赶紧想办法拯救，防患于未然，把潜在的问题化于无形，才能亨通顺利。 28.2《彖传》说：大过，大，就是过分的意思。房子的栋梁弯曲了，是因为两端的榫头削得太小。下卦为巽，上卦为兑，下顺从而上愉悦，中间四爻虽然刚强，但也实在，想办法加强一下，问题就可化解。发现问题并能及时调整，自然亨通。大过的时义是非常重要的。 28.3《象传》说：大过卦的卦象是巽（风）下兑（泽）上，这里的巽风代表的是木，水淹没了树木。君子看到这种现象不必畏惧，要坦然面对，按照自己的意愿行事，就算退隐也不会觉得烦闷。

chū liù jiè yòng bái máo wú jiù

28.4 初六：藉用白茅，无咎。

xiàng yuē jiè yòng bái máo róu zài xià yě

28.5 《象》曰："藉用白茅"，柔在下也。

jiǔ èr kū yáng shēng tí lǎo fū dé qí nǚ qī wú bú lì

28.6 九二：枯杨生稊，老夫得其女妻，无不利。

xiàng yuē lǎo fū nǚ qī guò yǐ xiāng yǔ yě

28.7 《象》曰："老夫""女妻"，过以相与也。

jiǔ sān dòng náo xiōng

28.8 九三：栋桡，凶。

xiàng yuē dòng náo zhī xiōng bù kě yǐ yǒu fǔ yě

28.9 《象》曰："栋桡"之"凶"，不可以有辅也。

jiǔ sì dòng lóng jí yǒu tā lìn

28.10 九四：栋隆，吉，有它吝。

【译 文】28.4 初六：先把柔软的草铺在地上做垫子，再把器物放在上面，不会有祸患。 28.5《小象传》说：先把柔软的草铺在地上做垫子，再把器物放在上面，说明非常谨慎小心，自然不会有祸患。 28.6 九二：枯槁的杨树重新长出了嫩芽，年纪大的男人娶了一位年轻的妻子，这种情况没有什么不利。 28.7《象传》说：年纪大的男人娶了一位年轻的妻子，看起来有点儿逾越常规，但在非常时期，反而很合理。 28.8 九三：房子的栋梁弯曲了，有凶险。 28.9《象传》说：房子的栋梁弯曲了，有凶险，因为九三过刚，居功己有，别人不会来帮助。 28.10 九四：房子的栋梁向上隆起，可获吉祥，但可能会因为其他原因（初六）而有所遗憾。

28.11 《象》曰："栋隆"之"吉"，不桡乎下也。
xiàng yuē dòng lóng zhī jí bù náo hū xià yě

28.12 九五：枯杨生华，老妇得其士夫，无咎无誉。
jiǔ wǔ kū yáng shēng huā lǎo fù dé qí shì fū wú jiù wú yù

28.13 《象》曰："枯杨生华"，何可久也？"老妇""士夫"，亦可丑也。
xiàng yuē kū yáng shēng huā hé kě jiǔ yě lǎo fù shì fū yì kě chǒu yě

28.14 上六：过涉灭顶，凶，无咎。
shàng liù guò shè miè dǐng xiōng wú jiù

28.15 《象》曰："过涉"之"凶"，不可咎也。
xiàng yuē guò shè zhī xiōng bù kě jiù yě

【译 文】28.11《象传》说：房子的栋梁向上隆起，可获吉祥，前提是九四不因与初六相应而分神。 28.12 九五：枯槁的杨树重新长出了新芽，年老的妇女得到了一位年轻的丈夫，这种情况不会有祸患，但也得不到什么赞誉。 28.13《象传》说：枯槁的杨树重新长出了新芽，这种状况能持久吗？年老的妇女得到了一位年轻的丈夫，也是一件羞耻的事情。 28.14 上六：渡过深水，淹没了头顶，是很危险的，但最终没有祸患。 28.15《象传》说：渡过深水，遭受没顶之灾，是不可以归咎于别人的。

【现代启示】一个人要做非常之事，要有非常的胆量，不能总是患得患失。必要的时候，要注意取舍，要懂得只有放弃一些东西，才能得到另一些东西。具备大彻大悟的智慧，才能在非常状况下走得很平安，走得很顺利。

坎卦第二十九

人的一生充满艰难险阻，谁都躲不掉，与其逃避，不如反过身来学习如何与险难相处。

29.1 习坎，有孚。维心亨，行有尚。

29.2 《彖》曰：习坎，重险也，水流而不盈，行险而不失其信。“维心亨”，乃以刚中也。“行有尚”，往有功也。天险，不可升也，地险，山川丘陵也。王公设险以守其国。险之时用大矣哉！

【译文】29.1 坎卦象征重重险难，危险重重。保持诚信，坚定信念，就会获得亨通。勇往直前，不仅可以战胜困难，还会受到别人的尊重。 29.2《彖传》说：坎卦，危险重重，水虽然流淌但不会溢满出来，遇到危险也不会丧失既定的原则。坚定信念，就会获得亨通，因为九二、九五阳刚居中。勇往直前，得到大家的尊重，因为有所贡献。天险不是人所能操控的，地险体现在山川丘陵的险阻上。君王利用山川的形势来设险守家，让百姓安居乐业。可见，险的用处实在是了不起！

xiàng yuē shuǐ jiàn zhì xí kǎn jūn zǐ yǐ

29.3 《象》曰：水洊至，习坎。君子以

cháng dé xíng xí jiào shì

常德行，习教事。

chū liù xí kǎn rù yú kǎn dàn xiōng

29.4 初六：习坎，入于坎窞，凶。

xiàng yuē xí kǎn rù kǎn shī dào xiōng yě

29.5 《象》曰："习坎"入坎，失道凶也。

jiǔ èr kǎn yǒu xiǎn qiú xiǎo dé

29.6 九二：坎有险，求小得。

xiàng yuē qiú xiǎo dé wèi chū zhōng yě

29.7 《象》曰："求小得"，未出中也。

liù sān lái zhī kǎn kǎn xiǎn qiě zhěn rù yú kǎn

29.8 六三：来之坎坎，险且枕。入于坎

dàn wù yòng

窞，勿用。

xiàng yuē lái zhī kǎn kǎn zhōng wú

29.9 《象》曰："来之坎坎"，终无

gōng yě

功也。

【译 文】29.3《象传》说：坎卦的卦象是坎（水）下坎（水）上，水接连不停地流过来。君子看到这种现象就知道逃避没有用，要面对艰难险阻，常保美德，规矩做事。29.4 初六：危险重重，落入水底的洞穴当中去，这是很凶险的。 29.5《象传》说：危险重重，落入水底的洞穴当中去，说明没有未雨绸缪，又不能坚守正道，事到临头，自然凶险。29.6 九二：身处险陷，一时没有办法脱离，去求助别人，还是可以避免一些凶险的。 29.7《象传》说：去求助别人，还是可以避免一些凶险的，但是仍然没有脱离险境。 29.8 六三：上下皆是险难，进退维谷，那就暂时休息一下，落入水底的洞穴中去。要等待耐心时机，不可轻举妄动。 29.9《象传》说：上下皆是险难，进退维谷，此时不管做什么都是没有功劳的。

liù sì zūn jiǔ guǐ èr yòng fǒu nà yuē zì yǒu

29.10 六四：樽酒簋贰用缶，纳约自牖，

zhōng wú jiù

终无咎。

xiàng yuē zūn jiǔ guǐ èr gāng róu

29.11 《象》曰："樽酒簋贰"，刚柔

jì yě

际也。

jiǔ wǔ kǎn bù yíng chí jì píng wú jiù

29.12 九五：坎不盈，祗既平，无咎。

xiàng yuē kǎn bù yíng zhōng wèi dà yě

29.13 《象》曰："坎不盈"，中未大也。

shàng liù xì yòng huī mò zhì yú cóng jí sān suì

29.14 上六：系用徽纆，置于丛棘，三岁

bù dé xiōng

不得，凶。

xiàng yuē shàng liù shī dào xiōng sān suì yě

29.15 《象》曰：上六失道，凶"三岁"也。

【译 文】29.10 六四：一杯酒，两碗饭，用粗糙的瓦制器皿装着从窗户送进来，最终没有祸患。 29.11《象传》说：一杯酒，两碗饭，六四本身柔弱，上面却是阳刚的九五，因此要在逆境当中争取上面的帮助，才有机会脱险。 29.12 九五：水还没有溢出坎窞，但已经跟坎窞持平了，这时候还不会有祸患。 29.13《象传》说：水还没有溢出坎窞，说明九五刚居中位，品德修养好，但还没有完全脱离险境。 29.14 上六：用重重的绳索捆绑起来，囚禁在荆棘丛生的牢狱里，长时间得不到解脱，自然十分凶险。 29.15《象传》说：上六不能坚守正道，自然要遭遇长时间的凶险。

【现代启示】人的一生，不可避免会遭遇各种苦难，躲都躲不掉，既然这样，不如反过身来学习如何与险难共生共存。

离卦第三十

lí guà dì sān shí

离代表知识。越有知识，地位越高，越要谦虚，越要看重知识，越不能滥用知识。

30.1 离，利贞，亨。畜牝牛，吉。

30.2 《彖》曰：离，丽也。日月丽乎天，百谷草木丽乎土。重明以丽乎正，乃化成天下。柔丽乎中正，故“亨”。是以“畜牝牛吉”也。

30.3 《象》曰：明两作，离。大人以继明照于四方。

30.4 初九：履错然，敬之无咎。

【译 文】30.1 离卦象征知识、文明，坚守正道，就会亨通。像母牛那样有良好的品德，并忍辱负重，可获吉祥。 30.2《彖传》说：离，附丽的意思。日月有天空的衬托，百谷草木依赖于土地。光明指引万物走向正道，君子要知道通过教化来促进天下昌明。六二、六五居中得正，才会亨通。像母牛一样有良好的德行，并忍辱负重，可以获得吉祥。 30.3《象传》说：离卦的卦象为离（火）下离（火）上，太阳照耀万物，光明持续升起。品德好、才能高的人要守持正道，持续不断地用自己的德行和知识来造福百姓。 30.4 初九：摸索着前进，颠来倒去，但是心怀恭敬，小心谨慎，不会有什么祸患。

xiàng yuē lǚ cuò zhī jìng yǐ
30.5 《象》曰：“履错”之“敬”，以
bì jiù yě
辟咎也。

liù èr huáng lí yuán jí
30.6 六二：黄离，元吉。

xiàng yuē huáng lí yuán jí dé zhōng
30.7 《象》曰：“黄离，元吉”，得中
dào yě
道也。

jiǔ sān rì zè zhī lí bù gǔ fǒu ér gē zé
30.8 九三：日昃之离。不鼓缶而歌，则
dà dié zhī jiē xiōng
大耋之嗟，凶。

xiàng yuē rì zè zhī lí hé kě
30.9 《象》曰：“日昃之离”，何可
jiǔ yě
久也？

jiǔ sì tū rú qí lái rú fén rú sǐ rú
30.10 九四：突如其来如，焚如，死如，
qì rú
弃如。

【译 文】 30.5《象传》说：摸索着前进，颠来倒去，但是心怀恭敬，小心谨慎，还是可以避开可能的过错的。 30.6 六二：附着在黄色上，是大吉大利的。 30.7《象传》说：附着在黄色上，是大吉大利的，因为黄色是中间色，跟所有颜色都能协调，代表坚守正道、品德高尚。 30.8 九三：太阳开始西斜，象征年老将至，如果不能顺其自然，安度生活，击鼓而歌，却哀叹老之将至，会遭受凶险。 30.9《象传》说：太阳开始西斜，人生步入老年，怎么能长久呢？ 30.10 九四：突然间变成这个样子，好像被火烧了，好像快要死了，好像被舍弃了。

xiàng yuē tū rú qí lái rú wú suǒ róng yě
30.11 《象》曰：“突如其来如”，无所容也。

liù wǔ chū tì tuó ruò qī jiē ruò jí
30.12 六五：出涕沱若，戚嗟若，吉。

xiàng yuē liù wǔ zhī jí lí wáng gōng yě
30.13 《象》曰：六五之吉，离王公也。

shàng jiǔ wáng yòng chū zhēng yǒu jiā zhé shǒu huò fěi qí chǒu wú jiù
30.14 上九：王用出征，有嘉折首，获匪其丑，无咎。

xiàng yuē wáng yòng chū zhēng yǐ zhèng bāng yě
30.15 《象》曰：“王用出征”，以正邦也。

【译 文】30.11《象传》说：突然间变成这个样子，好像无地自容，也不为人所容。30.12 六五：痛哭流涕，悲戚嗟叹，但最后还是吉祥的。 30.13《象传》说：六五能够获得吉祥，是因为附着在君王的旁边，能守持正道。 30.14 上九：君王动用军队出征，嘉奖斩杀元凶的人，不捕获其附从的同类，不会有祸患。 30.15《象传》说：君王动用军队出征，是为了带领大家走向正道，安邦定国。

【现代启示】一个人的德行是最重要的，品德高尚的人，知识越多，越可以造福社会。但是如果道德品质有问题的人，知识越多，反而对社会造成的危害就越大。

xià jīng
下　经

xián guà dì sān shí yī
咸卦第三十一

咸卦是两个人相互爱慕，有了感情。

xián hēng lì zhēn qǔ nǚ jí

31.1 咸，亨，利贞。取女吉。

tuàn yuē xián gǎn yě róu shàng ér gāng xià

31.2 《彖》曰：咸，感也。柔上而刚下，

èr qì gǎn yìng yǐ xiāng yǔ zhǐ ér yuè nán xià nǚ shì

二气感应以相与，止而说，男下女，是

yǐ hēng lì zhēn qǔ nǚ jí yě tiān dì gǎn ér

以“亨，利贞，取女吉”也。天地感而

wàn wù huà shēng shèng rén gǎn rén xīn ér tiān xià hé píng guān

万物化生，圣人感人心而天下和平。观

qí suǒ gǎn ér tiān dì wàn wù zhī qíng kě jiàn yǐ

其所感，而天地万物之情可见矣！

xiàng yuē shān shàng yǒu zé xián jūn zǐ yǐ

31.3 《象》曰：山上有泽，咸。君子以

xū shòu rén

虚受人。

【译文】31.1 咸卦象征无心之感，亨通，守贞。找到适合的对象，组建家庭，可获吉祥。 31.2《彖传》说：咸，感应。上卦为兑，下卦为艮，柔在上刚在下，阴阳二气相互感应，适可而止。男生自降身份追求女生，所以亨通，有利于真诚地迎娶未嫁之女，可获吉祥。天地感应互动，万物得以生长，圣人要知道感动人心，让百姓和谐相处、安居乐业。用心去观察宇宙万象彼此互动的情况，就知道这当中都是有真情存在的。 31.3《大象传》说：咸卦的卦象是艮（山）下兑（泽）上，山是实的，泽是虚的，一阳一阴，互相通气，互相包容。君子看到这种状况就体会到做人要谦虚，才能够包容大家。

chū liù jiān qí mǔ
31.4 初六：咸其拇。

xiàng yuē jiān qí mǔ zhì zài wài yě
31.5 《象》曰：“咸其拇”，志在外也。

liù èr xián qí féi xiōng jū jí
31.6 六二：咸其腓，凶居吉。

xiàng yuē suī xiōng jū jí shùn bú
31.7 《象》曰：虽“凶居吉”，顺不

hài yě
害也。

jiǔ sān xián qí gǔ zhí qí suí wǎng lìn
31.8 九三：咸其股，执其随，往吝。

xiàng yuē xián qí gǔ yì bù chǔ yě
31.9 《象》曰：“咸其股”，亦不处也。

zhì zài suí rén suǒ zhí xià yě
志在随人，所执下也。

jiǔ sì zhēn jí huǐ wáng chōng chōng wǎng lái péng
31.10 九四：贞吉悔亡。憧憧往来，朋

cóng ěr sī
从尔思。

【译文】31.4 初六：脚趾开始有感应。 31.5《象传》说：脚趾开始有感应，说明初六的志向在外面，即九四。 31.6 六二：小腿开始有感应，这样会有凶祸，安居不进，反而吉祥。 31.7《象传》说：虽然会有凶祸，但是安居不进，就会吉祥，说明柔顺谨慎，遵守社会习俗，就可以避免祸害。 31.8 九三：大腿开始有感应，一味听从别人的怂恿，贸然行事，会有遗憾。 31.9《象传》说：大腿开始有感应，说明九三不能安静退出，自己没有发挥任何作用。一味听从别人的怂恿，贸然行事，说明意志不坚，爱情不专。 31.10 九四：贞节自守，不会后悔。心神不宁，患得患失，倒不如安心等待合适的人选到来。

31.11 《象》曰：“贞吉悔亡”，未感害也。“憧憧往来”，未光大也。

31.12 九五：咸其脢，无悔。

31.13 《象》曰：“咸其脢”，志末也。

31.14 上六：咸其辅颊舌。

31.15 《象》曰：“咸其辅颊舌”，滕口说也。

【译 文】31.11《象传》说：贞节自守，不会后悔，说明感情没有受过伤害，反而不知道要怎么办才好。心神不宁，患得患失，说明缺少经验，找不到出路。 31.12 九五：脊背开始有感应，没有什么可后悔的。 31.13《象传》说：脊背开始有感应，说明志向肤浅。 31.14 上六：口舌开始有感应。 31.15《象传》说：口舌开始有感应，说明用甜言蜜语来迷惑对方。

【现代启示】男女交往中，心与心的感应最为重要。用心计较对方的外表、财富、家庭背景、学历，甚至八字，还不如无心，以真诚的感情相处，自然和谐、圆满。

héng guà dì sān shí èr

恒卦第三十二

䷟ 恒卦是结了婚以后，要长相厮守。既然建立了一个家庭，就要有恒久的打算。

héng hēng wú jiù lì zhēn lì yǒu yōu wǎng

32.1 恒，亨，无咎，利贞，利有攸往。

tuàn yuē héng jiǔ yě gāng shàng ér róu

32.2 《彖》曰：恒，久也。刚上而柔

xià léi fēng xiāng yǔ xùn ér dòng gāng róu jiē yìng

下，雷风相与，巽而动；刚柔皆应，

héng héng hēng wú jiù lì zhēn jiǔ yú

恒。“恒，亨，无咎，利贞”，久于

qí dào yě tiān dì zhī dào héng jiǔ ér bù yǐ yě

其道也。天地之道，恒久而不已也。

lì yǒu yōu wǎng zhōng zé yǒu shǐ yě rì yuè dé

“利有攸往”，终则有始也。日月得

tiān ér néng jiǔ zhào sì shí biàn huà ér néng jiǔ chéng shèng

天而能久照，四时变化而能久成。圣

rén jiǔ yú qí dào ér tiān xià huà chéng guān qí suǒ héng

人久于其道而天下化成。观其所恒，

ér tiān dì wàn wù zhī qíng kě jiàn yǐ

而天地万物之情可见矣。

【译文】32.1 恒卦象征恒久，亨通，没有祸患，彼此守贞，不断有合理地调整是有利的。 32.2《彖传》说：恒卦，象征恒久。下卦为巽，上卦为震，刚在上柔在下。雷随风，风随雷，风雷交加，相辅相成，初六、九四，九二、六五，九三、上六，刚好彼此相应，才是恒久之道。恒，亨通，没有祸患，彼此守贞，要持久地保持下去。自然的变化，四季的循环，始终如此。不断有合理的调整，终而复始。日月因为有天作依托恒久存在，四时因为有变化恒久发展，圣人要持之以恒，不停地实施教化，才可能创造盛世。观察自然万物的恒久之道，就知道这当中是有真情存在的。

xiàng yuē léi fēng héng jūn zǐ yǐ lì bú yì fāng

32.3 《象》曰：雷风恒。君子以立不易方。

chū liù jùn héng zhēn xiōng wú yōu lì

32.4 初六：浚恒，贞凶，无攸利。

xiàng yuē jùn héng zhī xiōng shǐ qiú shēn yě

32.5 《象》曰：“浚恒”之凶，始求深也。

jiǔ èr huǐ wáng

32.6 九二：悔亡。

xiàng yuē jiǔ èr huǐ wáng néng jiǔ zhōng yě

32.7 《象》曰：九二“悔亡”，能久中也。

jiǔ sān bù héng qí dé huò chéng zhī xiū zhēn lìn

32.8 九三：不恒其德，或承之羞，贞吝。

xiàng yuē bù héng qí dé wú suǒ róng yě

32.9 《象》曰：“不恒其德”，无所容也。

【译 文】32.3《象传》说：恒卦的卦象是巽（风）下震（雷）上，雷鸣风至，风雷交加，相辅相成。君子看到这种现象就知道要树立一个不变的、恒久的道理，即变化当中要有不变，不变当中要有变化。 32.4 初六：深深地希望能够恒久，坚持这样会有凶险，没有好处。 32.5《象传》说：深深地希望能够恒久，坚持这样会有凶险，是因为一开始就这样期待，将来是会失望的。 32.6 九二：坚持合理的贞操，能够消除悔恨。 32.7《象传》说：九二爻能够消除悔恨，是因为持久地保持中道，展现忠贞的精神。 32.8 九三：不恒守真正的美德，很可能遭遇羞辱，从而遗憾后悔。 32.9《象传》说：不恒守真正的美德，到最后谁也无法包容，而且也使得自己没有容身之地。

jiǔ sì tián wú qín

32.10 九四：田无禽。

xiàng yuē jiǔ fēi qí wèi ān dé qín yě

32.11 《象》曰：久非其位，安得禽也？

liù wǔ héng qí dé zhēn fù rén jí fū zǐ xiōng

32.12 六五：恒其德，贞；妇人吉，夫子凶。

xiàng yuē fù rén zhēn jí cóng yī ér zhōng yě fū zǐ zhì yì cóng fù xiōng yě

32.13 《象》曰："妇人"贞吉，从一而终也。"夫子"制义，从妇凶也。

shàng liù zhèn héng xiōng

32.14 上六：振恒，凶。

xiàng yuē zhèn héng zài shàng dà wú gōng yě

32.15 《象》曰："振恒"在上，大无功也。

【译 文】32.10 九四：打猎的时候，没有捕到任何禽兽。 32.11《象传》说：位置错了，就会动而无功，怎么会捕到禽兽呢？ 32.12 六五：恒守真正的美德，坚守正道；对女人来说，可以获得吉祥，对男人来说，就有凶险。 32.13《象传》说：女人坚守正道可获得吉祥，说明女人用良好的态度、平和的心态来留住丈夫的心，就可以从一而终。如果男人也学着像太太一样跟别人相处，就毫无阳刚之气，会遭遇凶险。 32.14 上六：恒德受到震动，即不安于恒久之道，会招致凶险。 32.15《象传》说：上六高高在上，不安于恒久之道，终将徒劳无功。

【现代启示】无论贫穷还是富有，夫妻双方一定要坚定一起走下去的信念，并在过程中通过不断地、合理地调整，使婚姻恒久。

dùn guà dì sān shí sān

遁卦第三十三

天地是恒久的，但是所有的人和物都是短暂的，都会慢慢退去。

dùn hēng xiǎo lì zhēn

33.1 遁，亨，小利贞。

tuàn yuē dùn hēng dùn ér hēng yě

33.3 《彖》曰：遁“亨”，遁而亨也。

gāng dāng wèi ér yìng yǔ shí xíng yě xiǎo lì zhēn

刚当位而应，与时行也。“小利贞”，

jìn ér zhǎng yě dùn zhī shí yì dà yǐ zāi

浸而长也。遁之时义大矣哉！

xiàng yuē tiān xià yǒu shān dùn jūn zǐ yǐ

33.2 《象》曰：天下有山，遁。君子以

yuǎn xiǎo rén bú wù ér yán

远小人，不恶而严。

chū liù dùn wěi lì wù yòng yǒu yōu wǎng

33.4 初六：遁尾，厉，勿用有攸往。

【译 文】33.1 遁卦象征退避，亨通，守正才能小有所利。 33.2《彖传》说：遁，亨通，退避才会亨通。九五阳刚当位，跟六二相应，说明顺应时势来做自我调整。守正才能小有所利，慢慢去调整。该退才能退，不该退就不能退，可见遁卦跟时的配合是很要紧的。 33.3《象传》说：遁卦的卦象是艮（山）下乾（天）上，山在天的下面，似乎天在逼近，山在退让。君子看到这种现象就知道要远离小人，虽不必表现出讨厌小人的脸色，但要保持严肃的态度，守持正道。 33.4 初六：在退避的时候落在了后面，非常危险。这时候倒不如干脆不跑了，反而会有转机。

xiàng yuē dùn wěi zhī lì bù
33.5 《象》曰："遁尾"之"厉"，不
wǎng hé zāi yě
往何灾也？

liù èr zhí zhī yòng huáng niú zhī gé mò zhī
33.6 六二：执之用黄牛之革，莫之
shèng tuō
胜说。

xiàng yuē zhí yòng huáng niú gù zhì yě
33.7 《象》曰：执"用黄牛"，固志也。

jiǔ sān xì dùn yǒu jí lì xù chén qiè jí
33.8 九三：系遁，有疾厉。畜臣妾吉。

xiàng yuē xì dùn zhī lì yǒu jí bèi
33.9 《象》曰："系遁"之厉，有疾惫
yě xù chén qiè jí bù kě dà shì yě
也。"畜臣妾吉"，不可大事也。

jiǔ sì hào dùn jūn zǐ jí xiǎo rén pǐ
33.10 九四：好遁，君子吉，小人否。

【译文】33.5《象传》说：在退避的时候落在了后面，非常危险，干脆不跑了，还会有什么祸患呢？ 33.6 六二：用黄牛的皮把自己跟九五牢牢地绑在一起，谁都没有办法脱离。33.7《象传》说：六二用黄牛的皮把自己跟九五牢牢地绑在一起，说明意志坚定地跟九五在一起。 33.8 九三：心有所念而难以退避，会有很严重的危险。蓄养仆人和侍妾，会获得吉祥。 33.9《象传》说：心有所念而难以退避，会有很严重的危险，就像疾病缠身，使人疲惫不堪。蓄养仆人和侍妾，会获得吉祥，说明应该做做小事情，不要大张旗鼓。 33.10 从容退避，君子可获得吉祥，小人不会。

33.11 《象》曰：君子"好遁"，"小人否"也。

xiàng yuē jūn zǐ hào dùn xiǎo rén pǐ yě

33.12 九五：嘉遁，贞吉。

jiǔ wǔ jiā dùn zhēn jí

33.13 《象》曰："嘉遁，贞吉"，以正志也。

xiàng yuē jiā dùn zhēn jí yǐ zhèng zhì yě

33.14 上九：肥遁，无不利。

shàng jiǔ féi dùn wú bú lì

33.15 《象》曰："肥遁，无不利"，无所疑也。

xiàng yuē féi dùn wú bú lì wú suǒ yí yě

【译 文】33.11《象传》说：君子能够舍得，该退就退，小人依旧保持原状，不可能吉祥。 33.12 九五：该退就退，而且退得尽善尽美，守持正道，自然吉祥。 33.13《象传》说：该退就退，而且退得尽善尽美，守持正道，自然吉祥，说明心志端正，退得心安。 33.14 上九：退避一段时间，毫无把柄，逍遥自在，自然无所不利。 33.15《象传》说：退避一段时间，毫无把柄，逍遥自在，自然无所不利，说明自己心里没有顾虑，别人对自己也没有怀疑。

【现代启示】人有进有退，这是常态。进的时候不要太高兴，应该好好珍惜、好好做。如果人家进得比你快，也不要气馁。人生是马拉松，而不是百米赛跑，何必计较一时。

dà zhuàng guà dì sān shí sì

大壮卦第三十四

任何事情只能做阶段性的合理调整，一天到晚要求变来变去，就表示根本不成熟。

dà zhuàng lì zhēn

34.1 大壮，利贞。

xiàng yuē léi zài tiān shàng dà zhuàng jūn zǐ yǐ fēi lǐ fú lǚ

34.2 《象》曰：雷在天上，大壮。君子以非礼弗履。

tuàn yuē dà zhuàng dà zhě zhuàng yě gāng yǐ dòng gù zhuàng dà zhuàng lì zhēn dà zhě zhèng yě zhèng dà ér tiān dì zhī qíng kě jiàn yǐ

34.3 《彖》曰：大壮，大者壮也。刚以动，故壮。大壮"利贞"，大者正也。正大而天地之情可见矣。

chū jiǔ zhuàng yú zhǐ zhēng xiōng yǒu fú

34.4 初九：壮于趾，征凶，有孚。

xiàng yuē zhuàng yú zhǐ qí fú qióng yě

34.5 《象》曰："壮于趾"，其"孚"穷也。

【译文】34.1 大壮卦象征十分盛大，坚守正道，会有好处。 34.2《彖传》说：大壮，声势很浩大。上卦为震，下卦为乾，阳刚强大，所以叫大壮。大壮，坚守正道，正当合理。盛大却能保持正直，就能跟天地有所感应。 34.3《象传》说：大壮卦的卦象是乾（天）下震（雷）上，雷声响彻天下。君子看到这种现象就知道做事情的时候不能过分，要适可而止，以合理为标准。 34.4 初九：脚趾动起来，前进会导致凶险，只能诚信相守。 34.5《象传》说：脚趾动起来，停留在这一状态，是不会有什么出路的，诚信穷尽了。

jiǔ èr zhēn jí
34.6 九二：贞吉。

xiàng yuē jiǔ èr zhēn jí yǐ zhōng yě
34.7 《象》曰：九二“贞吉”，以中也。

jiǔ sān xiǎo rén yòng zhuàng jūn zǐ yòng wǎng zhēn lì dī yáng chù fān léi qí jiǎo
34.8 九三：小人用壮，君子用罔。贞厉。羝羊触藩，羸其角。

xiàng yuē xiǎo rén yòng zhuàng jūn zǐ yòng wǎng
34.9 《象》曰：“小人用壮”，君子用罔。

jiǔ sì zhēn jí huǐ wáng fān jué bù léi zhuàng yú dà yú zhī fù
34.10 九四：贞吉悔亡。藩决不羸，壮于大舆之輹。

xiàng yuē fān jué bù léi shàng wǎng yě
34.11 《象》曰：“藩决不羸”，尚往也。

liù wǔ sàng yáng yú yì wú huǐ
34.12 六五：丧羊于易，无悔。

【译文】34.6 九二：坚守本分，可获吉祥。 34.7《象传》说：九二坚守本分，可获吉祥，是因为所处的位置居中，刚而能柔。 34.8 九三：小人任意妄动，就像一只刚狠的公羊去冲撞篱笆，羊角被卡在篱笆里面，动弹不得。而君子坚守正道，告诫自己不要被虚拟的网套牢，就可防止危险。 34.9《象传》说：小人肆无忌惮，任意妄动，君子懂得居安思危，自我警惕。 34.10 九四：坚守正道，可获吉祥，后悔也会消失。就像公羊摆脱了篱笆的束缚，大车因为强壮的车轴而跑得更远。 34.11《象传》说：就像公羊摆脱了篱笆的束缚，说明要积极进取，不管自己在哪里，都能受到大家的尊崇。 34.12 六五：丢掉了羊却很和气，不会有遗憾。

34.13 xiàng yuē sàng yáng yú yì wèi bù dāng yě
《象》曰：“丧羊于易”，位不当也。

34.14 shàng liù dī yáng chù fān bù néng tuì bù néng suì wú yōu lì jiān zé jí
上六：羝羊触藩，不能退，不能遂。无攸利，艰则吉。

34.15 xiàng yuē bù néng tuì bù néng suì bù xiáng yě jiān zé jí jiù bù cháng yě
《象》曰：“不能退，不能遂”，不详也。“艰则吉”，咎不长也。

【译 文】34.13《象传》说：丢掉了羊却很和气，说明位置不恰当。 34.14 上六：公羊撞到篱笆上而被卡住了角，既不能退也不能进，什么好处都没有。安于现状，坚守下去，可获吉祥。 34.15《象传》说：既不能退也不能进，进退两难是非常不吉祥的。安于现状，坚守下去，可获吉祥，遗憾不会长久。

【现代启示】无论做人还是做事，都要把握一个度。但是当我们获得成功，身处大壮状态中的时候，难免会被冲昏头脑。所以在大壮的时候，千万要记住守持正道。

jìn guà dì sān shí wǔ
晋卦第三十五

任何事情都是一个曲线发展的过程，慢慢由弱而强，由小而大，但是物极必衰，没有什么可以例外。

35.1 jìn kāng hóu yòng xī mǎ fán shù zhòu rì sān jiē
晋，康侯用锡马蕃庶，昼日三接。

35.2 tuàn yuē jìn jìn yě míng chū dì shàng shùn ér lì hū dà míng róu jìn ér shàng xíng shì yǐ kāng hóu yòng xī mǎ fán shù zhòu rì sān jiē yě
《彖》曰：晋，进也。明出地上，顺而丽乎大明，柔进而上行。是以康侯用锡马蕃庶，昼日三接也。

35.3 xiàng yuē míng chū dì shàng jìn jūn zǐ yǐ zì zhāo míng dé
《象》曰："明出地上"，晋。君子以自昭明德。

35.4 chū liù jìn rú cuī rú zhēn jí wǎng fú yù wú jiù
初六：晋如，摧如，贞吉。罔孚，裕，无咎。

【译 文】35.1 晋卦象征精进，明君通过赏赐众多马匹给那些替他分忧分劳、让他很信任的公侯，来安定他们的心，并时常进行这些事情。 35.2《彖传》说：晋，前进。上卦为离，下卦为坤，光明普照大地，顺从附丽于在上者之光明，阴爻自下而上，以柔顺之道向上直行，至于六五而居君位，具备高明配天的德行。明君通过赏赐众多马匹给那些替他分忧分劳、让他很信任的公侯，来安定他们的心，并时常进行这些事情。 35.3《象传》说：晋卦的卦象是坤（地）下离（上），阳光普照万物，让万物欣欣向荣。君子看到这种现象，就知道要光明磊落，宽以待人。 35.4 初六：前进的过程中会遇到挫折，坚守正道，可获吉祥。暂时没有得到别人的信任，要懂得宽慰自己，就没有什么祸患。

35.5 《象》曰："晋如摧如"，独行正也。"裕无咎"，未受命也。

35.6 六二：晋如愁如，贞吉。受兹介福，于其王母。

35.7 《象》曰："受兹介福"，以中正也。

35.8 六三：众允，悔亡。

35.9 《象》曰："众允"之，志上行也。

35.10 九四：晋如鼫鼠，贞厉。

35.11 《象》曰："鼫鼠，贞厉"，位不当也。

【译 文】35.5《象传》说：前进的过程会遇到挫折，要坚守自己的原则。懂得宽慰自己就没有什么祸患，说明还没有被正式任命。 35.6 六二：前进的过程中愁思满怀，坚守正道，可获吉祥。高高在上的王母赐予帮助和恩惠，这是莫大的福气。 35.7《象传》说：获得帮助和恩惠，是因为所处的位置居中，能守持正道。 35.8 六三：众人服从并愿意追随，后悔消除了。 35.9《象传》说：六三能得到众人的服从并愿意追随，是因为他的志向是向上运行的。 35.10 九四：像鼫鼠那样，技艺虽多，但什么都不精，是会有危险的。 35.11《象传》说：像鼫鼠那样，技艺虽多，但什么都不精，是会有危险的，因为九四所处的位置不正当。

35.12 六五：悔亡，失得勿恤。往吉，无不利。

liù wǔ huǐ wáng shī dé wù xù wǎng jí wú bú lì

35.13 《象》曰："失得勿恤"，往有庆也。

xiàng yuē shī dé wù xù wǎng yǒu qìng yě

35.14 上九：晋其角，维用伐邑。厉吉无咎。贞吝。

shàng jiǔ jìn qí jiǎo wéi yòng fá yì lì jí wú jiù zhēn lìn

35.15 《象》曰："维用伐邑"，道未光也。

xiàng yuē wéi yòng fá yì dào wèi guāng yě

【译 文】35.12 六五：悔恨消除，不必劳神忧虑得失的问题。不管怎么去走，都是吉祥的，没有什么不利的地方。 35.13《象传》说：不必劳神忧虑得失的问题，只要前进，就是吉祥喜庆的。 35.14 上九：前进达到了顶点，就像钻到牛角尖里面去了。在封地上面名正言顺地制造内乱，企图排除异己是有凶险的，但最终可获吉祥而没有祸患。要坚守正道，以防遗憾。 35.15《象传》说：在封地上面名正言顺地制造内乱，企图排除异己，只能以力服人，而不能以德服人，不坚守正道，最后一定无路可走。

【现代启示】我们一定要懂得有所为，有所不为，很多事情能不能做成，就看能不能把握到这一点：时间很宝贵，要充分利用时间，好好做事，物极必反，不能做那种乱七八糟的、没有用的事情。

míng yí guà dì sān shí liù

明夷卦第三十六

光明被遮蔽起来，暗无天日，但这是很正常的现象，不要绝望，要保存实力，等待机会，坚定内心的原则与操守。

míng yí lì jiān zhēn

36.1 明夷，利艰贞。

tuàn yuē míng rù dì zhōng míng yí

36.2 《彖》曰：明入地中，“明夷”。

nèi wén míng ér wài róu shùn yǐ méng dà nàn wén wáng yǐ

内文明而外柔顺，以蒙大难，文王以

zhī lì jiān zhēn huì qí míng yě nèi nán ér

之。“利艰贞”，晦其明也。内难而

néng zhèng qí zhì jī zǐ yǐ zhī

能正其志，箕子以之。

xiàng yuē míng rù dì zhōng míng yí jūn zǐ

36.3 《象》曰：明入地中，明夷。君子

yǐ lì zhòng yòng huì ér míng

以莅众，用晦而明。

【译文】36.1 明夷卦象征光明受阻，要在艰难困苦中守持正道，等待时机。 36.2《彖传》说：光明隐入大地，受到阻挡，这种情况就是明夷。内卦是离卦，所以叫作内文明，外卦是坤卦，所以叫作外柔顺。内心文明而外呈柔顺，以此安渡难关，周文王就是这样渡过危难的。在艰难困苦中守持正道，隐藏聪明才智，等待时机。心里非常艰难痛苦，但还能够保持住正直的意志，箕子就是这样晦明守正的。 36.3《象传》说：明夷卦的卦象是离（火）下坤（地），光明隐入大地，受到阻挡。君子看到这种现象就知道对待众人、处理众人的事情，要隐藏自己的聪明才智，表达到合适的地步就可以了。

chū jiǔ míng yí yú fēi chuí qí yì jūn zǐ yú xíng

36.4 初九：明夷于飞垂其翼。君子于行，

sān rì bù shí yǒu yōu wǎng zhǔ rén yǒu yán

三日不食。有攸往，主人有言。

xiàng yuē jūn zǐ yú xíng yì bù

36.5 《象》曰："君子于行"，义不

shí yě

食也。

liù èr míng yí yí yú zuǒ gǔ yòng zhěng

36.6 六二：明夷（夷）于左股。用拯

mǎ zhuàng jí

马壮吉。

xiàng yuē liù èr zhī jí shùn yǐ zé yě

36.7 《象》曰：六二之"吉"，顺以则也。

jiǔ sān míng yí yú nán shòu dé qí dà shǒu bù

36.8 九三：明夷于南狩，得其大首。不

kě jí zhēn

可疾贞。

xiàng yuē nán shòu zhī zhì nǎi dà dé yě

36.9 《象》曰："南狩"之志，乃大得也。

【译 文】 36.4 初九：光明受阻，要像鸟儿那样赶快飞走，把翅膀垂下来免得被发现。君子在退避的路上，忍饥挨饿，才得以顺利逃走，别人不理解而出言批评。 36.5《象传》说：君子要退避，行动及时而快速，在这种情况下，是顾不上吃饭的。 36.6 六二：光明受阻，就好像伤了左腿一样，用比较壮健的马来代步，可获吉祥。 36.7《象传》说：六二爻之所以能够获得吉祥，是因为顺承而守则。 36.8 九三：光明受阻，利用去南方打猎的机会，把暴君祸首干掉。但需谨慎从事，不可采取过激的手段。 36.9《象传》说：去南方打猎的时候，把暴君祸首干掉，实现了南狩之志，大有所得。

36.10 六四：入于左腹，获明夷之心，于出门庭。
（liù sì rù yú zuǒ fù huò míng yí zhī xīn yú chū mén tíng）

36.11 《象》曰："入于左腹"，获心意也。
（xiàng yuē rù yú zuǒ fù huò xīn yì yě）

36.12 六五：箕子之明夷，利贞。
（liù wǔ jī zǐ zhī míng yí lì zhēn）

36.13 《象》曰："箕子"之贞，明不可息也。
（xiàng yuē jī zǐ zhī zhēn míng bù kě xī yě）

36.14 上六：不明晦，初登于天，后入于地。
（shàng liù bù míng huì chū dēng yú tiān hòu rù yú dì）

36.15 《象》曰："初登于天"，照四国也；"后入于地"，失则也。
（xiàng yuē chū dēng yú tiān zhào sì guó yě hòu rù yú dì shī zé yě）

【译 文】 36.10 六四：进入左方腹部，深入了解暴君的邪恶心思，尽管危险，也义不容辞地马上出门去做。 36.11《象传》说：进入左方腹部，深入了解暴君的邪恶心思，既不与其同流合污，又能自我保全，不伤身。 36.12 六五：像箕子那种装疯卖傻，但内心保持坚定原则的做法，有利于坚守正道。 36.13《象传》说：箕子装疯卖傻，但内心坚守正道，说明光明是不会消失的，只是暂时受阻而已。 36.14 上六：不懂得用隐藏的方式来合适地显露自己的聪明才智。刚刚继位的时候大家都非常欢迎，伏地高呼万岁，后来权力越来越大，为所欲为，被人民所厌弃。 36.15《象传》说：刚刚继位的时候大家都非常欢迎，像太阳一样普照天下。后来权力越来越大，丧失了原则，为所欲为，被人民所厌弃。

【现代启示】 待人处事要多留一点儿余地，在某些情况下，明明知道是这样，也要假装不知道；明明看到，也要假装没有看到。因为谁都会犯错误，只要犯错的人能改过，装作没看到就行了。

jiā rén guà dì sān shí qī

家人卦第三十七

人在外面不管心地多么光明，做事多么正直，都难免受到别人的误会、打击，这时候一个温暖的家庭，便能让我们得到情感上的宽慰。

37.1

jiā rén lì nǚ zhēn
家人，利女贞。

37.2

tuàn yuē jiā rén nǚ zhèng wèi hū nèi nán
《彖》曰：家人，女正位乎内，男
zhèng wèi hū wài nán nǚ zhèng tiān dì zhī dà yì yě
正位乎外，男女正，天地之大义也。
jiā rén yǒu yán jūn yān fù mǔ zhī wèi yě fù fù
家人有严君焉，父母之谓也。父父，
zǐ zǐ xiōng xiōng dì dì fū fū fù fù ér
子子，兄兄，弟弟，夫夫，妇妇，而
jiā dào zhèng zhèng jiā ér tiān xià dìng yǐ
家道正。正家，而天下定矣。

37.3

xiàng yuē fēng zì huǒ chū jiā rén jūn zǐ
《象》曰：风自火出，家人。君子
yǐ yán yǒu wù ér xíng yǒu héng
以言有物而行有恒。

【译 文】37.1 家人卦象征家庭，强调妻子的作用，坚守正道，是非常有好处的。37.2《彖传》说：家人卦，主妇在家主持家务，先生在外负责工作，男女各守其分、各尽其责，符合天地定位的道理。家里有威严、慈爱的家长，就是父亲和母亲。父亲有父亲的责任，儿子有儿子的责任，哥哥有哥哥的责任，弟弟有弟弟的责任，丈夫有丈夫的责任，主妇有主妇的责任，大家都尽到各自的责任，齐家之道就正了。家道端正，天下就太平了。37.3《象传》说：家人卦的卦象是离下（火）上巽（风），风火相互依存。君子看到这种现象就知道，说话要有根据和内容，行为要有准则和规矩。

chū jiǔ xián yǒu jiā huǐ wáng
37.4 初九：闲有家，悔亡。

xiàng yuē xián yǒu jiā zhì wèi biàn yě
37.5 《象》曰：“闲有家”，志未变也。

liù èr wú yōu suì zài zhōng kuì zhēn jí
37.6 六二：无攸遂。在中馈，贞吉。

xiàng yuē liù èr zhī jí shùn yǐ xùn yě
37.7 《象》曰：六二之“吉”，顺以巽也。

jiǔ sān jiā rén hè hè huǐ lì jí fù zǐ xī
37.8 九三：家人嗃嗃，悔厉吉。妇子嘻
xī zhōng lìn
嘻，终吝。

xiàng yuē jiā rén hè hè wèi shī yě
37.9 《象》曰：“家人嗃嗃”，未失也；
fù zǐ xī xī shī jiā jié yě
“妇子嘻嘻”，失家节也。

liù sì fù jiā dà jí
37.10 六四：富家，大吉。

【译文】37.4 初九：从自己家开始防范不良风气，防患于未然，就没有什么好遗憾的。 37.5《象传》说：从自己家开始防范不良的风气，防患于未然，这种意志和情操是不能改变的。 37.6 六二：主妇对外面的事情无所作为，只在家做饭，主持内务，坚持下去，自然吉祥。 37.7《象传》说：六二爻之所以吉祥，是因为家庭主妇有柔顺、谦逊的美德。 37.8 九三：治家严厉，家人怨声载道，虽然有所遗憾，但终究还是吉祥的。主妇跟小孩儿整天嘻嘻哈哈、打打闹闹，最终的发展结果却决不会好。 37.9《象传》说：治家严厉，家人怨声载道，但没有失掉家规。主妇跟小孩儿整天嘻嘻哈哈、打打闹闹，就有失家教。 37.10 六四：能够使自家富裕（物质和精神），一定大吉大利。

37.11 《象》曰："富家，大吉"，顺在位也。
(xiàng yuē fù jiā dà jí shùn zài wèi yě)

37.12 九五：王假有家，勿恤，吉。
(jiǔ wǔ wáng gé yǒu jiā wù xù jí)

37.13 《象》曰："王假有家"，交相爱也。
(xiàng yuē wáng gé yǒu jiā jiāo xiāng ài yě)

37.14 上九：有孚威如。终吉。
(shàng jiǔ yǒu fú wēi rú zhōng jí)

37.15 《象》曰："威如"之"吉"，反身之谓也。
(xiàng yuē wēi rú zhī jí fǎn shēn zhī wèi yě)

【译 文】 37.11《象传》说：六四能使自家富裕，是因为所处位置适当而本身又柔顺。37.12 九五：用自己的行为感染家人，无须忧虑，是吉祥的。 37.13《象传》说：用自己的行为感染家人，使他们相亲相爱、和睦相处。 37.14 上九：使别人心悦诚服，就要始终维持庄严的态度，最后一定会获得吉祥。 37.15《象传》说：始终维持庄严的态度，最后一定会获得吉祥，是因为时常自我检讨的缘故。

【现代启示】 治家宁可稍微严一点儿，也不可过宽，因为由严入松容易，而由松入严却很难。把孩子从小塑造得规规矩矩，随着年龄增长再慢慢放松，这是正确且能获得吉祥的做法。如果从小就放松，那以后根本就没有办法教。

kuí guà dì sān shí bā

睽卦第三十八

一个家庭，难免因为这样或者那样的原因出现离散、裂隙，这就是睽卦的情况，这时候要赶快想办法重新聚合起来。

kuí xiǎo shì jí

38.1 睽，小事吉。

tuàn yuē kuí huǒ dòng ér shàng zé dòng ér

38.2 《彖》曰：睽，火动而上，泽动而

xià èr nǚ tóng jū qí zhì bù tóng xíng yuè ér lì

下，二女同居，其志不同行。说而丽

hū míng róu jìn ér shàng xíng dé zhōng ér yìng hū gāng

乎明，柔进而上行，得中而应乎刚。

shì yǐ xiǎo shì jí tiān dì kuí ér qí shì tóng yě nán

是以小事吉。天地睽而其事同也，男

nǚ kuí ér qí zhì tōng yě wàn wù kuí ér qí shì lèi

女睽而其志通也，万物睽而其事类

yě kuí zhī shí yòng dà yǐ zāi

也。睽之时用大矣哉！

xiàng yuē shàng huǒ xià zé kuí jūn zǐ yǐ

38.3 《象》曰：上火下泽，睽。君子以

tóng ér yì

同而异。

【译文】38.1 睽卦象征分离，做小事可获吉祥，做大事就不吉了。 38.2《彖传》说：睽卦，上卦为离为火，代表中女，下卦为兑为泽，代表少女，她们同住在一个地方，但是志向和行为都不一样。心地光明，内心愉悦，六五用柔和的手段来调和各种矛盾，自身居中又和阳刚的九二爻相应，这样才能够处理好事情，并带来吉祥。天和地是分离的，但它们所做的事情是一样的；男和女的体态和性情是不同的，但他们的情义是相通的；万物的种类各异，但它们的要求和功能其实也是很相似的。所以，睽卦的时用是非常重要的。 38.3《象传》说：睽卦的卦象是兑（泽）下离（火）上，水火不相容。君子看到这种现象就应该了解到天下不可能一同，只能大同，大同而小异。

chū jiǔ huǐ wáng sàng mǎ wù zhú zì fù jiàn
38.4 初九：悔亡。丧马勿逐，自复。见
è rén wú jiù
恶人，无咎。

xiàng yuē jiàn è rén yǐ bì jiù yě
38.5 《象》曰：“见恶人”，以辟咎也。

jiǔ èr yù zhǔ yú xiàng wú jiù
38.6 九二：遇主于巷，无咎。

xiàng yuē yù zhǔ yú xiàng wèi shī dào yě
38.7 《象》曰：“遇主于巷”，未失道也。

liù sān jiàn yú yè qí niú chè qí rén tiān qiě
38.8 六三：见舆曳，其牛掣，其人天且
yì wú chū yǒu zhōng
劓。无初有终。

xiàng yuē jiàn yú yè wèi bù dàng yě
38.9 《象》曰：“见舆曳”，位不当也。
wú chū yǒu zhōng yù gāng yě
“无初有终”，遇刚也。

jiǔ sì kuí gū yù yuán fū jiāo fú lì wú jiù
38.10 九四：睽孤，遇元夫，交孚，厉无咎。

【译 文】38.4 初九：悔恨消除。丢失掉的马不必去追，因为它自己会回来。就算碰到坏人，也没有什么祸患。 38.5《象传》说：碰到坏人，知道自己当下并没有足够的能力来与之对抗，进而保持着自保的心态，就会自觉地避咎。 38.6 九二：在小巷中碰到主人（六五），好好珍惜这意外得来的机会，就没有祸患。 38.7《象传》说：在小巷中碰到主人（六五），趁机化解以前的误会，并没有违背原则。 38.8 六三：大车被拖住，拉车的牛被牵制，人遭受刺额、割鼻的刑罚。虽然开始很困难，但是最后能突破重重困境，达到目标。 38.9《象传》说：大车被拖住，因为六三所处的位置不恰当。虽然开始很困难，但是最后能突破重重困境，达到目标，因为六三与上九阳刚之爻相应。 38.10 九四：处境孤单，遇到同病相怜的初九，用自己的诚信去支援对方，虽然很危险，但最后也没有什么祸患。

xiàng yuē jiāo fú wú jiù
38.11 《象》曰："交孚""无咎"，
zhì xíng yě
志行也。

liù wǔ huǐ wáng jué zōng shì fū wǎng hé jiù
38.12 六五：悔亡。厥宗噬肤，往何咎？

xiàng yuē jué zōng shì fū wǎng yǒu qìng yě
38.13 《象》曰："厥宗噬肤"，往有庆也。

shàng jiǔ kuí gū jiàn shǐ fù tú zài guǐ yì
38.14 上九：睽孤。见豕负涂，载鬼一
chē xiān zhāng zhī hú hòu tuō zhī hú fēi kòu hūn gòu
车。先张之弧，后说之弧。匪寇婚媾，
wǎng yù yǔ zé jí
往遇雨则吉。

xiàng yuē yù yǔ zhī jí qún yí wáng yě
38.15 《象》曰："遇雨"之吉，群疑亡也。

【译 文】38.11《象传》说：用自己的诚信去支援对方，虽然很危险，但最后也没有什么祸患，说明二者有着共同的志向。 38.12 六五：悔恨消除。即使咬破皮肤也要突破层层关卡结为宗亲，心怀这样的意志前进，能有什么祸患呢？ 38.13《象传》说：即使咬破皮肤也要突破层层关卡结为宗亲，心怀这样的意志前进，是值得庆贺的。 38.14 上九：处境孤单，疑心重重，好像看到猪的背后拖着一条烂尾巴，车子上面载着一车小鬼。张开弓，准备放箭，发现情况不对，又把弓放下来。不是强盗，是来提亲的，疑虑消失，就像层层云团化成雨降下来一样，一定会获得吉祥。 38.15《象传》说：像层层云团化成雨降下来一样，一定会获得吉祥，因为所有的疑惑通通都化解消失掉了。

【现代启示】一家人，就应该和乐美满，相互照顾，同时要相亲相爱。如果出现裂隙，要用最大的包容之心来处理，想办法赶紧把一家人重新聚合起来。

jiǎn guà dì sān shí jiǔ
蹇卦第三十九

人的一生总会碰到这样的险阻，前方是水，后面是山，进也进不得，退也退不得。但是就算困难再大，也要勇敢面对。

jiǎn lì xī nán bú lì dōng běi lì jiàn dà
39.1 蹇，利西南，不利东北。利见大
rén zhēn jí
人，贞吉。

tuàn yuē jiǎn nán yě xiǎn zài qián yě
39.2 《彖》曰：蹇，难也，险在前也。
jiàn xiǎn ér néng zhǐ zhì yǐ zāi jiǎn lì xī nán
见险而能止，知矣哉！蹇“利西南”，
wǎng dé zhōng yě bú lì dōng běi qí dào qióng
往得中也。“不利东北”，其道穷
yě lì jiàn dà rén wǎng yǒu gōng yě dāng wèi
也。“利见大人”，往有功也。当位
zhēn jí yǐ zhèng bāng yě jiǎn zhī shí yòng dà yǐ zāi
“贞吉”，以正邦也。蹇之时用大矣哉！

【译 文】39.1 蹇卦象征困境险阻，在这种情况之下，往西南走，是平坦的大路，会吉利，往东北走，山路崎岖，会有凶险。依靠贤明的领导，守持正道，才能够安然渡过难关，获得吉祥。 39.2《彖传》说：蹇卦，象征艰难、险阻就在眼前。遇险要适当地停止，动动脑筋，想想办法。蹇，利于往西南走，因为方向明确，又走得合理，就能得中。不利于往东北走，因为那是行不通的。依靠贤明的领导，才能够安然渡过难关，并有所贡献。蹇卦六个爻基本是当位的，能守持正道，用自己的方式化解问题，获得吉祥，并治理好邦国。所以，蹇的道理是有非常大的用处的。

39.3 《象》曰：山上有水，蹇。君子以反身修德。

39.4 初六：往蹇，来誉。

39.5 《象》曰："往蹇，来誉"，宜待也。

39.6 六二：王臣蹇蹇，匪躬之故。

39.7 《象》曰："王臣蹇蹇"，终无尤也。

39.8 九三：往蹇，来反。

39.9 《象》曰："往蹇，来反"，内喜之也。

【译 文】39.3《象传》说：蹇卦的卦象是艮（山）下坎（水）上，山上积聚着水，由于流动不便，很容易崩裂。君子看到这种现象就应该好好反省自己，修正错误，提高品德。 39.4 初六：往外走，遇到险阻，退回来，反而赢得别人的赞誉。 39.5《象传》说：往外走，遇到险阻，退回来，反而赢得别人的赞誉，说明守时待命是当前最重要的任务。 39.6 六二：臣子处于重重险阻当中，这不是自己的问题。六二忠心耿耿，毫无私念地去拯救、协助君王，是大环境所致。 39.7《象传》说：臣子处于重重险阻当中，但已经尽力而为了，最后没有怨尤。 39.8 九三：前进会遇到险阻，不如退回来。 39.9《象传》说：前进就会遇到险阻，不如退回来，这就给内部人员提供了一个屏障。

liù sì wǎng jiǎn lái lián

39.10 六四：往蹇，来连。

xiàng yuē wǎng jiǎn lái lián dāng wèi shí yě

39.11 《象》曰："往蹇，来连"，当位实也。

jiǔ wǔ dà jiǎn péng lái

39.12 九五：大蹇，朋来。

xiàng yuē dà jiǎn péng lái yǐ zhōng jié yě

39.13 《象》曰："大蹇，朋来"，以中节也。

shàng liù wǎng jiǎn lái shuò jí lì jiàn dà rén

39.14 上六：往蹇，来硕。吉，利见大人。

xiàng yuē wǎng jiǎn lái shuò zhì zài nèi yě lì jiàn dà rén yǐ cóng guì yě

39.15 《象》曰："往蹇，来硕"，志在内也。"利见大人"，以从贵也。

【译 文】39.10 六四：前进会遇到险阻，最好联合其他力量。 39.11《象传》说：前进会遇到险阻，最好联合其他力量，因为六四和初六虽然道不同，但是当二者都身处困境的时候，反而会心有灵犀，六四能够借助初六的帮助站稳脚跟。 39.12 九五：所有险难集于一身，进退维谷，但是大家都会来帮助。 39.13《象传》说：所有险难集于一身，进退维谷，但是大家都会来帮助的，因为九五表现得很合理，被大家奉为典范。 39.14 上六：前进会遇到险阻，回过头来会大有收获。这样做是吉祥的，因为依靠贤明的领导（九五）。39.15《象传》说：前进会遇到险阻，回过头来会大有收获，因为上六此时最主要的任务就是促进内部的沟通，建立共识，达到精诚团结的目的。依靠贤明的领导，说明九五是君位，位置尊贵，上六反身帮助九五，就是从贵。

【现代启示】处境越是艰难困苦，越是能够生出德慧。我们要把艰难的处境当作一种磨炼，一种机遇，而不是当作什么糟糕的事情。因为只有经历困难和磨炼，才能促进自己成长，才会增长自己的智慧，开阔自己的见识。

解卦第四十

蹇卦是救自己，解卦是救别人。如果某个地方有灾难，需要救援，越早去救越好，不要错过黄金时间，而且救完之后，要及时离开。

40.1 解，利西南。无所往，其来复吉。有攸往，夙吉。

40.2 《彖》曰：解，险以动，动而免乎险，解。解“利西南”，往得众也。“其来复吉”，乃得中也。“有攸往夙吉”，往有功也。天地解而雷雨作，雷雨作而百果草木皆甲坼。解之时义大矣哉！

【译文】 40.1 解卦象征舒缓，对西南方向有利。无险可救的时候，就回来把自己的事情做好，可获吉祥。如果有的地方有灾难，越早去救越好，这样才能获得吉祥。 40.2《彖传》说：解卦，上卦是雷震，下卦为坎险，用动的力量去化解险难，就叫作解。解卦，西南方的人民如果有难的话，我们去救会受到欢迎。救完之后，就要回来把自己的事情做好，会获得吉祥，这是守持中道的表现。别人有需要，要主动去救人家，而且越早越好，才会有所贡献和功劳。天地之间雷雨大作，严寒就消解了，万物开始发芽生长，欣欣向荣。所以，解卦的时机是非常重要的。

xiàng yuē léi yǔ zuò jiě jūn zǐ yǐ shè
40.3 《象》曰：雷雨作，解。君子以赦
guò yòu zuì
过宥罪。

chū liù wú jiù
40.4 初六：无咎。

xiàng yuē gāng róu zhī jì yì wú jiù yě
40.5 《象》曰：刚柔之际，义无咎也。

jiǔ èr tián huò sān hú dé huáng shǐ zhēn jí
40.6 九二：田获三狐，得黄矢，贞吉。

xiàng yuē jiǔ èr zhēn jí dé zhōng
40.7 《象》曰：九二"贞吉"，得中
dào yě
道也。

liù sān fù qiě chéng zhì kòu zhì zhēn lìn
40.8 六三：负且乘，致寇至。贞吝。

xiàng yuē fù qiě chéng yì kě chǒu
40.9 《象》曰："负且乘"，亦可丑
yě zì wǒ zhì róng yòu shuí jiù yě
也；自我致戎，又谁咎也！

【译文】40.3《象传》说：解卦的卦象是坎（水）下震（雷）上，雷雨交作，严寒消解，万物复苏。君子看到这种现象就知道要赦免过错，宽恕罪行，给予这些人重新改过的机会。 40.4 初六：没有什么祸患。 40.5《象传》说：初六以柔去承九二之刚，并能应刚，自然没有祸患。 40.6 九二：打猎的时候捕获很多狐狸，得到黄色的箭，守持正道，可获吉祥。 40.7《象传》说：九二守持正道，可获吉祥，说明居中得正，遵守中正之道。 40.8 六三：趁火打劫，抢了人家很多的财物，公开地推着车子走，一定会招致强盗来抢夺，正人君子看到这种行为，觉得很愧疚，但小人不会。 40.9《象传》说：趁火打劫，抢了人家很多的财物，公开地推着车子走，这实在是可耻的行为。自己的行为招来强盗，又能怪谁呢！

40.10 九四：解而拇，朋至斯孚。

jiǔ sì jiě ér mǔ péng zhì sī fú

40.11 《象》曰："解而拇"，未当位也。

xiàng yuē jiě ér mǔ wèi dāng wèi yě

40.12 六五：君子维有解，吉。有孚于小人。

liù wǔ jūn zǐ wéi yǒu jiě jí yǒu fú yú xiǎo rén

40.13 《象》曰：君子"有解"，小人退也。

xiàng yuē jūn zǐ yǒu jiě xiǎo rén tuì yě

40.14 上六：公用射隼于高墉之上，获之。无不利。

shàng liù gōng yòng shè sǔn yú gāo yōng zhī shàng huò zhī wú bú lì

40.15 《象》曰："公用射隼"，以解悖也。

xiàng yuē gōng yòng shè sǔn yǐ jiě bèi yě

【译 文】40.10 九四：摆脱小人（六三）的纠缠并不容易，如能做到，真正的朋友（初六）就会诚心来相助。 40.11《象传》说：摆脱小人的纠缠并不容易，因为所处的位置不当。 40.12 六五：君子只有解除险阻和隐患，才会获得吉祥。只有使小人口服心服，不怨恨君子，才是真正的解。 40.13《象传》说：君子只有解除险阻和隐患，小人才甘愿退去。40.14 上六：王公在高墙之上把恶鸟射掉，并获得它，是无所不利的。 40.15《象传》说：王公在高墙之上把恶鸟射掉，说明只有彻底消灭不走正道的小人，才能彻底解除祸乱和悖逆。

【现代启示】别人有需要，马上去帮忙，越快越好，不要讨价还价，不要说等到对方再糟糕一点儿，不能支撑了才去解救。别人没有事，也不要去制造祸端。

sǔn guà dì sì shí yī
损卦第四十一

损下益上，就是损卦。“上”指的是政府，“下”指的是百姓。百姓要为政府缴税，这就是一种“损”，政府得到老百姓的好处，这就是一种“益”。

sǔn yǒu fú yuán jí wú jiù kě zhēn lì yǒu yōu wǎng hé zhī yòng èr guǐ kě yòng xiǎng

41.1 损，有孚，元吉，无咎，可贞，利有攸往。曷之用？二簋可用享。

tuàn yuē sǔn sǔn xià yì shàng qí dào shàng xíng sǔn ér yǒu fú yuán jí wú jiù kě zhēn lì yǒu yōu wǎng hé zhī yòng èr guǐ kě yòng xiǎng èr guǐ yīng yǒu shí sǔn gāng yì róu yǒu shí sǔn yì yíng xū yǔ shí xié xíng

41.2 《彖》曰：损，损下益上，其道上行。损而“有孚。元吉，无咎，可贞。利有攸往。曷之用？二簋可用享”，二簋应有时，损刚益柔有时。损益盈虚，与时偕行。

xiàng yuē shān xià yǒu zé sǔn jūn zǐ yǐ chéng fèn zhì yù

41.3 《象》曰：山下有泽，损。君子以惩忿窒欲。

【译 文】41.1 损卦象征减损，心中有诚信，才会大获吉祥而没有祸患，但要守持正道，这样去做事才有好处。到底用什么来祭祀呢？两碗粗茶淡饭就够了。 41.2《彖传》说：损卦，用乾的九三交换坤的上六，损下的刚实，以益上的柔虚，象征损下益上。减损的时候，心中仍有诚信，就会大获吉祥而没有祸患，但要守持正道，这样去做事才有好处。到底用什么来祭祀呢？两碗粗茶淡饭就够了。 41.3《象传》说：损卦的卦象是兑（泽）下艮（山）上，山下有深泽恶水，泽水不断自损，把沙石往山上堆，长此以往，就会把山掏空，导致山崩地坼。君子看到这种现象就知道不要整天发牢骚，不要欲望无度。

chū jiǔ yǐ shì chuán wǎng wú jiù zhuó sǔn zhī
41.4 初九：已事遄往。无咎，酌损之。

xiàng yuē yǐ shì chuán wǎng shàng hé zhì yě
41.5 《象》曰：“已事遄往”，尚合志也。

jiǔ èr lì zhēn zhēng xiōng fú sǔn yì zhī
41.6 九二：利贞，征凶。弗损益之。

xiàng yuē jiǔ èr lì zhēn zhōng yǐ wéi zhì yě
41.7 《象》曰：九二“利贞”，中以为志也。

liù sān sān rén xíng zé sǔn yì rén yì rén xíng zé dé qí yǒu
41.8 六三：三人行则损一人；一人行则得其友。

xiàng yuē yì rén hàng sān zé yí yě
41.9 《象》曰：“一人”行，“三”则疑也。

【译 文】祭祀要合时宜，不能一年四季都去祭。把阳刚的实损掉，去增益阴的虚也要适当，并随着时机、环境的变化不断做出调整。 41.4 初九：停下自己手中要做的事情，迅速地去帮助别人，不会有祸患，但要先斟酌一下自己的状况和能力，不要因为帮助别人而过分损害自己。 41.5《象传》说：停下自己手中要做的事情，迅速地去帮助别人，说明初九注重合乎六四的意思。 41.6 九二：坚守正道，谨守自己的本分，盲目去做会有凶险。不过分地耗损自己，才能真正对别人有帮助。 41.7《象传》说：九二坚守正道，谨守自己的本分，说明时时刻刻以合理作为标准来规范自己的行为。 41.8 六三：三个人一起前进，会损一个人。一个人独自行动，意味着会得到自己的朋友。 41.9《象传》说：一个人独自行动，意味着得到朋友，三个人一起前进，难免相互猜疑。

liù sì sǔn qí jí shǐ chuán yǒu xǐ wú jiù

41.10 六四：损其疾，使遄有喜，无咎。

xiàng yuē sǔn qí jí yì kě xǐ yě

41.11 《象》曰："损其疾"，亦可喜也。

liù wǔ huò yì zhī shí péng zhī guī fú kè wéi yuán jí

41.12 六五：或益之十朋之龟，弗克违，元吉。

xiàng yuē liù wǔ yuán jí zì shàng yòu yě

41.13 《象》曰：六五"元吉"，自上佑也。

shàng jiǔ fú sǔn yì zhī wú jiù zhēn jí lì yǒu yōu wǎng dé chén wú jiā

41.14 上九：弗损益之，无咎，贞吉，利有攸往。得臣无家。

xiàng yuē fú sǔn yì zhī dà dé zhì yě

41.15 《象》曰："弗损益之"，大得志也。

【译 文】41.10 六四：把自己的缺陷损掉，把不足补充起来，当然是一件可喜的事情，但要适度地控制自己的情绪，才不会有什么祸患。 41.11《象传》说：把自己的缺陷损掉，把不足补充起来，当然是一件可喜的事情。 41.12 六五：有人送来价值昂贵的灵龟，不必推辞，是大吉大利的。 41.13《象传》说：六五大吉大利，是居于尊位，自己凭良心，得到了上天的庇佑。 41.14 上九：用不着自我减损也能获得好处，没有祸患，守持正道，可获吉祥，不管怎么做都有利。能够损小家，就能得到大家庭的温暖。 41.15《象传》说：用不着自我减损也能获得好处，说明很风光地完成一生的志愿。

【现代启示】当别人帮助我们化解了问题之后，就要做好心理准备，是要还这笔人情债的。如果觉得问题一旦化解，整个人就可以松懈下来，后面的损失将会更大。记住：最大的威胁总是在人们处理完棘手的困难，自以为无事之时到来。

yì guà dì sì shí èr
益卦第四十二

损上益下，就是益卦。益，不是损人，而是自损。百姓为政府缴税，损自己，以增益政府；政府取之于民，用之于民，反过来增益百姓。

yì lì yǒu yōu wǎng lì shè dà chuān
42.1 益，利有攸往，利涉大川。

tuàn yuē yì sǔn shàng yì xià mín yuè
42.2 《彖》曰：益，损上益下，民说

wú jiāng zì shàng xià xià qí dào dà guāng lì yǒu yōu
无疆。自上下下，其道大光。“利有攸

wǎng zhōng zhèng yǒu qìng lì shè dà chuān mù dào
往”中正有庆；“利涉大川”，木道

nǎi xíng yì dòng ér xùn rì jìn wú jiāng tiān shī dì
乃行。益，动而巽，日进无疆；天施地

shēng qí yì wú fāng fán yì zhī dào yǔ shí xié xíng
生，其益无方。凡益之道，与时偕行。

xiàng yuē fēng léi yì jūn zǐ yǐ jiàn shàn zé
42.3 《象》曰：风雷益。君子以见善则

qiān yǒu guò zé gǎi
迁，有过则改。

【译文】42.1 益卦象征增益，利于有所前进，利于渡过大河。 42.2《彖传》说：益卦，减损上面去增益下面，老百姓的喜悦是无穷尽的。执政的人施益下面的百姓，政府的德行泽及全民。有所前进，守持正道，整个国家充满了喜庆。在这种情况之下，就像乘坐一条船顺利地渡过大河。益卦，下卦为雷，上卦为风，下面震动，上面谦逊，每天都有进步而没有极限。天降雨露，阳光普照，而大地生长万物，一视同仁。要按照益的道理来走，顺应时势来做合理地调整。 42.3《象传》说：益卦的卦象是震（雷）下巽（风）上，雷与风相互呼应，相得益彰。君子看到这种现象就知道要择善而从、有错就改，不断增益自己的道德修养。

42.4 初九：利用为大作，元吉，无咎。

42.5 《象》曰："元吉，无咎"，下不厚事也。

42.6 六二：或益之十朋之龟，弗克违，永贞吉。王用享于帝，吉。

42.7 《象》曰："或益之"，自外来也。

42.8 六三：益之用凶事，无咎。有孚中行，告公用圭。

42.9 《象》曰：益"用凶事"，固有之也。

42.10 六四：中行，告公从，利用为依迁国。

【译文】42.4 初九：做大事情，建立非常的功劳，大吉大利，不会有祸患。 42.5《象传》说：大吉大利，不会有祸患，说明原来的本分是不应该做大事情的，但这是特殊情况，要先去施益于人，不能偷谋私利，才能吉利。 42.6 六二：有人送来价值昂贵的灵龟，不必推辞，永远守持正道，才会吉祥。天子祭拜天帝，可获吉祥。 42.7《象传》说：有人送来价值昂贵的灵龟，不是主动索取的，而是别人送来的。 42.8 六三：非常时期，采取非常行动，不会有祸患。但是要表现出自己的诚信，行事要适中，坦然地去向王公汇报，一心为公。 42.9《象传》说：非常时期，采取非常行动，凶事化解了就要回归正常，这是作为下属所应坚持的原则。 42.10 六四：按照中道而行，有事一定要报告王公，得到允许之后，才可以做，就算在非常的时期，主持迁都的大事，最好也是如此。

xiàng yuē gào gōng cóng yǐ yì zhì yě
42.11 《象》曰：“告公从”，以益志也。

jiǔ wǔ yǒu fú huì xīn wù wèn yuán jí yǒu fú
42.12 九五：有孚惠心，勿问元吉。有孚
huì wǒ dé
惠我德。

xiàng yuē yǒu fú huì xīn wù wèn zhī
42.13 《象》曰：“有孚惠心”，勿问之
yǐ huì wǒ dé dà dé zhì yě
矣。“惠我德”，大得志也。

shàng jiǔ mò yì zhī huò jī zhī lì xīn wú
42.14 上九：莫益之，或击之。立心无
héng xiōng
恒，凶。

xiàng yuē mò yì zhī piān cí yě
42.15 《象》曰：“莫益之”，偏辞也。
huò jī zhī zì wài lái yě
“或击之”，自外来也。

【译 文】42.11《象传》说：有事一定要报告王公，得到允许以后，才能够把志向整个顺利地发展出来。 42.12 九五：对待百姓，心怀诚信，百姓受到恩惠，自然拥戴，不用问也是大吉大利的。百姓感念政府的德政，民心稳固，自然觉得生活很幸福。 42.13《象传》说：对待百姓，心怀诚信，百姓受到恩惠，自然拥戴，不用问也是大吉大利的。百姓感念政府的德政，民心稳固，政府让百姓安居乐业的志向得以达成。 42.14 上九：老百姓对政府不再信任，甚至群起而攻之。居心不善，结果一定凶险。 42.15《象传》说：老百姓对政府不再信任，大家只是说些话来应付，没有人真正想帮忙。甚至群起而攻之，说明上九位置不当，居心不善，一定会遭到外来的反抗。

【现代启示】物质的东西，钱也好，财富也好，要取之于民用之于民，要适可而止，不要拼命地求多。因为物质方面越多，精神就越贫乏，道德就越衰落，最后害己害人。

夬卦第四十三

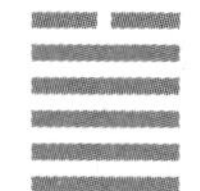

夬卦所讲的是决断的道理、裁决的方法。

43.1 夬，扬于王庭。孚号有厉。告自邑，不利即戎，利有攸往。

43.2 《彖》曰：夬，决也。刚决柔也。健而说，决而和。“扬于王庭”，柔乘五刚也。“孚号有厉”，其危乃光也。“告自邑，不利即戎”，所尚乃穷也。“利有攸往”，刚长乃终也。

【译 文】43.1 夬卦象征决断，在公众场所宣扬小人的罪行，心怀诚信地号令大家。告诫邑人自己家里的事情要自己处理，不利于依靠武力，利于主动做一些事。 43.2《彖传》说：夬，决断、裁决。上卦为兑，下卦为乾，五个阳刚之爻决一个阴柔之爻。刚健而喜悦，力道精准，方法得当。在公众场所宣扬小人的罪行，上六以一个阴柔之爻映衬在五个阳刚之爻之上，实在过分。心怀诚信地号令大家，戒备危险让上六明白自己的过错。自己家里的事情要自己处理，不应依靠武力，否则就是穷途末路的做法。五阳齐心协力把上六干掉，整个卦就变成了全阳的乾卦，才算完成。

43.3 《象》曰：泽上于天，夬。君子以施禄及下，居德则忌。

43.4 初九：壮于前趾，往不胜为咎。

43.5 《象》曰："不胜"而往，咎也。

43.6 九二：惕号，莫夜有戎，勿恤。

43.7 《象》曰："有戎，勿恤"，得中道也。

43.8 九三：壮于頄，有凶。君子夬夬独行遇雨，若濡有愠，无咎。

43.9 《象》曰："君子夬夬"，终无咎也。

【译文】43.3《象传》说：夬卦的卦象是乾（天）下兑（泽）上，沼泽里面的水因为受到太阳光的照射，蒸发到天上，凝聚成雨，再降落到地面。君子看到这种现象，就知道要跟下层民众分享福禄，若独享富贵，不施恩德，就会遭到记恨。 43.4 初九：脚趾开始动起来，如果凭一时之勇，只顾往前走，最后肯定会闯祸。 43.5《象传》说：初九位置很低，又自不量力，仅凭一时之勇便义无反顾，当然会闯祸。 43.6 九二：发布戒严令，提防敌人深夜来袭，不必忧虑。 43.7《象传》说：深夜敌人来袭，不必忧虑，因为有充分的计划，而且九二居中，守持正道，处事冷静。 43.8 九三：颧骨高高突出，会有凶险。君子独自行事，该决断就要决断，好像下雨天淋了雨，有点儿不愉快，但终究没有祸患。 43.9《象传》说：君子独自行事，该决断就要决断，保持清醒，终究没有祸患。

jiǔ sì tún wú fū qí xíng zī jū qiān yáng huǐ
43.10 九四：臀无肤。其行次且。牵羊悔
wáng wén yán bú xìn
亡，闻言不信。

xiàng yuē qí xíng zī jū wèi bù dāng
43.11 《象》曰："其行次且"，位不当
yě wén yán bú xìn cōng bù míng yě
也。"闻言不信"，聪不明也。

jiǔ wǔ xiàn lù guài guài zhōng xíng wú jiù
43.12 九五：苋陆夬夬，中行无咎。

xiàng yuē zhōng xíng wú jiù zhōng wèi
43.13 《象》曰："中行无咎"，中未
guāng yě
光也。

shàng liù wú háo zhōng yǒu xiōng
43.14 上六：无号，终有凶。

xiàng yuē wú háo zhī xiōng zhōng bù kě
43.15 《象》曰："无号"之凶，终不可
cháng yě
长也。

【译文】43.10 九四：屁股上面的皮肤没有了，左右为难，犹豫不前。紧紧牵住羊，就能消除后悔，但是听了这话却并不相信。 43.11《象传》说：左右为难，犹豫不前，是因为九四所处的位置不恰当。听了这话却并不相信，说明听不进去，不聪不明。 43.12 九五：像苋草一样经不起打击，处境岌岌可危，只有秉持中道而行才能避免灾祸。 43.13《象传》说：只有秉持中道而行才能避免灾祸，说明志向还没有百分之百实现。 43.14 上六：号啕大哭也没有用，最终会遭遇凶险。 43.15《象传》说：号啕大哭也没有用，最终会遭遇凶险，说明怎样都不可能延长灭亡的时间。

【现代启示】越是容易做到的事情，越要谨慎小心；越是轻而易举的事情，越要慎重考虑。

gòu guà dì sì shí sì

姤卦第四十四

事物之间一定有阴阳的遇合，要善于用遇，抓住良机。

gòu nǚ zhuàng wù yòng qǔ nǚ

44.1 姤，女壮，勿用取女。

tuàn yuē gòu yù yě róu yù gāng yě

44.4 《彖》曰：姤，遇也，柔遇刚也。

wù yòng qǔ nǚ bù kě yǔ cháng yě tiān dì xiāng

“勿用取女”，不可与长也。天地相

yù pǐn wù xián zhāng yě gāng yù zhōng zhèng tiān xià dà

遇，品物咸章也。刚遇中正，天下大

xíng yě gòu zhī shí yì dà yǐ zāi

行也。姤之时义大矣哉！

xiàng yuē tiān xià yǒu fēng gòu hòu yǐ shī

44.3 《象》曰：天下有风，姤。后以施

mìng gào sì fāng

命诰四方。

【译 文】44.1 姤卦象征遇合，女子过分强壮，千万不要娶。 44.2《彖传》说：姤，阴阳相遇，下卦为巽，上卦为乾，初六一阴爻与上面五阳爻相遇。女子过分强壮，千万不要娶，因为没有办法跟她长相厮守。天地相遇，各色各样的物种才能够显现出来，拥有各自的生长空间。刚正的丈夫一定要碰到贤惠的妇女，这才符合天地的道理。对待遇合要有长久的打算，姤卦的时用非常重要。44.3《象传》说：姤卦的卦象是巽（风）下乾（天）上，天底下刮着风，风对每样东西都一视同仁。王后就知道要施行命令，告诫四方，使老百姓受到感化。

chū liù xì yú jīn nǐ zhēn jí yǒu yōu wǎng jiàn xiōng léi shǐ fú zhí zhú

44.4 初六：系于金柅，贞吉。有攸往，见凶。羸豕孚蹢躅。

xiàng yuē xì yú jīn nǐ róu dào qiān yě

44.5 《象》曰："系于金柅"，柔道牵也。

jiǔ èr páo yǒu yú wú jiù bú lì bīn

44.6 九二：包有鱼，无咎，不利宾。

xiàng yuē páo yǒu yú yì bù jí bīn yě

44.7 《象》曰："包有鱼"，义不及宾也。

jiǔ sān tún wú fū qí xíng zī jū lì wú dà jiù

44.8 九三：臀无肤，其行次且，厉无大咎。

xiàng yuē qí xíng zī jū xíng wèi qiān yě

44.9 《象》曰："其行次且"，行未牵也。

【译 文】44.4 初六：系上绳索，只要正当，就会获得吉祥。盲目往前走，会有凶祸，不要像轻浮踟蹰的母猪一样。 44.5《象传》说：系上绳索，会获得吉祥，说明柔能克刚。44.6 九二：厨房里有一条鱼，不会有祸患，但对原来的主人会造成伤害。 44.7《象传》说：厨房里有一条鱼，不应该占为己有，否则对别人是不利的。 44.8 九三：屁股上没有皮肤，步履维艰，会遇到危险，但不会有大的祸患。 44.9《象传》说：步履维艰，但还是顺着自然规律在走。

jiǔ sì páo wú yú qǐ xiōng

44.10 九四：包无鱼，起凶。

xiàng yuē wú yú zhī xiōng yuǎn mín yě

44.11 《象》曰：“无鱼”之“凶”，远民也。

jiǔ wǔ yǐ qǐ páo guā hán zhāng yǒu yǔn zì tiān

44.12 九五：以杞包瓜，含章，有陨自天。

xiàng yuē jiǔ wǔ hán zhāng zhōng zhèng yě yǒu yǔn zì tiān zhì bù shě mìng yě

44.13 《象》曰：九五“含章”，中正也。“有陨自天”，志不舍命也。

shàng jiǔ gòu qí jiǎo lìn wú jiù

44.14 上九：姤其角，吝，无咎。

xiàng yuē gòu qí jiǎo shàng qióng lìn yě

44.15 《象》曰：“姤其角”，上穷吝也。

【译 文】44.10 九四：厨房里没有鱼，会招致凶险。 44.11《象传》说：厨房里没有鱼，会招致凶险，因为脱离了群众。 44.12九五：用杞叶包住瓜，把美藏在里面，美好的成果要靠自己去创造，而不是等着从天而降。 44.13《象传》说：九五之所以能够把美藏起来，是因为位置居中又能够守正道。美好的成果靠自己去创造，而不是等着从天而降，说明九五不会放弃自己的责任，有志者事竟成。 44.14 上九：遇合的机会已经穷极了，非常遗憾，不会有祸患。 44.15《象传》说：遇合的机会已经穷极了，上九高高在上，不愿意迁就别人而失去了遇合的机会，当然是非常遗憾的事情。

【现代启示】我们要善于利用机遇，要从正面找到正当的机会，抓住良机，而不是害怕机遇。很多人害怕挑战，不敢去尝试，因而错失了很多机会。

萃卦第四十五

萃卦表示聚集人才，领导者要才德兼备，保持正向，才能长期地萃聚人才。

45.1 萃，亨。王假有庙，利见大人，亨利贞。用大牲吉，利有攸往。

45.2 《彖》曰：萃，聚也。顺以说，刚中而应，故聚也。“王假有庙”，致孝享也。“利见大人，亨”，聚以正也。“用大牲吉，利有攸往”，顺天命也。观其所聚，而天地万物之情可见矣！

【译文】45.1 萃卦象征聚合，亨通。君王能够保有自己的宗庙，遇到才德兼备的人，长期地保持正向，走正道，是亨通顺利的。祭天地、祭祖宗，用很丰盛的祭品，如果做到这点，人才就会不远千里通通来投靠自己，当然无往不利的。 45.2《彖传》说：萃，聚合。下卦为坤，上卦为兑，柔顺而喜悦，九五跟六二相应，共同聚合人才。君王保有自己的宗庙，行祭祀孝敬之事。遇到德才兼备的人，长期地保持正向，走正道，亨通顺利，才能够长期地萃聚人才。祭天地、祭祖宗，要用很丰盛的祭品，如果做到这点，人才就会不远千里通通来投靠自己，当然无往不利，这是天意与人事的合一。观看所聚集的人、事，就知道这个人是什么样的性情，推而广之，天下万物所有的情况都能了然于心。

45.3 《象》曰：泽上于地，萃。君子以除戎器，戒不虞。

45.4 初六：有孚不终，乃乱乃萃。若号，一握为笑，勿恤，往无咎。

45.5 《象》曰："乃乱乃萃"，其志乱也。

45.6 六二：引吉，无咎，孚乃利用禴。

45.7 《象》曰："引吉无咎"，中未变也。

45.8 六三：萃如，嗟如，无攸利。往无咎，小吝。

【译文】 45.3《象传》说：萃卦的卦象是坤（地）下兑（泽）上，泽水之所以能够聚集起来，主要是因为泥土有相当的防卫和约束能力。君子应当时常整治军备，以防意外。45.4 初六：开始满怀信心，后来开始怀疑，本该去会聚的地方，却去了不该去的地方。于是号啕大哭，突然间感觉到其实自己不必顾虑那么多，便笑了，往前走，不会有祸患。45.5《象传》说：本该去会聚的地方，却去了不该去的地方，是因为自己的疑心迷乱了自己的意志。 45.6 六二：有人来指引，自然吉祥而没有祸患。用薄礼祭祀，来表示自己的诚心。45.7《象传》说：有人来指引，自然吉祥而没有祸患，说明六二守正道，坚持自己的理想。45.8 六三：缺少聚合的希望，嗟叹不已，不管到哪里都行不通。前进不会有祸患，只是有点儿遗憾而已。

xiàng yuē wǎng wú jiù shàng xùn yě
45.9 《象》曰：“往无咎”，上巽也。

jiǔ sì dà jí wú jiù
45.10 九四：大吉，无咎。

xiàng yuē dà jí wú jiù wèi bù dāng yě
45.11 《象》曰：“大吉，无咎”，位不当也。

jiǔ wǔ cuì yǒu wèi wú jiù fěi fú yuán yǒng zhēn huǐ wáng
45.12 九五：萃有位，无咎。匪孚，元永贞，悔亡。

xiàng yuē cuì yǒu wèi zhì wèi guāng yě
45.13 《象》曰：“萃有位”，志未光也。

shàng liù jī zī tì yí wú jiù
45.14 上六：赍咨涕洟，无咎。

xiàng yuē jī zī tì yí wèi ān shàng yě
45.15 《象》曰：“赍咨涕洟”，未安上也。

【译 文】45.9《象传》说：前进不会有祸患，因为上六是柔的，比较容易谅解、收容六三。 45.10 九四：大吉大利，没有祸患。 45.11《象传》说：大吉大利，没有祸患，说明九四虽然位置不当，但是知道通过建功立业让九五安心。 45.12 九五：处于尊位，而且很牢固，但不能大意，要修德，才能免于祸患。不能没有诚信，而是要始终如一地保持正道，才不会后悔。 45.13《象传》说：处于尊位，而且很牢固，但不能大意，因为志向意愿还没有光大。 45.14 上六：眼泪、鼻涕都流出来了，痛苦不堪，嗟叹不已，不会有祸患。 45.15《象传》说：眼泪、鼻涕都流出来了，痛苦不堪，嗟叹不已，这是因为居于上位而没有安分守己。

【现代启示】任何事情都是积小成大的。心可以大，但不要幻想一步登天，天底下没有一蹴而就的事。凡事都要慢慢来，慢慢积小成大，才是真的大，只有这样才能稳固，才能长久。

shēng guà dì sì shí liù

升卦第四十六

把好的人、好的事聚集在一起，就要不断向上升，前提是目标要正大，行为要光明。

shēng yuán hēng yòng jiàn dà rén wù xù nán zhēng jí

46.1 升，元亨。用见大人，勿恤。南征吉。

tuàn yuē róu yǐ shí shēng xùn ér shùn gāng zhōng ér yìng shì yǐ dà hēng yòng jiàn dà rén wù xù yǒu qìng yě nán zhēng jí zhì xíng yě

46.2 《彖》曰：柔以时升，巽而顺，刚中而应，是以大亨。“用见大人，勿恤”，有庆也。“南征吉”，志行也。

xiàng yuē dì zhōng shēng mù shēng jūn zǐ yǐ shùn dé jī xiǎo yǐ gāo dà

46.3 《象》曰：地中生木，升。君子以顺德，积小以高大。

【译文】46.1 升卦象征上升，亨通顺利。有人赏识才会顺利上升，不必忧虑。向南方前进，可获吉祥。　46.2《彖传》说：升卦，下卦为巽，上卦为坤，阴柔的势力与时俱升，顺应自然，循序渐进，上升的势头畅通无阻，九二阳刚居中，并与六五相应，所以亨通顺利。有人赏识才会顺利上升，不必忧虑，必有喜庆。向南方前进会获得吉祥，使上升的心志如愿实现。　46.3《象传》说：升卦的卦象是巽（风）下坤（地）上，地上的树木慢慢成形，随着时节逐渐成长。君子看到这种现象就知道要随着外面的环境时刻调整自己，从小事做起，积小以成大。

46.4 初六：允升，大吉。

46.5 《象》曰："允升，大吉"，上合志也。

46.6 九二：孚乃利用禴，无咎。

46.7 《象》曰：九二之"孚"，有喜也。

46.8 九三：升虚邑。

46.9 《象》曰："升虚邑"，无所疑也。

46.10 六四：王用亨于岐山，吉，无咎。

46.11 《象》曰："王用亨于岐山"，顺事也。

【译文】46.4 初六：诚心诚意上升，自然大吉。 46.5《象传》说：诚心诚意上升，自然大吉，因为初六跟上面的九二志同道合，而且还尽力去帮助他。 46.6 九二：用薄礼祭祀，来表示自己的诚心，不会有祸患。 46.7《象传》说：九二表示诚心，得到六五的支持，放心安排他去做事，自然大为可喜。 46.8 九三：上升没有阻碍，如入无人之境。 46.9《象传》说：上升没有阻碍，如入无人之境，不必有所迟疑。 46.10 六四：君王（周文王）在岐山祭祀，吉祥而没有灾祸。 46.11《象传》说：君王（周文王）在岐山祭祀，吉祥而没有灾祸，是顺其自然的结果。

liù wǔ zhēn jí shēng jiē
46.12 六五：贞吉，升阶。

xiàng yuē zhēn jí shēng jiē dà dé
46.13 《象》曰："贞吉，升阶"，大得

zhì yě
志也。

shàng liù míng shēng lì yú bù xī zhī zhēn
46.14 上六：冥升，利于不息之贞。

xiàng yuē míng shēng zài shàng xiāo bú
46.15 《象》曰："冥升"在上，消不

fù yě
富也。

【译文】 46.12 六五：守持正道，知人善任，可获吉祥，一步一步实现自己的志向。 46.13《象传》说：守持正道，知人善任，可获吉祥，志向得以顺利完成。 46.14 上六：在幽暗中依然上升，不停地修养德性。 46.15《象传》说：在幽暗中依然上升，说明不断修养德性，用自己的德来使得大业持续发展，就不会突然间降下来。

【现代启示】 如果时机良好，上升很快，就绝不偷懒；如果碰到困境，就慢慢来，慢慢调整，先把基本功充实起来，然后再求上升。只有这样，才可能持盈保泰，才可以升而不降。

kùn guà dì sì shí qī 困卦第四十七

人生前进的道路上不可能总是一帆风顺，总会遇到各种困境。

47.1 kùn hēng zhēn dà rén jí wú jiù yǒu yán bú xìn
困，亨，贞，大人吉，无咎。有言不信。

47.2 tuàn yuē kùn gāng yǎn yě xiǎn yǐ yuè kùn ér bù shī qí suǒ hēng qí wéi jūn zǐ hū zhēn dà rén jí yǐ gāng zhōng yě yǒu yán bú xìn shàng kǒu nǎi qióng yě
《彖》曰：困，刚掩也。险以说，困而不失其所。“亨”，其唯君子乎！“贞，大人吉”，以刚中也。有言不信，尚口乃穷也。

47.3 xiàng yuē zé wú shuǐ kùn jūn zǐ yǐ zhì mìng suì zhì
《象》曰：泽无水，困。君子以致命遂志。

【译文】47.1 困卦象征困境，亨通，要守持正道，问心无愧，对大人而言，不但吉祥而且还没有祸患。当一个人处于困境的时候，没有人相信自己讲的话。这个时候只能用德行来表现。 47.2《彖传》说：困卦，阳刚被掩蔽。下卦为坎，上卦为兑，经历险境自然会看到光明，处于困境而不失泰然之心，才会亨通，尽管很难，但是君子可以做到。守持正道，对大人而言是吉祥的，因为九五阳刚居中。崇尚言辞，却不能让别人信服，这不是困，而叫穷。 47.3《象传》说：困卦的卦象是坎（水）下兑（泽）上，泽里面没有水，君子看到这种现象就知道为了完成自己的志向可以舍生取义。

chū liù tún kùn yú zhū mù rù yú yōu gǔ

47.4 初六：臀困于株木，入于幽谷，

sān suì bù dí

三岁不觌。

xiàng yuē rù yú yōu gǔ yōu bù

47.5 《象》曰："入于幽谷"，幽不

míng yě

明也。

jiǔ èr kùn yú jiǔ shí zhū fú fāng lái lì

47.6 九二：困于酒食。朱绂方来，利

yòng xiǎng sì zhēng xiōng wú jiù

用享祀。征凶，无咎。

xiàng yuē kùn yú jiǔ shí zhōng yǒu

47.7 《象》曰："困于酒食"，中有

qìng yě

庆也。

liù sān kùn yú shí jù yú jí lí rù yú qí

47.8 六三：困于石，据于蒺藜。入于其

gōng bú jiàn qí qī xiōng

宫，不见其妻，凶。

【译 文】47.4 初六，树木被砍，只好坐在树根上，到深谷里面隐居起来，多年不露面。 47.5《小象传》说：到深谷里面隐居起来，外界的人很难找到。 47.6 九二，被美酒佳肴所困扰，一方面要等待上面（九五）的指令，另一方面要通过祭祀来表明一心为公的态度。如果不按照正道去走，就会有凶险，这是不能归咎于别人的。 47.7《小象传》说：被美酒佳肴所困扰，守持正道，用行动来表示自己的诚信，自然会有喜庆的结果。 47.8 六三，困于坚硬的石头和带刺的蒺藜，回到家中一看，妻子不见了，自然是凶险的。

xiàng yuē jù yú jí lí chéng gāng
47.9 《象》曰："据于蒺藜"，乘刚
yě rù yú qí gōng bú jiàn qí qī bù xiáng yě
也。"入于其宫，不见其妻"，不祥也。

jiǔ sì lái xú xú kùn yú jīn chē lìn yǒu zhōng
47.10 九四：来徐徐，困于金车，吝有终。

xiàng yuē lái xú xú zhì zài xià
47.11 《象》曰："来徐徐"，志在下
yě suī bù dāng wèi yǒu yǔ yě
也。虽不当位，有与也。

jiǔ wǔ yì yuè kùn yú chì fú nǎi xú yǒu
47.12 九五：劓刖，困于赤绂，乃徐有
tuō lì yòng jì sì
说，利用祭祀。

xiàng yuē yì yuè zhì wèi dé yě
47.13 《象》曰："劓刖"，志未得也。
nǎi xú yǒu tuō yǐ zhōng zhí yě lì yòng jì
"乃徐有说"，以中直也。"利用祭
sì shòu fú yě
祀"，受福也。

【译 文】47.9《小象传》说：困于带刺的蒺藜当中，是因为六三以柔乘刚的缘故。回到家中一看，妻子不见了，是不吉祥的兆头。 47.10九四，缓缓而来，原来是被豪华坚固的车子挡住，有些遗憾，但是最终能够脱困。 47.11《象传》说：缓缓而来，因为九四一心想着帮助下面的人脱困。虽然所处的位置不恰当，但是有下面的初六相应，反而比较容易脱困。 47.12九五：割掉鼻子、砍掉脚，虽然位置尊贵，但身处困境也无能为力，慢慢地会脱离困境，用祭祀来表明诚意是有利的。 47.13《象传》说：割掉鼻子、砍掉脚，无法达到志向。慢慢地会脱离困境，因为守持正道，正直行事。用祭祀来表明诚意，诚心相待，彼此得福。

47.14 上六，“困于葛藟”，于臲卼。曰动悔。有悔，征吉。

47.15 《象》曰：“困于葛藟”，未当也。“动悔，有悔”，吉行也。

【译 文】 47.14 上六：被葛藤缠住，摇摇晃晃，处境艰险，一动就会招来悔恨。但还是要继续往前走，才能脱离险境，获得吉祥。 47.15《象传》说：被葛藤缠住，摇摇晃晃，处境艰险，说明所处的位置不恰当。虽然一动就会招来悔恨，但还是要继续往前走，因为只有这样才能脱离险境，获得吉祥。

【现代启示】当碰到危险，遭遇困境的时候，要看得远一点儿，自然能看到光明，从而充满喜悦。当人充满喜悦的时候，就不会昏了头，反而容易找到出路。所以，我们所应该做到的就是虽然身处困境，但不失泰然之心。

井卦第四十八

孔子说“井，德之地也”，井之所以能跟德联系在一起，是因为通过看某一个地方的井，就能清楚地知道周围人的品德修养怎么样。

48.1 井，改邑不改井，无丧无得，往来井井。汔至，亦未繘井，羸其瓶，凶。

48.2 《彖》曰：巽乎水而上水，井，井养而不穷也。“改邑不改井”，乃以刚中也。“汔至，亦未繘井”，未有功也。“羸其瓶”，是以凶也。

【译 文】48.1 井卦象征君子的品德，居住的地方改了，但是井还在那个地方发挥它的功能，不会随着人而迁徙，没有失也没有得，任凭人来人往。汲水的桶已经到达了井口，但还没有移出来到达井的旁边，却把桶打翻了，是有凶险的。 48.2《彖传》说：井卦，上卦为坎为水，下卦为巽为风，进水又出水，这就是井的功能，即源源不断地供养大家。井不会随着人而迁徙，始终守持着井道，九二跟九五阳刚坚强，密切配合，使井水保持稳定。汲水的桶已经到达了井口，但还没有移出来到达井的旁边，却把桶打翻了，这说明井的功能还没有实现，是有凶险的。

xiàng yuē mù shàng yǒu shuǐ jǐng jūn zǐ

48.3 《象》曰：木上有水，井。君子

yǐ láo mín quàn xiàng

以劳民劝相。

chū liù jǐng ní bù shí jiù jǐng wú qín

48.4 初六：井泥不食，旧井无禽。

xiàng yuē jǐng ní bù shí xià yě

48.5 《象》曰：“井泥不食”，下也。

jiù jǐng wú qín shí shě yě

“旧井无禽”，时舍也。

jiǔ èr jǐng gǔ yì fù wèng bì lòu

48.6 九二：井谷射鲋，瓮敝漏。

xiàng yuē jǐng gǔ shè fù wú jǔ yě

48.7 《象》曰：“井谷射鲋”，无与也。

jiǔ sān jǐng xiè bù shí wéi wǒ xīn cè kě yòng

48.8 九三：井渫不食，为我心恻。可用

jí wáng míng bìng shòu qí fú

汲，王明并受其福。

【译文】48.3《象传》说：井卦的卦象是巽（木）下坎（水）上，用木桶把水提上来，井的功能才算完成。君子看到这种现象就知道要为人民而操劳，劝人民相互帮助。 48.4 初六，井底下的淤泥使水变得浑浊，不能再喝，旧井荒废久了，连鸟禽都不来喝水。 48.5《小象传》说：井底下的淤泥使得水变浑浊，不能再喝，表示初六在井的最底下。旧井荒废久了，连鸟禽都不来喝水，说明不能与时俱进，被时代所舍弃。 48.6 九二，把射井里的小鱼当作游戏来玩，汲水的容器不但破旧，而且还漏水。 48.7《小象传》说：把射井里的小鱼当作游戏来玩，因为九二跟九五不相应，得不到九五的帮忙和提拔，于是便去跟下面的初六亲近，以致造成向下沉沦的症状。 48.8 九三，把井整治好了，但是还是没有人来饮用，心中不免失望难过。可以用来饮用，等到贤明的君王赏识的时候。

48.9 《象》曰：“井渫不食”，行恻也。求“王明”，受福也。

48.10 六四：井甃，无咎。

48.11 《象》曰：“井甃，无咎”，修井也。

48.12 九五：井洌，寒泉食。

48.13 《象》曰：“寒泉”之食，中正也。

48.14 上六：井收，勿幕。有孚，元吉。

48.15 《象》曰：“元吉”在上，大成也。

【译 文】48.9《小象传》说：把井整治好了，但是还是没有人来饮用，心中不免失望难过。乞求上面的人赏识，但不能心急，迟早会得到重用。 48.10 六四：用砖头来修砌井，没有祸患。 48.11《象传》说：用砖头来修砌井，没有祸患，说明一定要妥善把井修好，不能马虎大意，才能免除祸患。 48.12 九五：井水很清澈，像甘泉一样，可以直接饮用。 48.13《象传》说：井水很清澈，像甘泉一样，可以直接饮用，说明九五居中当位，能够守持正道，态度公正，不偏不倚。 48.14 上六：井的功能完成了，不要用盖子盖起来。心怀诚信，一定是大吉大利的。 48.15《象传》说：上六高高在上，大吉大利，说明水井养人的大功告成。

【现代启示】做事情要规规矩矩、完完整整，就算做了百分之九十九，只要最后那百分之一没有做好，也是会前功尽弃、徒劳无功的。

gé guà dì sì shí jiǔ

革卦第四十九

当东西用久了，当事情演变得越来越差，当人越走越歪时，就要革新求变。

gé sì rì nǎi fú yuán hēng lì zhēn huǐ wáng

49.1 革，己日乃孚，元亨。利贞，悔亡。

tuàn yuē gé shuǐ huǒ xiāng xī èr nǚ tóng jū qí zhì bù xiāng dé yuē gé sì rì nǎi fú gé ér shēn zhī wén míng yǐ yuè dà hēng yǐ zhèng gé ér dàng qí huǐ nǎi wáng tiān dì gé ér sì shí chéng tāng wǔ gé mìng shùn hū tiān ér yìng hū rén gé zhī shí yì dà yǐ zāi

49.2 《彖》曰：革，水火相息，二女同居，其志不相得，曰革。“己日乃孚”，革而信之。文明以说，大亨以正。革而当，其悔乃亡。天地革而四时成，汤武革命，顺乎天而应乎人。革之时义大矣哉！

【译 文】49.1 革卦象征革新，只有当改革成果显现之后，才能使人信服。能够在破坏之后给大家带来大通、大利、大正，才能消除悔恨。 49.2《彖传》说：革卦，下卦为离为火，上卦为泽为水，水火不相容，就像两个女人同住在一个屋子里，却完全没有共识，这就是革的状况。只有当改革成果显现之后，才能使人信服，获得人民的响应。创造一个新的文明，使百姓心生喜悦，才能大吉大利。大为亨通而守持正固，这样变革就稳妥适当。天地阴阳互动，四时循环往复。汤武革命之所以能够成功，是顺应天道和民心的结果，可见革的时机是非常重要的。

xiàng yuē zé zhōng yǒu huǒ gé jūn zǐ
49.3 《象》曰：泽中有火，革。君子
yǐ zhì lì míng shí
以治历明时。

chū jiǔ gǒng yòng huáng niú zhī gé
49.4 初九：巩用黄牛之革。

xiàng yuē gǒng yòng huáng niú bù kě
49.5 《象》曰："巩用黄牛"，不可
yǐ yǒu wéi yě
以有为也。

liù èr sì rì nǎi gé zhī zhēng jí wú jiù
49.6 六二：已日乃革之，征吉，无咎。

xiàng yuē sì rì gé zhī xíng
49.7 《象》曰："已日""革之"，行
yǒu jiā yě
有嘉也。

jiǔ sān zhēng xiōng zhēn lì gé yán sān jiù yǒu fú
49.8 九三：征凶，贞厉。革言三就，有孚。

xiàng yuē gé yán sān jiù yòu hé zhī yǐ
49.9 《象》曰："革言三就"，又何之矣？

【译 文】49.3《象传》说：革卦的卦象是离（火）下兑（泽）上，水想熄灭火，火想烤干水，水火不相容。君子看到这种现象就知道要制定历法来明辨四时的变化。 49.4 初九：用黄牛的皮牢牢捆住。 49.5《象传》说：用黄牛的皮牢牢捆住，因为现在地位低下，要耐心等待，不能轻举妄动。 49.6 六二：等到合适的时机，进行革命，响应上面（九五）的号召，可获吉祥，不会有祸患。 49.7《象传》说：等到合适的时机，进行革命，才会获得好的结果。 49.8 九三：变革会有凶险，虽然行为正当、想法很对，但是草率冒进，会有危险。变革需要经过长期的准备，反反复复才能成功，因而要小心谨慎，赢得大众的支持和信赖。 49.9《象传》说：变革需要经过长期的准备，反反复复才能成功，所以不要急于求成。

49.10 九四：悔亡，有孚改命，吉。

49.11 《象》曰："改命"之吉，信志也。

49.12 九五：大人虎变，未占有孚。

49.13 《象》曰："大人虎变"，其文炳也。

49.14 上六：君子豹变，小人革面。征凶，居贞吉。

49.15 《象》曰："君子豹变"，其文蔚也。"小人革面"，顺以从君也。

【译文】49.10 九四：后悔消除掉，心怀诚信，根据情况做出适当调整，就能改变命运，自然吉祥。 49.11《象传》说：根据情况做出适当调整，就能改变命运，获得吉祥，这是志向坚定的缘故。 49.12 九五：当政者像猛虎那样，下定决心要改革，不必占卜就知道他心怀诚信。 49.13《象传》说：当政者像猛虎那样，下定决心要改革，说明很有威严，让大家很受鼓舞。 49.14 上六：君子像有斑纹的豹子那样进行变革，连小人也顺应变革改变旧日倾向。急进会有凶险，居而守正可以得到吉祥。 49.15《象传》说：君子像有斑纹的豹子那样进行变革，也能给革命者一定帮助，让改革的成果锦上添花。连小人也顺应变革改变旧日倾向，说明大势所趋，小人也不得不顺从君子的变革。

【现代启示】人不能不革，做错了事，就要改变，改变也是一种革，所以革有大有小。大事阻力比较大，需要下定决心，但不要急进；小事比较容易看到结果怎么样，可以比较放心地去做。

dǐng guà dì wǔ shí

鼎卦第五十

鼎本来是古代烹煮用的器物，在中华文化中，用以比喻国家和帝王。鼎卦排在革卦之后，代表着改革后国家迎来新的时代。

dǐng yuán jí hēng

50.1 鼎，元吉亨。

tuàn yuē dǐng xiàng yě yǐ mù xùn huǒ pēng rèn yě shèng rén pēng yǐ xiǎng shàng dì ér dà pēng yǐ yǎng shèng xián xùn ér ěr mù cōng míng róu jìn ér shàng xíng dé zhōng ér yìng hū gāng shì yǐ yuán hēng

50.2 《彖》曰：鼎，象也。以木巽火，亨饪也。圣人亨以享上帝，而大亨以养圣贤。巽而耳目聪明，柔进而上行，得中而应乎刚。是以元亨。

xiàng yuē mù shàng yǒu huǒ dǐng jūn zǐ yǐ zhèng wèi níng mìng

50.3 《象》曰：木上有火，鼎。君子以正位凝命。

【译文】50.1 鼎卦象征革故鼎新，人民幸福，政令通达，十分吉祥，亨通顺利。50.2《彖传》说：鼎这个卦名，取自鼎的全像。木头在鼎底下，用来烧火，以烹饪食物。圣人用烹饪的食物来祭祀上天，并用丰盛的食物来供养圣贤。六五耳聪目明，柔顺并去跟上面的人（上九）亲比，位置居中并与阳刚的上九相配合，老百姓才能够普遍得到幸福，自然吉祥亨通。 50.3《象传》说：鼎卦的卦象是巽（风）下离（火）上，巽在这里代表木，木头上面有火，火的热量不断向上传，以烹饪食物。君子看到这种现象就知道要摆正位置，凝聚力量，以完成自身使命。

chū liù dǐng diān zhǐ lì chū pǐ dé qiè yǐ
50.4 初六：鼎颠趾，利出否。得妾以
qí zǐ wú jiù
其子，无咎。

xiàng yuē dǐng diān zhǐ wèi bèi
50.5 《象》曰：“鼎颠趾”，未悖
yě lì chū pǐ yǐ cóng guì yě
也。“利出否”，以从贵也。

jiǔ èr dǐng yǒu shí wǒ chóu yǒu jí bù wǒ
50.6 九二：鼎有实，我仇有疾，不我
néng jí jí
能即，吉。

xiàng yuē dǐng yǒu shí shèn suǒ zhī
50.7 《象》曰：“鼎有实”，慎所之
yě wǒ chóu yǒu jí zhōng wú yóu yě
也。“我仇有疾”，终无尤也。

jiǔ sān dǐng ěr gé qí xíng sè zhì gāo bù
50.8 九三：鼎耳革，其行塞，雉膏不
shí fāng yù kuī huǐ zhōng jí
食。方雨亏悔，终吉。

【译文】50.4 初六：鼎的脚颠倒了，利于倒出里面的脏物。妾生了儿子被扶正，看起来不太对，但也不会有祸患。 50.5《象传》说：鼎的脚颠倒了，并没有违反常理。这样有利于倒出里面的脏物，再加入新的被崇尚的食物说明革命之后除旧布新。 50.6 九二：鼎里面装满了食物，好比有才能的人被压制，但是施压的人本身有缺陷，也不能怎么样，最后还是会获得吉祥的。 50.7《象传》说：鼎里面装满了食物，好比有才能的人被压制，这时候要谨慎行事，不能投机取巧。施压的人本身有缺陷，也不能怎么样，所以终究还是有出头之日的。 50.8 九三：鼎耳被除掉，无法移动鼎，以致鲜美的野鸡汤大家没有品尝到。等到下雨的时候，悔恨消除，就会获得吉祥。

xiàng yuē dǐng ěr gé shī qí yì yě
50.9 《象》曰："鼎耳革"，失其义也。

jiǔ sì dǐng zhé zú fù gōng sù qí xíng
50.10 九四：鼎折足，覆公𫗧，其形

wò xiōng
渥，凶。

xiàng yuē fù gōng sù xìn rú hé yě
50.11 《象》曰："覆公𫗧"，信如何也？

liù wǔ dǐng huáng ěr jīn xuàn lì zhēn
50.12 六五：鼎黄耳，金铉。利贞。

xiàng yuē dǐng huáng ěr zhōng yǐ
50.13 《象》曰："鼎黄耳"，中以

wéi shí yě
为实也。

shàng jiǔ dǐng yù xuàn dà jí wú bú lì
50.14 上九：鼎玉铉，大吉无不利。

xiàng yuē yù xuàn zài shàng gāng róu
50.15 《象》曰："玉铉"在上，刚柔

jié yě
节也。

【译 文】50.9《象传》说：鼎耳被除掉，无法移动鼎，失去了它本来的功能。50.10 九四：鼎的足折断了，把给王公的食物倾倒出来，搞得外面脏兮兮的，是有凶险的。50.11《象传》说：把给王公的食物倾倒出来，说明政府任用非人，怎么能得到百姓的信任呢？50.12 六五：鼎耳是空的，利用坚硬的金铉来操作鼎，守持正道是有好处的。 50.13《象传》说：鼎耳是空的，利用坚硬的金铉来操作鼎，说明六五居中，守持正道会得到好处。50.14 上九：利用温润的玉铉来操作鼎，非常吉祥，无所不利。 50.15《象辞》说：利用温润的玉铉来操作鼎，刚柔相济，节制得宜。

【现代启示】经历变革之后，一切都是崭新的开始，这时更需要我们谨慎小心，节制得宜。

zhèn guà dì wǔ shí yī

震卦第五十一

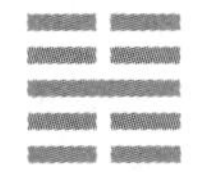

震卦象征震动，震动的时候，大家往往会恐惧。

zhèn hēng zhèn lái xì xì xiào yán è è

51.1 震，亨。震来虩虩，笑言哑哑。

zhèn jīng bǎi lǐ bú sàng bǐ chàng

震惊百里，不丧匕鬯。

tuàn yuē zhèn hēng zhèn lái xì xì

51.2 《彖》曰："震，亨。震来虩虩"，

kǒng zhì fú yě xiào yán è è hòu yǒu zé yě

恐致福也；"笑言哑哑"，后有则也。

zhèn jīng bǎi lǐ jīng yuǎn ér jù ěr yě chū kě

"震惊百里"，惊远而惧迩也。出可

yǐ shǒu zōng miào shè jì yǐ wéi jì zhǔ yě

以守宗庙社稷，以为祭主也。

xiàng yuē jiàn léi zhèn jūn zǐ yǐ kǒng

51.3 《象》曰：洊雷，震。君子以恐

jù xiū xǐng

惧修省。

【译 文】51.1 震卦象征震动，亨通。震来的时候，大家惊恐万分，君子却能够处之泰然，言笑如故。雷声震惊百里，主持祭祀的太子却很镇静，手里的木匙和酒杯都没有丢掉。

51.2《彖传》说：震，会带来亨通。震来的时候，大家惊恐万分，但是恐惧会带来福气。君子能够处之泰然，言笑如故，是因为有先前的教训，不敢违背法则。雷声震惊百里，远近的人都非常害怕。太子在皇帝出巡的时候要主持国家大典和祭祀，因为他是名正言顺的祖继者。

51.3《大象传》说：震卦的卦象是震（雷）下震（雷）上，两雷相重叠，雷接二连三而来。君子看到这种现象就要知道遭遇到惊恐的时候，要反省自身。

chū jiǔ zhèn lái xì xì hòu xiào yán è è jí
51.4 初九：震来虩虩，后笑言哑哑，吉。

xiàng yuē zhèn lái xì xì kǒng zhì fú
51.5 《象》曰："震来虩虩"，恐致福
yě xiào yán è è hòu yǒu zé yě
也；"笑言哑哑"，后有则也。

liù èr zhèn lái lì yì sàng bèi jī yú jiǔ
51.6 六二：震来厉。亿丧贝。跻于九
líng wù zhú qī rì dé
陵，勿逐，七日得。

xiàng yuē zhèn lái lì chéng gāng yě
51.7 《象》曰："震来厉"，乘刚也。

liù sān zhèn sū sū zhèn xíng wú shěng
51.8 六三：震苏苏，震行无眚。

xiàng yuē zhèn sū sū wèi bù dāng yě
51.9 《象》曰："震苏苏"，位不当也。

jiǔ sì zhèn zhuì ní
51.10 九四：震遂泥。

【译 文】51.4 初九：震来的时候，大家惊恐万分，周全地去顾虑各种可能发生的危险，做好防备，就可以言笑自若，自然可获得吉祥。 51.5《象传》说：震来的时候，大家惊恐万分，但是恐惧会带来福气。言笑自若是因为周全地去考虑各种可能发生的危险，归纳出法则来应对。 51.6 六二：震来的时候很猛烈，大家觉得很危险、很害怕。平常当作宝贝的财产，现在当着我们的面被搞得乱七八糟。跑到比较高的地方躲避，不要去追寻，灾难过去自然失而复得。 51.7《象传》说：震来的时候很猛烈，因为六二乘凌在阳刚的初九之上。51.8 六三：震来的时候恐惧不安，但能够谨慎行事，就没有灾难。 51.9《象传》说：震来的时候恐惧不安，因为六三爻所处的位置不当。 51.10 九四：堕落到泥淖里面，爬不出来。

xiàng yuē zhèn zhuì ní wèi guāng yě
51.11 《象》曰：“震遂泥”，未光也。

liù wǔ zhèn wǎng lái lì yī wú sàng yǒu shì
51.12 六五：震往来厉。亿，无丧有事！

xiàng yuē zhèn wǎng lái lì wēi xíng
51.13 《象》曰：“震往来厉”，危行
yě qí shì zài zhōng dà wú sàng yě
也。其事在中，大无丧也。

shàng liù zhèn suǒ suǒ shì jué jué zhēng xiōng zhèn
51.14 上六：震索索，视矍矍。征凶，震
bù yú qí gōng yú qí lín wú jiù hūn gòu yǒu yán
不于其躬。于其邻，无咎。婚媾有言。

xiàng yuē zhèn suǒ suǒ wèi dé zhōng yě
51.15 《象》曰：震索索，未得中也。
suī xiōng wú jiù wèi lín jiè yě
虽凶无咎，畏邻戒也。

【译 文】51.11《象传》说：堕落到泥淖里面，爬不出来，说明志向还没有实现，需要继续奋斗下去。 51.12 六五：越往上震动越强烈，非常危险。没有损失什么东西，要谨慎行事，有自己的主张。 51.13《象传》说：越往上震动越强烈，实在非常危险。每件事都追求合理，就不会有什么损失。 51.14 上六：害怕震动，恐惧不安，畏惧难行，东张西望，继续往前走，会有凶险。但还没有震到自己，只是震到邻近的地区，不会有祸患。闲言琐语一大堆，要采取合理的因应方式。 51.15《象传》说：害怕震动，恐惧不安，畏惧难行，东张西望，因为上六位于震卦的最上面，找不到合理点，顾虑太多，失心太重。虽然有危险但不会有祸患，是因为看到邻近地区发生的情况，引以为戒。

【现代启示】震动来临时，不要畏惧惶恐，要沉着冷静，要擅于吸取先前的教训，这样就知道以后该怎么去预防，怎么面对，怎么保存最需要的东西。

gèn guà dì wǔ shí èr
艮卦第五十二

艮卦象征停止。每个人所能做的事情是有限的，所以人要知道守分，该做的才做，不该做的就不要做。

52.1 gèn qí bèi，bú huò qí shēn；xíng qí tíng bú jiàn qí rén。wú jiù。

艮其背，不获其身；行其庭不见其人。无咎。

52.2 tuàn yuē：gèn，zhǐ yě。shí zhǐ zé zhǐ，shí xíng zé xíng，dòng jìng bù shī qí shí，qí dào guāng míng。gèn qí zhǐ，zhǐ qí suǒ yě。shàng xià dí yìng，bù xiāng yǔ yě。shì yǐ "bú huò qí shēn，xíng qí tíng，bú jiàn qí rén，wú jiù" yě。

《彖》曰：艮，止也。时止则止，时行则行，动静不失其时，其道光明。艮其止，止其所也。上下敌应，不相与也。是以"不获其身，行其庭，不见其人，无咎"也。

【译文】52.1 艮卦象征停止，只看到一个人的背面，看不到他的前面；同在一个庭院里行走，却看不到对方的样子。不会有祸患。 52.2《彖传》说：艮，止的意思。应该止的时候，一定要止；应该动的时候，不能不动。动静依据时的变化来调整，才会越走越光明。艮卦各爻，皆止于其所。六个爻，两两不相应，同性相斥。所以只能看到一个人的背面，看不到他的前面，同在一个庭院里行走，也看不到对方的样子，但这样不会有祸患。

52.3 xiàng yuē jiān shān gèn jūn zǐ yǐ sī bù chū qí wèi
《象》曰：兼山，艮。君子以思不出其位。

52.4 chū liù gèn qí zhǐ wú jiù lì yǒng zhēn
初六：艮其趾，无咎。利永贞。

52.5 xiàng yuē gèn qí zhǐ wèi shī zhèng yě
《象》曰："艮其趾"，未失正也。

52.6 liù èr gèn qí féi bù zhěng qí suí qí xīn bú kuài
六二：艮其腓，不拯其随，其心不快。

52.7 xiàng yuē bù zhěng qí suí wèi tuì tīng yě
《象》曰："不拯其随"，未退听也。

52.8 jiǔ sān gèn qí xiàn liè qí yín lì xūn xīn
九三：艮其限，列其夤，厉薰心。

【译 文】52.3《象传》说：艮卦的卦象是艮（山）下艮（山）上，两山重叠，山外有山，爬上了这座山，还有下一座山，连绵起伏，好像没有穷尽。君子看到这种现象就知道要守分尽责，该做的才去做，不该做的就不要做。 52.4 初六：能够及时地把想动的脚趾控制住，就没有后遗症。要永远保持这种好的、能够及时停止的习惯。 52.5《象传》说：能够及时地把想动的脚趾控制住，说明没有违反正道。 52.6 六二：控制住小腿的行动，不追随上面（九三）的指挥，心中不愉快。 52.7《象传》说：不追随上面的指挥，说明六二明明知道一定要听九三的话，却由于自身软弱不得不退而听初六的话。 52.8 九三：控制下面的行动，辛苦得连脊背上的肉都好像裂开一样，心好像烈火在灼烧一样。

xiàng yuē gèn qí xiàn wēi xūn xīn yě
52.9 《象》曰：“艮其限”，危薰心也。

liù sì gèn qí shēn wú jiù
52.10 六四：艮其身，无咎。

xiàng yuē gèn qí shēn zhǐ zhū gōng yě
52.11 《象》曰：“艮其身”，止诸躬也。

liù wǔ gèn qí fǔ yán yǒu xù huǐ wáng
52.12 六五：艮其辅，言有序，悔亡。

xiàng yuē gèn qí fǔ yǐ zhōng zhèng yě
52.13 《象》曰：“艮其辅”，以中正也。

shàng jiǔ dūn gèn jí
52.14 上九：敦艮，吉。

xiàng yuē dūn gèn zhī jí yǐ
52.15 《象》曰：“敦艮”之“吉”，以

hòu zhōng yě
厚终也。

【译 文】52.9《象传》说：控制下面的行动，由于处于上下交界的地方，上下沟通不良，所以很焦灼，好像心被火灼烧一样。 52.10 六四：管住自身，没有祸患。 52.11《象传》说：管住自身，说明我们可以管住自己，但还没有办法去安人。 52.12 六五：控制住自己的嘴巴，说话合理有序，悔恨会消除。 52.13《象传》说：控制住自己的嘴巴，说明六五居于中位，行为正直，非理不言。 52.14 上九：敦厚又懂得适可而止，自然吉祥。 52.15《象传》说：敦厚又懂得适可而止，自然吉祥，说明能够慎始并始终保持敦厚的德行。

【现代启示】修行，要从起心动念开始。若能抑制得住起心动念，能够让它由偏而正，那就了不起。

jiàn guà dì wǔ shí sān
渐卦第五十三

渐卦用女子出嫁经过一系列婚聘程序，以鸿雁往来有时、先后有序来作比喻。

jiàn nǚ guī jí lì zhēn
53.1 渐，女归吉，利贞。

tuàn yuē jiàn zhī jìn yě nǚ guī jí yě jìn
53.2 《彖》曰：渐之进也，女归吉也。进
dé wèi wǎng yǒu gōng yě jìn yǐ zhèng kě yǐ zhèng bāng yě
得位，往有功也。进以正，可以正邦也。
qí wèi gāng dé zhōng yě zhǐ ér xùn dòng bù qióng yě
其位刚，得中也。止而巽，动不穷也。

xiàng yuē shān shàng yǒu mù jiàn jūn zǐ yǐ
53.3 《象》曰：山上有木，渐。君子以
jū xián dé shàn sú
居贤德善俗。

chū liù hóng jiàn yú gān xiǎo zǐ lì yǒu yán
53.4 初六：鸿渐于干，小子厉，有言
wú jiù
无咎。

【译文】53.1 渐卦象征循序渐进，女子出嫁一步一步按照程序进行，就会获得吉祥，坚守正道是有好处的。 53.2《彖传》说：女子出嫁，遵循渐道，慢慢去进行，出嫁之后才会吉祥。得到合适的位置，并有所表现，有所功劳，才可能步步高升。光明正大，目标明确，一步一步向前走，坚持走到最后的精神，是可以用来治国的。下卦为艮，上卦为巽，九五阳刚居中，知道适可而止，才能不断进步。 53.3《象传》说：渐卦的卦象是艮（山）下巽（风）上，巽代表木，艮代表山，远远看到一座山上有层层树木。君子看到这种现象就知道要循序渐进地修养德行，改良社会风气。 53.4 初六：鸿雁停靠在水岸相连接的地方，小孩儿无知去捉弄鸿雁，大人讲了道理，小孩儿改变了态度，没有祸患。

53.5 《象》曰："小子"之"厉"，义无咎也。

53.6 六二：鸿渐于磐，饮食衎衎，吉。

53.7 《象》曰："饮食衎衎"，不素饱也。

53.8 九三：鸿渐于陆。夫征不复，妇孕不育，凶。利御寇。

53.9 《象》曰："夫征不复"，离群丑也。"妇孕不育"，失其道也。"利用御寇"，顺相保也。

53.10 六四：鸿渐于木，或得其桷，无咎。

【译 文】53.5《象传》说：小孩儿虽然因为无知带来危险，但并没有违背礼义，坚持走正道，自然无咎。 53.6 六二：鸿雁在靠水稍微远一点儿的石头上站稳，开始安全和乐地吃东西，这当然是吉祥的。 53.7《象传》说：和乐地吃东西，说明位置稳定了，但不会无功受禄。 53.8 九三：鸿雁落在了远离水边的陆地上，离群体越来越远。丈夫出征长期不回家，家里的妻子怀孕也不能生育，结果是凶险的。利于抵御盗匪。 53.9《象传》说：丈夫出征长期不回家，这种离群索居的做法是可耻的。妻子怀孕也不能生育，违反了妇道。利于抵御盗匪，因为九三当位，可以做到上下相保。 53.10 六四：鸿雁飞到树上，落在平直的树枝上休息，没有祸患。

xiàng yuē huò dé qí jué shùn yǐ
53.11 《象》曰：“或得其桷”，顺以
xùn yě
巽也。

jiǔ wǔ hóng jiàn yú líng fù sān suì bú yùn zhōng
53.12 九五：鸿渐于陵。妇三岁不孕，终
mò zhī shèng jí
莫之胜，吉。

xiàng yuē zhōng mò zhī shèng jí
53.13 《象》曰：“终莫之胜，吉”，
dé suǒ yuàn yě
得所愿也。

shàng jiǔ hóng jiàn yú lù qí yǔ kě yòng wéi
53.14 上九：鸿渐于陆，其羽可用为
yí jí
仪，吉。

xiàng yuē qí yǔ kě yòng wéi yí jí
53.15 《象》曰：“其羽可用为仪，吉”，
bù kě luàn yě
不可乱也。

【译文】53.11《象传》说：落在平直的树枝上休息，说明六四柔和顺从。 53.12 九五：鸿雁飞过高山。妻子三年没有怀孕，但守持正道，最终能化解隔阂，获得吉祥。 53.13《象传》说：最终能化解隔阂，获得吉祥，从而得到自己所需要的东西。 53.14 上九：鸿雁飞过了高陵，慢慢地回到陆地上来，羽毛洁美漂亮可以作为表率，是吉祥的。 53.15《象传》说：羽毛洁美漂亮可以作为表率，是吉祥的，因为注重自身仪表，维持以前的风范，懂得功成身退，不利令智昏。

【现代启示】做任何事情都不能只要求快，不要不顾程序、不顾过程，最好按部就班，循序渐进，而且要保持心思端正，态度良好，这样自然会有发展的机会，自然越来越勇，进而一路顺利。

guī mèi guà dì wǔ shí sì

归妹卦第五十四

归妹一向被认为是姐妹共嫁一夫如何来相处的卦，但是现在时代背景已变，所以我们把归妹理解成兄弟姐妹共同接受领导。

guī mèi zhēng xiōng wú yōu lì

54.1 归妹。征凶，无攸利。

tuàn yuē guī mèi tiān dì zhī dà yì yě

54.2 《彖》曰：归妹，天地之大义也。

tiān dì bù jiāo ér wàn wù bù xīng guī mèi rén zhī zhōng

天地不交而万物不兴。归妹，人之终

shǐ yě yuè yǐ dòng suǒ guī mèi yě zhēng xiōng

始也。说以动，所归妹也。“征凶”，

wèi bù dāng yě wú yōu lì róu chéng gāng yě

位不当也。“无攸利”，柔乘刚也。

xiàng yuē zé shàng yǒu léi guī mèi jūn zǐ

54.3 《象》曰：泽上有雷，归妹。君子

yǐ yǒng zhōng zhī bì

以永终知敝。

【译 文】54.1 归妹卦象征二女共嫁一夫，争斗必有凶祸，没有什么好处。 54.2《彖传》说：归妹，男人到了适婚的年龄，就要结婚娶妻；女人到了适婚的年龄，就要出嫁。男婚女嫁，这是天地的大义。天地不交合变化，万物就不能兴旺成长。男女之间没有婚配，人类就不可能生生不息。下卦为兑为泽，上卦为震为雷，两情相悦，就可以行婚配之事。争斗必有凶祸，从九二、六三、九四、六五四爻都不当位可以得知。没有什么好处，因为六三在九二之上，六五在九四之上，都是以阴乘阳，以柔乘刚。 54.3《象传》说：归妹卦的卦象是兑（泽）下震（雷）上，雷先动，泽水也跟着动。君子看到这种现象就知道要保持永远有结果的决心，慎终以始。

chū jiǔ guī mèi yǐ dì bǒ néng lǚ zhēng jí
54.4 初九：归妹以娣，跛能履，征吉。

xiàng yuē guī mèi yǐ dì yǐ héng yě bǒ néng lǚ jí xiāng chéng yě
54.5 《象》曰："归妹以娣"，以恒也。"跛能履"，吉相承也。

jiǔ èr miǎo néng shì lì yōu rén zhī zhēn
54.6 九二：眇能视，利幽人之贞。

xiàng yuē lì yōu rén zhī zhēn wèi biàn cháng yě
54.7 《象》曰："利幽人之贞"，未变常也。

liù sān guī mèi yǐ xū fǎn guī yǐ dì
54.8 六三：归妹以须，反归以娣。

xiàng yuē guī mèi yǐ xū wèi dàng yě
54.9 《象》曰："归妹以须"，未当也。

jiǔ sì guī mèi qiān qī chí guī yǒu shí
54.10 九四：归妹愆期，迟归有时。

【译文】54.4 初九：妹妹跟随姐姐一起出嫁，好像跛了一只脚，但还能走路，慢慢稳当地往前，还是可以获得吉顺的。 54.5《象传》说：妹妹跟随姐姐一起出嫁，要以正道相承，合乎恒久之义。好像跛了一只脚，但还能走路，说明妹妹要安分守己，才可以获得吉祥。 54.6 九二：妹妹跟随姐姐一起出嫁，好比一只眼睛是看不清楚，必须守正淡定，很多事情不计较才对自己有利。 54.7《象传》说：必须守正淡定，很多事情不计较才对自己有利，说明能够遵守礼仪规则。 54.8 六三：在追随姐姐出嫁这件事上，妹妹一定要考虑清楚，执意前往就要知道自己做正室的愿望实现不了，只能反过来以"娣"的身份陪姐姐出嫁。 54.9《象传》说：在追随姐姐出嫁这件事上，妹妹一定要考虑清楚，不能有非分之想，否则就违反了正道，是不恰当的。 54.10 九四：错过了出嫁的日期，说明妹妹不愿意随姐姐出嫁，那就等待更好的时机再出嫁。

xiàng yuē qiān qī zhī zhì yǒu dài ér
xíng yě
54.11 《象》曰："愆期"之志，有待而行也。

liù wǔ dì yǐ guī mèi qí jūn zhī mèi bù rú
qí dì zhī mèi liáng yuè jī wàng jí
54.12 六五：帝乙归妹，其君之袂，不如其娣之袂良。月几望，吉。

xiàng yuē dì yǐ guī mèi bù
rú qí dì zhī mèi liáng yě qí wèi zài zhōng yǐ guì
xíng yě
54.13 《象》曰："帝乙归妹"，"不如其娣之袂良也"，其位在中，以贵行也。

shàng liù nǚ chéng kuāng wú shí shì kuī yáng wú
xuè wú yōu lì
54.14 上六：女承筐，无实，士刲羊，无血。无攸利。

xiàng yuē shàng liù wú shí chéng xū kuāng yě
54.15 《象》曰：上六"无实"，承虚筐也。

【译 文】 54.11《象传》说：错过了出嫁的日期，是想等待更好的时机。 54.12 六五：天子的女儿要出嫁，其衣饰反倒不如陪嫁的妹妹。月亮快要圆了，但还没有圆，是吉祥的。54.13《象传》说：天子的女儿要出嫁，其衣饰不如陪嫁的妹妹，但是六五居中，表示还是姐姐居于尊贵的君位。 54.14 上六：少女的竹筐里边空空如也，男人宰杀了一只羊却没有一滴血，都是一无所获，没有什么好处。 54.15《象传》说：上六为阴爻，空虚无实，好比空空的竹筐。

【现代启示】 "永终知敝"，是归妹卦给我们的最大启示，意思是说为了能够持续到最后而不变节，必须事先知道可能发生的种种弊端。一一分析之后，再决定要不要这样做。可如果这样做了，就要坚持到底。

fēng guà dì wǔ shí wǔ

丰卦第五十五

天数和地数相加和为五十五，丰卦之所以被安排在第五十五卦，就是因为掌握了天地之间最大的资源，拥有最大的权势、最多的人民。

fēng hēng wáng gé zhī wù yōu yí rì zhōng

55.1 丰，亨。王假之，勿忧，宜日中。

tuàn yuē fēng dà yě míng yǐ dòng gù

55.2 《彖》曰：丰，大也。明以动，故

fēng wáng gé zhī shàng dà yě wù yōu yí

丰。“王假之”，尚大也。“勿忧，宜

rì zhōng yí zhào tiān xià yě rì zhōng zé zè yuè

日中”，宜照天下也。日中则昃，月

yíng zé shí tiān dì yíng xū yǔ shí xiāo xī ér kuàng

盈则食，天地盈虚，与时消息，而况

yú rén hū kuàng yú guǐ shén hū

于人乎！况于鬼神乎！

xiàng yuē léi diàn jiē zhì fēng jūn zǐ yǐ

55.3 《象》曰：雷电皆至，丰。君子以

zhé yù zhì xíng

折狱致刑。

【译 文】55.1 丰卦象征精神物质双丰收，亨通，君王能够做到这样，就不必忧虑，好比日正当午。 55.2《彖传》说：丰，大。下卦为离为火，上卦为震为雷，光明而活跃，叫作丰。君王有责任做到让局面丰大，这样就不必忧虑，好比日照当空，普照天下。太阳升到天空正中间，很快就开始斜了，月圆之后就开始缺，天地的盈虚变动，随着一定的节气消亡生息。大自然都是这样，更何况人和鬼神！ 55.3《象传》说：丰卦的卦象是离（火）下震（雷）上，电闪雷鸣，君子看到这种现象就知道要公正明确地审理各种诉讼案子，并适当地给予刑罚。

chū jiǔ yù qí pèi zhǔ suī xún wú jiù wǎng yǒu shàng

55.4 初九：遇其配主，虽旬无咎。往有尚。

xiàng yuē suī xún wú jiù guò xún zāi yě

55.5 《象》曰：“虽旬无咎”，过旬灾也。

liù èr fēng qí bù rì zhōng jiàn dǒu wǎng dé yí jí yǒu fú fā ruò jí

55.6 六二：丰其蔀，日中见斗。往得疑疾。有孚发若吉。

xiàng yuē yǒu fú fā ruò xìn yǐ fā zhì yě

55.7 《象》曰：“有孚发若”，信以发志也。

jiǔ sān fēng qí pèi rì zhōng jiàn mèi zhé qí yòu gōng wú jiù

55.8 九三：丰其沛，日中见沬。折其右肱，无咎。

【译文】55.4 初九：遇见相匹敌的人（九四），坚持原则，秉公办事，在一定的限度内不会有祸患，而且还值得推崇和提倡。 55.5《象传》说：在一定的限度内不会有祸患，但超过了限度，破坏了平衡，就会导致灾祸。 55.6 六二：发生了日食，光明受到阻挡，大白天看到北斗星，可见黑暗到了极点。碰到这种情形，不管怎么辩解申诉，只能增加别人的猜疑而已。用自己的诚信来使得真相大白，最后会获得吉祥。 55.7《象传》说：用自己的诚信来使得真相大白，最终会收获信任，实现自己的志向。 55.8 九三：光明受到阻挡，但可以看到零零星星的闪光点，好比右臂断了影响颇大，但最终没有祸患。

xiàng yuē fēng qí pèi bù kě dà shì
55.9 《象》曰：“丰其沛”，不可大事
yě zhé qí yòu gōng zhōng bù kě yòng yě
也。“折其右肱”，终不可用也。

jiǔ sì fēng qí bù rì zhōng jiàn dǒu yù qí
55.10 九四：丰其蔀，日中见斗。遇其
yí zhǔ jí
夷主，吉。

xiàng yuē fēng qí bù wèi bù dāng yě
55.11 《象》曰：“丰其蔀”，位不当也。
rì zhōng jiàn dǒu yōu bù míng yě yù qí yí
“日中见斗”，幽不明也。“遇其夷
zhǔ jí xíng yě
主”，吉行也。

liù wǔ lái zhāng yǒu qìng yù jí
55.12 六五：来章，有庆誉。吉。

xiàng yuē liù wǔ zhī jí yǒu qìng yě
55.13 《象》曰：六五之“吉”，有庆也。

【译文】55.9《象传》说：光明受到阻挡，是不能去做大事的。右臂断了，说明有贤能的人受到打压，不可能有所作为。 55.10 九四：发生了日食，光明受到阻挡，大白天能看到北斗星。遇到初九，会获得吉祥。 55.11《象传》说：发生了日食，光明受到阻挡，说明九四位置不当。大白天能看到北斗星，说明非常黑暗，没有光明。遇到初九，互相配合，互相欣赏，吉祥必然会到来。 55.12 六五：引来贤能之士，为民造福，这是值得庆贺并获得美誉的事，当然吉祥。 55.13《象传》说：六五之所以吉祥，是因为知人善用，实在值得庆贺。

55.14 上六：丰其屋，蔀其家。窥其户，阒其无人。三岁不觌，凶。

55.15 《象》曰："丰其屋"，天际翔也。"窥其户，阒其无人"，自藏也。

【译 文】 55.14 上六：房子很大，整个家好像被阴霾所淹没一样。偷偷透过窗户看，里面一个人都没有。长久不露面，孤立自闭，最后一定有凶险。 55.15《象传》说：房子很大，小鸟可以在里面飞翔。偷偷透过窗户看，里面一个人都没有，因为把自己收藏、封闭了起来。

【现代启示】 越是处于丰盛的局面，越是不能被利益所诱惑，首先应该做的是坚持原则，脚踏实地地做好该做的事。

lǚ guà dì wǔ shí liù
旅卦第五十六

旅卦讲的是无论面对人生，还是生活中的旅行，我们该如何安身立命。

lǚ xiǎo hēng lǚ zhēn jí
56.1 旅，小亨。旅贞吉。

tuàn yuē lǚ xiǎo hēng róu dé zhōng hū wài ér shùn hū gāng zhǐ ér lì hū míng shì yǐ xiǎo hēng lǚ zhēn jí yě lǚ zhī shí yì dà yǐ zāi
56.2 《彖》曰：旅，“小亨”。柔得中乎外而顺乎刚，止而丽乎明，是以“小亨。旅贞吉”也。旅之时义大矣哉！

xiàng yuē shān shàng yǒu huǒ lǚ jūn zǐ yǐ míng shèn yòng xíng ér bù liú yù
56.3 《象》曰：山上有火，旅。君子以明慎用刑而不留狱。

chū liù lǚ suǒ suǒ sī qí suǒ qǔ zāi
56.4 初六：旅琐琐，斯其所取灾。

【译 文】56.1 旅卦象征旅行，有小的亨通。坚守正道，还是可以获得吉祥的。 56.2《彖传》说：旅卦，有小的亨通。下卦为艮，代表止，上卦为离，代表光明。六五居中，柔和顺从，跟上九和九四两个阳刚之爻都处得很好，知道安分守己，适可而止，必然顺利亨通，守持正道，可以获得吉祥。旅的时用是非常重要的。 56.3《象传》说：旅卦的卦象是艮（山）下离（火）上，山上着火，火势汹汹，迅速蔓延。君子看到这种现象就知道要慎重地审理案件，不造成冤狱。 56.4 初六：在旅途当中，遇到很多琐碎的事情，这都是自己找来的麻烦。

xiàng yuē lǚ suǒ suǒ zhì qióng zāi yě
56.5 《象》曰："旅琐琐"，志穷灾也。

liù èr lǚ jí cì huái qí zī dé tóng
56.6 六二：旅即次，怀其资，得童
pú zhēn
仆，贞。

xiàng yuē dé tóng pú zhēn zhōng wú
56.7 《象》曰："得童仆，贞"，终无
yóu yě
尤也。

jiǔ sān lǚ fén qí cì sàng qí tóng pú
56.8 九三：旅焚其次，丧其童仆，
zhēn lì
贞厉。

xiàng yuē lǚ fén qí cì yì yǐ shāng
56.9 《象》曰："旅焚其次"，亦以伤
yǐ yǐ lǚ yǔ xià qí yì sàng yě
矣。以旅与下，其义丧也。

jiǔ sì lǚ yú chù dé qí zī fǔ wǒ xīn
56.10 九四：旅于处，得其资斧，我心
bú kuài
不快。

【译 文】56.5《象传》说：在旅途当中，遇到很多琐碎的事情，很容易有穷途末路之感，失去意志而引起灾难。 56.6 六二：在旅途当中，得到一个居住的场所，别人给予一些生活的物资，而且还安排两个童仆来帮忙照顾，守持正固。 56.7《象传》说：有童仆来帮忙照顾，守持正固，不会有怨尤。 56.8 九三：在旅途当中，住的地方被烧掉了，童仆也跑光了，纵然守持正道也是有危险的。 56.9《象传》说：在旅途当中，住的地方被烧掉了，是件非常悲伤的事情。旅居他乡，却在私下里开展一些活动，已经失去了身为一个旅客应该有的态度。 56.10 九四：暂时旅居在异乡，虽然得到了一些资助，但是心里仍然不痛快。

xiàng yuē lǚ yú chù wèi dé wèi yě
56.11 《象》曰："旅于处"，未得位也。
dé qí zī fǔ xīn wèi kuài yě
"得其资斧"，心未快也。

liù wǔ shè zhì yì shǐ wáng zhōng yǐ yù mìng
56.12 六五：射雉，一矢亡，终以誉命。

xiàng yuē zhōng yǐ yù mìng shàng dài yě
56.13 《象》曰："终以誉命"，上逮也。

shàng jiǔ niǎo fén qí cháo lǚ rén xiān xiào hòu háo táo
56.14 上九：鸟焚其巢。旅人先笑后号咷。
sàng niú yú yì xiōng
丧牛于易，凶。

xiàng yuē yǐ lǚ zài shàng qí yì fén yě
56.15 《象》曰：以旅在上，其义焚也。
sàng niú yú yì zhōng mò zhī wèn yě
"丧牛于易"，终莫之闻也。

【译 文】 56.11《象传》说：暂时旅居异乡，说明九四阳居阴位，位置不当。虽然得到了一些资助，但凡事都得自己动手，心里自然不痛快。 56.12 六五：射野鸡失去了一支箭，最终获得该有的荣誉。 56.13《象传》说：最终获得该有的荣誉，是因为亲近上面，又能跟下面处好关系。 56.14 上九：鸟巢下面有一堆火，随时会把整个巢烧掉。旅居在外的人高高在上，开始很高兴，后来却号啕大哭。失去了牛的那股顺服劲儿，一定有凶险。 56.15《象传》说：旅居在外，还高高在上，一定会引祸上身，非常危险。失去了牛的那股顺服劲儿，即失去了顺应当地环境的心态，结果没有人过问，一定是倒霉的。

【现代启示】 旅行在外，身处异乡，要知道自己是客人，在对当地的状况，诸如风俗习惯、人物势力等都不是很清楚的情况下，最好安分守己，谨言慎行。

xùn guà dì wǔ shí qī

巽卦第五十七

身处外地，一定要谦顺，才能进入新的环境，就好像风一样，虽然很柔，却无孔不入。

xùn xiǎo hēng lì yǒu yōu wǎng lì jiàn dà rén

57.1 巽，小亨。利有攸往，利见大人。

tuàn yuē chóng xùn yǐ shēn mìng gāng xùn hū

57.2 《彖》曰：重巽以申命，刚巽乎

zhōng zhèng ér zhì xíng róu jiē shùn hū gāng shì yǐ xiǎo

中正而志行，柔皆顺乎刚，是以“小

hēng lì yǒu yōu wǎng lì jiàn dà rén

亨。利有攸往，利见大人”。

xiàng yuē suí fēng xùn jūn zǐ yǐ shēn mìng

57.3 《象》曰：随风，巽。君子以申命

xíng shì

行事。

chū liù jìn tuì lì wǔ rén zhī zhēn

57.4 初六，进退，利武人之贞。

【译 文】57.1 巽卦象征谦顺，有小的亨通。以谦顺的态度去做事是有好处的，表现在大人的身上才有利。 57.2《彖传》说：巽卦，下卦是巽，上卦也是巽，二巽重叠，表示发布命令要再三申诉，九五不仅当位，而且令出必行。柔和顺从刚强，所以有小的亨通，以谦顺的态度去做事是有好处的，表现在大人的身上才有利。 57.3《象传》说：巽卦的卦象是巽（风）下巽（风）上，风连续吹来，无孔不入。君子看到这种状况，就领悟到颁布政令的时候，要反复喻晓，一再告知。 57.4 初六：进也不是，退也不是，左右为难，勇武之人要守持正道。

xiàng yuē jìn tuì zhì yí yě lì
57.5 《象》曰：“进退”，志疑也。“利
wǔ rén zhī zhēn zhì zhì yě
武人之贞”，志治也。

jiǔ èr xùn zài chuáng xià yòng shǐ wū fēn ruò
57.6 九二：巽在床下，用史巫纷若。
jí wú jiù
吉，无咎。

xiàng yuē fēn ruò zhī jí dé
57.7 《象》曰：“纷若”之“吉”，得
zhōng yě
中也。

jiǔ sān pín xùn lìn
57.8 九三：频巽，吝。

xiàng yuē pín xùn zhī lìn zhì
57.9 《象》曰：“频巽”之“吝”，志
qióng yě
穷也。

liù sì huǐ wáng tián huò sān pǐn
57.10 六四：悔亡，田获三品。

【译文】57.5《象传》说：进也不是，退也不是，左右为难，是因为对自己的意志产生怀疑。勇武之人要守持正道，治理自己的意志，果断做出决定。 57.6 九二：睡在下床，众说纷纭，效法祝史、巫觋向神明祷告，不但吉祥而且不会有祸患。 57.7《象传》说：众说纷纭，效法祝史、巫觋向神明祷告，是吉祥的，说明九二居中，能够合理衡量大家所讲的话，找出一种普遍能被接受的办法。 57.8 九三：皱眉头，很痛苦，很遗憾。 57.9《象传》说：皱眉头，很痛苦，很遗憾，是因为九三觉得自己阳刚，但势却不够强，志也不够坚，引起别人的提防和反感。 57.10 六四：悔恨消除，去狩猎的时候打到很多的祭品。

xiàng yuē tián huò sān pǐn yǒu gōng yě
57.11 《象》曰：田获三品，有功也。

jiǔ wǔ zhēn jí huǐ wáng wú bú lì wú chū yǒu zhōng xiān gēng sān rì hòu gēng sān rì jí
57.12 九五：贞吉，悔亡，无不利。无初有终，先庚三日，后庚三日。吉。

xiàng yuē jiǔ wǔ zhī jí wèi zhèng zhōng yě
57.13 《象》曰：九五之“吉”，位正中也。

shàng jiǔ xùn zài chuáng xià sàng qí zī fǔ zhēn xiōng
57.14 上九：巽在床下，丧其资斧，贞凶。

xiàng yuē xùn zài chuáng xià shàng qióng yě sàng qí zī fǔ zhèng hū xiōng yě
57.15 《象》曰：“巽在床下”，上穷也。“丧其资斧”，正乎凶也。

【译 文】57.11《象传》说：去狩猎的时候打到很多的祭品，因为六四发挥自己的柔顺之道，面面周全，一定会马到成功。 57.12 九五：坚守正道，会得到吉祥，悔恨消除，无所不利。一开始会有些不顺利，但最后的成果很好。下达新命令要变更的前三天，应该充分地跟大家沟通，后面拟定生效的头三天，再给大家一个缓冲的余地，这样就会非常吉祥。57.13《象传》说：九五之所以获得吉祥，是因为位置居中，守持正道。 57.14 上九：睡在床下，丧失了斧头，就算行得正，最后还是有凶险。 57.15《象传》说：睡在床下，即没有睡觉的地方，说明卑顺过了头，失去了安身立命的场所。丧失了斧头，连决断的能力都没有，就算行得很正，最后还是会有凶险。

【现代启示】要做大事，除了任劳之外，还有一个很重要的条件叫作“不”任怨，因为光是任劳，只能做小事而已。任劳“不”任怨，就不可能处处都谦顺，该争取时就争取，该不干的事情就不干，有意见要及时沟通，甚至反过来影响对方。

duì guà dì wǔ shí bā
兑卦第五十八

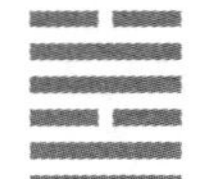

一个人听到好听的话，心里会喜悦；看到美丽的景色，也会感觉到很欣悦。

duì hēng lì zhēn

58.1 兑，亨，利贞。

tuàn yuē duì yuè yě gāng zhōng ér róu wài yuè yǐ lì zhēn shì yǐ shùn hū tiān ér yìng hū rén yuè yǐ xiān mín mín wàng qí láo yuè yǐ fàn nàn mín wàng qí sǐ yuè zhī dà mín quàn yǐ zāi

58.2 《彖》曰：兑，说也。刚中而柔外，说以利贞，是以顺乎天而应乎人。说以先民，民忘其劳；说以犯难，民忘其死。说之大，民劝矣哉！

xiàng yuē lì zé duì jūn zǐ yǐ péng yǒu jiǎng xí

58.3 《象》曰：丽泽，兑。君子以朋友讲习。

【译 文】 58.1 兑卦象征喜悦，亨通，利于坚守正道。 58.2《彖传》说：兑，喜悦。下卦为兑，上卦也为兑，九二、九五阳刚居中，上六柔顺居外，真正的喜悦要守持正道，实实在在，上顺天理，下应人心。如果政府采取措施先让百姓生活安足，他们就会不辞劳苦去为政府服务。如果百姓家庭美满、生活喜悦，就算派他们去服兵役、去御敌，他们也是万死不辞的。兑卦的意义是很重大的，因为它可以劝勉人民同心同德，攻克难关。 58.3《象传》说：兑卦的卦象是兑（泽）下兑（泽）上，两个泽连在一起，就好像两个人谈得很愉快，彼此都把心声毫无保留地吐露出来，而又没有后遗症。两个泽连在一起，使人非常愉快的自然景象，君子看到这个画面就想到自己读了书，有很好的心得，就要找一个谈得来的人，共同分享。

58.4 初九：和兑，吉。

58.5 《象》曰："和兑"之"吉"，行未疑也。

58.6 九二：孚兑，吉，悔亡。

58.7 《象》曰："孚兑"之"吉"，信志也。

58.8 六三：来兑，凶。

58.9 《象》曰："来兑"之"凶"，位不当也。

58.10 九四：商兑未宁，介疾有喜。

【译文】58.4 初九：跟别人和气相处，会获得吉祥。 58.5《象传》说：跟别人和气相处，会获得吉祥，说明行为言语不为别人所怀疑。 58.6 九二：心怀诚信与人和睦相处，不但能获得吉祥而且可以消除悔恨。 58.7《象传》说：心怀诚信与人和睦相处，能获得吉祥，说明诚信在心，不用口舌取悦于人。 58.8 六三：取悦讨好别人，会有凶险。 58.9《象传》说：取悦讨好别人，会有凶险，是因为六三没有摆好自己的位置，没有扮演好自己的角色。 58.10 九四：有事跟大家好好商量，因为所处的环境不是十分安宁，把九五跟六三隔开，不让九五受六三惨祸的牵连，就会有喜庆。

58.11 《象》曰：九四之“喜”，有庆也。

xiàng yuē jiǔ sì zhī xǐ yǒu qìng yě

58.12 九五：孚于剥，有厉。

jiǔ wǔ fú yú bō yǒu lì

58.13 《象》曰：“孚于剥”，位正当也。

xiàng yuē fú yú bō wèi zhèng dāng yě

58.14 上六：引兑。

shàng liù yǐn duì

58.15 《象》曰：上六“引兑”，未光也。

xiàng yuē shàng liù yǐn duì wèi guāng yě

【译 文】58.11《象传》说：九四之喜，是因为对国家、对社会有所贡献，当然值得庆贺。 58.12 九五：听信小人的谗言媚语，是有危险的。 58.13《象传》说：听信小人的谗言媚语，是有危险的，提醒九五要知道自己的位置是正当的，但是行为可能不正当，引来凶祸。 58.14 上六：引导别人和悦相处。 58.15《象传》说：上六引导别人和悦相处，说明如果上六跟九五的关系处得好，就是吉顺的；如果两个利害关系相勾结，将招致凶险。

【现代启示】人在喜悦当中时是最没有抵抗力的。当一个人心里很愉快的时候，警觉性最低、最差，所以即使被喜悦包围，也要做到心中有数，处事得当。

huàn guà dì wǔ shí jiǔ

涣卦第五十九

事物有聚必有散，有散就有聚，散而后再聚，这是常态。涣，就是离散的意思。

59.1
huàn hēng wáng gé yǒu miào lì shè dà chuān
涣，亨。王假有庙，利涉大川，
lì zhēn
利贞。

59.2
tuàn yuē huàn hēng gāng lái ér bù qióng
《彖》曰：涣，亨。刚来而不穷，
róu dé wèi hū wài ér shàng tóng wáng gé yǒu miào
柔得位乎外而上同。“王假有庙”，
wáng nǎi zài zhōng yě lì shè dà chuān chéng mù yǒu
王乃在中也。“利涉大川”，乘木有
gōng yě
功也。

59.3
xiàng yuē fēng xíng shuǐ shàng huàn xiān wáng
《象》曰：风行水上，涣。先王
yǐ xiǎng yú dì lì miào
以享于帝立庙。

【译文】59.1 涣卦象征涣散，要有所作为，才会亨通。君王时常去宗庙祭拜，祈求上天保佑，有利于渡过大河，即克服重重险难，坚守正道是有好处的。 59.2《彖传》说：涣卦，有所作为，才会亨通。下卦为坎，上卦为巽，九二阳刚，不断有风险，六四柔顺并全力配合九五。君王时常去宗庙祭拜，祈求上天保佑，说明九五阳刚居中。乘坐小船，就能渡过大河，化解危险，有所贡献。 59.3《象传》说：涣卦的卦象是坎（水）下巽（风）上，风吹在水面上，水向四周荡漾、散开。先前明智的君王建立帝业的时候，就要建立宗庙，定期去祭祀，并且形成一套制度。

59.4 初六：用拯马壮，吉。

59.5 《象》曰：初六之“吉”，顺也。

59.6 九二：涣奔其机，悔亡。

59.7 《象》曰：“涣奔其机”，得愿也。

59.8 六三：涣其躬，无悔。

59.9 《象》曰：“涣其躬”，志在外也。

59.10 六四：涣其群，元吉。涣有丘，匪夷所思。

59.11 《象》曰：“涣其群，元吉”，光大也。

【译文】59.4 初六：借助强壮有力的马来拯救自己，会获得吉祥。 59.5《象传》说：初六会获得吉祥，是因为顺着九二，以柔顺刚。 59.6 九二：处在涣散之时，奔向可靠的工具（初六），会消除悔恨。 59.7《象传》说：处在涣散之时，奔向可靠的工具（初六），得以脱离险境，实现心中的愿望。 59.8 六三：能够消除切身之乱，没有什么可后悔的。 59.9《象传》说：能够消除切身之乱，是因为六三虽处在一个危险的位置，但其志向在于向外发展，让它能够逃离这个涣散的局面。 59.10 六四：涣散自己的朋党，全力支持君王，就会大吉大利。但是聚成大的群体，并不像想象得那么容易。 59.11《象传》说：涣散自己的朋党，全力支持君王，就会大吉大利，说明没有私心，品行正大光明，被君王信任而有所作为。

59.12 九五：涣汗其大号。涣王居，无咎。
jiǔ wǔ huàn hàn qí dà hào huàn wáng jū wú jiù

59.13 《象》曰："王居，无咎"，正位也。
xiàng yuē wáng jū wú jiù zhèng wèi yě

59.14 上九：涣其血，去逖出，无咎。
shàng jiǔ huàn qí xuè qù tì chū wú jiù

59.15 《象》曰："涣其血"，远害也。
xiàng yuē huàn qí xuè yuǎn hài yě

【译 文】59.12 九五：发号施令，像出汗一样，绝不反悔。终于扭转形势，使涣散复归于凝聚，君王居于至尊之正位，没有祸患。 59.13《象传》说：君王居于至尊之正位，没有祸患，因为九五居中当位。 59.14 上九：危险解除，挺身而出，配合君王慢慢恢复条理有序的社会秩序，不会有祸患。 59.15《象传》说：危险解除，要聚合人心，才能远离涣散的局面。

【现代启示】在涣散的时候，最要紧的就是重新恢复我们应有的价值观。改变是很快的，就怕不去做。不去做，永远不会改变；只要去做，总会有一点一滴累积起来的成果。再怎么样都要争气，尽自己最大的能力，先把自己做好，再去帮助别人。

节卦第六十

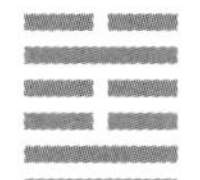

任何事情都必须要有合理的节制，否则会产生很多不好的后遗症。

60.1 节，亨。苦节，不可贞。

60.2 《彖》曰：节"亨"，刚柔分而刚得中。"苦节，不可贞"，其道穷也。说以行险，当位以节，中正以通。天地节而四时成，节以制度，不伤财，不害民。

60.3 《象》曰：泽上有水，节。君子以制数度，议德行。

【译文】60.1 节卦象征节制，调节得好，自然亨通。但是过分节制，不近情理，使大家苦不堪言，并不是正常的现象。 60.2《彖传》说：节卦，调节得好，自然亨通。上卦为坎卦，就是险；下卦为兑卦，就是悦，刚柔分明，节制得宜。过分节制，不近人情，并不是正常的现象。刚柔双方怀着喜悦的心情去克服险难，各自当位，自我节制，特别是居于领导地位的君王，遵循中正之道，才能通达顺利。天地有节奏，四时才会分明，万物才知道如何配合，国家的典章制度要做到两个原则：不伤财，不害民。 60.3《象传》说：泽卦的卦象是兑（泽）下坎（水）上，泽里面有水，要控制水位，以免泛滥造成灾祸。君子要利用"量化"的方法，对自然事物进行合理节制，并用德行来节制自身。

chū jiǔ bù chū hù tíng wú jiù
60.4 初九：不出户庭，无咎。

xiàng yuē bù chū hù tíng zhī tōng sè yě
60.5 《象》曰："不出户庭"，知通塞也。

jiǔ èr bù chū mén tíng xiōng
60.6 九二：不出门庭，凶。

xiàng yuē bù chū mén tíng xiōng shī shí jí yě
60.7 《象》曰："不出门庭，凶"失时极也。

liù sān bù jié ruò zé jiē ruò wú jiù
60.8 六三：不节若，则嗟若，无咎。

xiàng yuē bù jié zhī jiē yòu shuí jiù yě
60.9 《象》曰：不节之嗟，又谁咎也？

liù sì ān jié hēng
60.10 六四：安节，亨。

【译 文】60.4 初九：不走出庭院，没有祸患。 60.5《象传》说：不走出庭院，是因为在发号施令，做任何节制之前，一定要严守机密，不能走漏风声。 60.6 九二：不走出家门，会有凶险。 60.7《象传》说：不走出家门，会有凶险，因为错过了适宜的时间。 60.8 六三：不加节制，任意而为，但能嗟叹悔过，就没有祸患。 60.9《象传》说：不加节制，任意而为，受到了处罚，在那里嗟叹，这是自作自受，又能怪谁呢？ 60.10 六四：安然地接受新的政策来节制自己，可获亨通。

60.11 《象》曰："安节"之"亨"，承上道也。

xiàng yuē ān jié zhī hēng chéng shàng dào yě

60.12 九五：甘节，吉。往有尚。

jiǔ wǔ gān jié jí wǎng yǒu shàng

60.13 《象》曰："甘节"之"吉"，居位中也。

xiàng yuē gān jié zhī jí jū wèi zhōng yě

60.14 上六：苦节，贞，凶。悔亡。

shàng liù kǔ jié zhēn xiōng huǐ wáng

60.15 《象》曰："苦节，贞，凶"。其道穷也。

xiàng yuē kǔ jié zhēn xiōng qí dào qióng yě

【译 文】60.11《象传》说：安然地接受新的政策来节制自己，可获亨通，是因为六四愿意配合并接受上面的节制。 60.12 九五：老百姓心甘情愿听从君王的命令来节制自己，自然吉祥。这种行为，值得推崇和提倡。 60.13《象传》说：老百姓心甘情愿听从君王的命令来节制自己并获得吉祥，说明九五居中守正，政令都很合理。 60.14 上六：过分节制，越坚持，越糟糕；越实践，越倒霉。如果放在自己身上，就没有什么好后悔的，苛刻地压制别人，是不会长久的。 60.15《象传》说：过分节制，越坚持，越糟糕；越实践，越倒霉。因为这样做根本行不通。

【现代启示】人的时间、精力和财力都是有限的，包括我们的身体、寿命也是有限的。既然一切的一切都是有限的，那我们就要做好合理的节制，好好珍惜，并用在最合适、最有价值的地方。但是，节制不等于过分，因为过犹不及。

zhōng fú guà dì liù shí yī

中孚卦第六十一

中孚卦代表诚信。不管是立身还是处事，都应该心怀诚信、广施以仁，不可以居心不诚、弄虚作假。

zhōng fú dùn yú jí lì shè dà chuān lì zhēn

61.1 中孚，豚鱼，吉，利涉大川，利贞。

tuàn yuē zhōng fú róu zài nèi ér gāng dé zhōng yuè ér xùn fú nǎi huà bāng yě dùn yú jí xìn jí dùn yú yě lì shè dà chuān chéng mù zhōu xū yě zhōng fú yǐ lì zhēn nǎi yìng hū tiān yě

61.2 《彖》曰：中孚，柔在内而刚得中。说而巽。孚乃化邦也。“豚鱼吉”，信及豚鱼也。“利涉大川”，乘木舟虚也。中孚以利贞，乃应乎天也。

xiàng yuē zé shàng yǒu fēng zhōng fú jūn zǐ yǐ yì yù huǎn sǐ

61.3 《象》曰：泽上有风，中孚。君子以议狱缓死。

【译 文】61.1 中孚卦象征诚信，合理的诚信能使得很难驯服的小猪、小鱼都有所感应，因此可以化解大难，坚守正道，会获得好处。 61.2《彖传》说：中孚卦，上卦为巽，下卦为兑，六三、六四在整个卦的里面，九二、九五阳刚居中。喜悦而顺从，整个邦国都被感化。很难驯服的小猪、小鱼都有所感应，诚信的力道是很大的。用木头做成小船，可以渡过大河。守持正道，顺应天理，才能长久。 61.3《象传》说：中孚卦的卦象是兑（泽）下巽（风）上，风吹过水面，水面很喜悦地随着风产生波动。君子看到这种景象，就悟出一个道理，要公正地审议讼狱，不造成冤案错杀。

chū jiǔ yú jí yǒu tā bú yàn
61.4 初九：虞吉。有它不燕。

xiàng yuē chū jiǔ yú jí zhì wèi biàn yě
61.5 《象》曰：初九“虞吉”，志未变也。

jiǔ èr míng hè zài yīn qí zǐ hè zhī wǒ yǒu hǎo jué wú yǔ ěr mí zhī
61.6 九二：鸣鹤在阴，其子和之。我有好爵，吾与尔靡之。

xiàng yuē qí zǐ hè zhī zhōng xīn yuàn yě
61.7 《象》曰：“其子和之”，中心愿也。

liù sān dé dí huò gǔ huò pí huò qì huò gē
61.8 六三：得敌，“或鼓或罢”，或泣或歌。

xiàng yuē huò gǔ huò pí wèi bù dāng yě
61.9 《象》曰：“或鼓或罢”，位不当也。

【译 文】61.4 初九：仔细考虑事情是否合乎道德，会获得吉祥。确定自己要实践，就要专心，不能三心二意，否则所有人都会不安。 61.5《象传》说：初九仔细考虑事情是否合乎道德，会获得吉祥，说明初九明辨事理，其意志从未改变。 61.6 鹤在阴暗的地方鸣叫，它的儿子（初九）应和。我有美酒，愿与他人共同分享。 61.7《象传》说：鹤在阴暗的地方鸣叫，它的儿子（初九）应和，表露了它们内心的诚信之德。 61.8 六三：面临敌人（六四），或者击鼓进攻，欢乐而歌；或者撤兵退败，悲伤哭泣。 61.9《象传》说：或者击鼓进攻，或者撤兵退败，都是因为六三位置不当。

61.10 liù sì yuè jī wàng mǎ pǐ wáng wú jiù
六四：月几望，马匹亡，无咎。

61.11 xiàng yuē mǎ pǐ wáng jué lèi shàng yě
《象》曰：“马匹亡”，绝类上也。

61.12 jiǔ wǔ yǒu fú luán rú wú jiù
九五：有孚挛如，无咎。

61.13 xiàng yuē yǒu fú luán rú wèi zhèng dāng yě
《象》曰：“有孚挛如”，位正当也。

61.14 shàng jiǔ hàn yīn dēng yú tiān zhēn xiōng
上九：翰音登于天，贞凶。

61.15 xiàng yuē hàn yīn dēng yú tiān hé kě cháng yě
《象》曰：“翰音登于天”，何可长也？

【译文】61.10 六四：月亮快要满而没有盈，失掉了马匹，不会有祸患。 61.11《象传》说：失掉了马匹，说明六四切断了跟初九的关系，得到君主的信任。 61.12 九五：心怀诚信，牵系百姓，不会有祸患。 61.13《象传》说：心怀诚信，牵系百姓，说明九五居中守正。 61.14 上九：飞鸟往天上飞，声音越来越微弱，一定有凶祸。 61.15《象传》说：飞鸟往天上飞，声音越来越微弱，这怎么会保持长久呢？

【现代启示】诚信需要发自内心，内诚于心才能外信于人，因此真正诚信的人，不管别人如何回馈，都会坚守下去。

xiǎo guò guà dì liù shí èr

小过卦第六十二

人生难免有些小过失以及过分的事情，如果因此什么都不敢尝试，就会搞得自己寸步难行，反而得不到宝贵的经验。

xiǎo guò hēng lì zhēn kě xiǎo shì bù kě dà
62.1 小过，亨，利贞。可小事，不可大
shì fēi niǎo yí zhī yīn bù yí shàng yí xià dà jí
事。飞鸟遗之音，不宜上宜下，大吉。

tuàn yuē xiǎo guò xiǎo zhě guò ér hēng
62.2 《彖》曰：小过，小者过而“亨”
yě guò yǐ lì zhēn yǔ shí xíng yě róu dé
也。过以“利贞”，与时行也。柔得
zhōng shì yǐ xiǎo shì jí yě gāng shī wèi ér bù
中，是以“小事”吉也。刚失位而不
zhōng shì yǐ bù kě dà shì yě yǒu fēi niǎo zhī
中，是以“不可大事”也。有飞鸟之
xiàng yān fēi niǎo yí zhī yīn bù yí shàng yí xià
象焉，“飞鸟遗之音，不宜上宜下，
dà jí shàng nì ér xià shùn yě
大吉”，上逆而下顺也。

【译 文】62.1 小过卦象征稍微有点儿过分，可以亨通，坚守正道是有好处的。在小事情上宁可过分一点儿，在大事情上千万不能过分。鸟越飞越高，力气不足，发出哀鸣，所以要顺势往下，而不是逆势往上，才会获得吉祥。 62.2《彖传》说：小过，小的事情稍微有点儿过分，还是可以亨通的。坚守正道，配合时势做适当的调整，六二、六五柔顺居中，所以小事过分一点儿还是可以吉祥的。阳刚的九三、九四都没有在上下两卦的中间位置，所以不可以做大事。整个卦看起来像一只飞鸟，飞鸟越飞越高，直到发出哀鸣。

62.3 xiàng yuē shān shàng yǒu léi xiǎo guò jūn zǐ
《象》曰：山上有雷，小过。君子
yǐ xíng guò hū gōng sāng guò hū āi yòng guò hū jiǎn
以行过乎恭，丧过乎哀，用过乎俭。

62.4 chū liù fēi niǎo yǐ xiōng
初六：飞鸟以凶。

62.5 xiàng yuē fēi niǎo yǐ xiōng bù kě rú hé yě
《象》曰："飞鸟以凶"，不可如何也。

62.6 liù èr guò qí zǔ yù qí bǐ bù jí qí
六二：过其祖，遇其妣。不及其
jūn yù qí chén wú jiù
君，遇其臣。无咎。

62.7 xiàng yuē bù jí qí jūn chén bù kě guò yě
《象》曰："不及其君"，臣不可过也。

62.8 jiǔ sān fú guò fáng zhī cóng huò qiāng zhī xiōng
九三：弗过防之，从或戕之。凶。

62.9 xiàng yuē cóng huò qiāng zhī xiōng rú hé yě
《象》曰："从或戕之"，凶如何也？

【译 文】62.3《象传》说：小过卦的卦象是艮（山）下震（雷）上，雷的声音响在山上，声音稍微有点儿大，但是没有造成伤害。君子看到这种现象就知道谦恭宁可过分一点儿，丧礼宁可哀伤一点儿，吃喝用度宁可节俭一点儿。所以往下不往上，才会获得吉祥，因为往上是逆势，往下是顺势。 62.4 初六：飞鸟不自量力，越飞越高，必定有凶险。 62.5《象传》说：飞鸟不自量力，越飞越高，必定有凶险，造成无法弥补的损失，也是咎由自取。 62.6 六二：超越了祖父（九四），碰到了祖母（六五），不能继续越过君位，要保持臣子的本分，才不会有祸患。 62.7《象传》说：不能继续越过君位，因为臣子是不可以僭越的。 62.8 九三：不加以防止，却去附和小人，因为这样受到伤害，是有凶险的。 62.9《象传》说：因为这样受到伤害，凶险的程度是很难想象和意料的。

62.10 九四：无咎。弗过遇之，往厉必戒。勿用永贞。

jiǔ sì wú jiù fú guò yù zhī wǎng lì bì jiè wù yòng yǒng zhēn

62.11 《象》曰："弗过遇之"，位不当也。"往厉必戒"，终不可长也。

xiàng yuē fú guò yù zhī wèi bù dāng yě wǎng lì bì jiè zhōng bù kě cháng yě

62.12 六五：密云不雨，自我西郊。公弋取彼在穴。

liù wǔ mì yún bù yù zì wǒ xī jiāo gōng yì qǔ bǐ zài xué

62.13 《象》曰："密云不雨"，已上也。

xiàng yuē mì yún bù yù yǐ shàng yě

62.14 上六：弗遇过之，飞鸟离之。凶，是谓灾眚。

shàng liù fú yù guò zhī fēi niǎo lí zhī xiōng shì wèi zāi shěng

62.15 《象》曰："弗遇过之"，已亢也。

xiàng yuē fú yù guò zhī yǐ kàng yě

【译 文】62.10 九四：没有祸患。守持本分，不要越位去行事，放纵自己去做，定有凶险。务必引以为戒，保持正直。 62.11《象传》说：守持本分，不要越位去行事，因为九四所处的位置不当。放纵自己去做，定有凶险，务必引以为戒，但这也不是可以永远坚持的。 62.12 六五：满天乌云密布却不下雨，因为乌云从西边飘过来，王公用带绳的箭射藏在洞穴中的动物。 62.13《象传》说：满天乌云密布却不下雨，因为六五在两个阳刚之爻的上面，好比手下的干部比自己强，经验比自己丰富，所以自己这个位置是很难坐的。 62.14 上六：不能遇合，飞鸟越飞越高，高飞不下，会有凶险，这叫天灾人祸。 62.15《象传》说：不能遇合，说明上六高亢到了极点。

【现代启示】小过卦的重要意义是鼓励我们勇敢地去做事情，而不要怕犯错。如果因为怕犯错而不敢做，久而久之，就由不敢做变成不愿做，最后变成不能做。

jì jì guà dì liù shí sān 既济卦第六十三

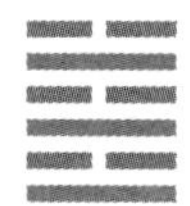

既济卦代表一件事情的完成，但并非整体的结束。

63.1 jì jì hēng xiǎo lì zhēn chū jí zhōng luàn
既济，亨小，利贞。初吉终乱。

63.2 tuàn yuē jì jì hēng xiǎo zhě hēng yě
《彖》曰：既济"亨"，小者亨也。
lì zhēn gāng róu zhèng ér wèi dāng yě chū jí
"利贞"，刚柔正而位当也。"初吉"，
róu dé zhōng yě zhōng zhǐ zé luàn qí dào qióng yě
柔得中也。终止则乱，其道穷也。

63.3 xiàng yuē shuǐ zài huǒ shàng jì jì jūn zǐ
《象》曰：水在火上，既济。君子
yǐ sī huàn ér yù fáng zhī
以思患而预防之。

63.4 chū jiǔ yè qí lún rú qí wěi wú jiù
初九：曳其轮，濡其尾，无咎。

【译 文】63.1 既济卦象征成功，一切都已经完成了，但不过是小事情，只有小的亨通，坚守正道是有好处的。刚开始是吉祥的，但留下来的后遗症，终有一天会酿成乱局。 63.2《象传》说：既济，亨通，一切都已经完成了，但不过是小事情，只有小的亨通。利于坚守正道，因为每个爻都当位，而且两两相应。刚开始是吉祥的，因为六二爻当位居中。但留下来的后遗症，终有一天会酿成乱局，因为上六阴柔，力道不足而无法变通。 63.3《象传》说：既济卦的卦象是离（火）下坎（水）上，火在水下，可以把水烧沸以供饮用，但是稍有不当也会把水烧光，或者水把火浇熄。君子看到这种现象就知道要居安思危，防患于未然。 63.4 初九：拖住车轮，不让它快进，小狐狸过河浸湿了尾巴，没有祸患。

63.5 《象》曰："曳其轮"，义无咎也。

63.6 六二：妇丧其茀，勿逐，七日得。

63.7 《象》曰："七日得"，以中道也。

63.8 九三：高宗伐鬼方，三年克之，小人勿用。

63.9 《象》曰："三年克之"，惫也。

63.10 六四：繻有衣袽，终日戒。

63.11 《象》曰："终日戒"，有所疑也。

63.12 九五：东邻杀牛，不如西邻之禴祭，实受其福。

【译 文】 63.5《象传》说：把车轮拖住，不让它快进，说明小心谨慎，才会避免祸患。 63.6 六二：妇人丢失了首饰，不要去寻找，用不了多久自然会失而复得。 63.7《象传》说：用不了多久自然会失而复得，因为六二当位居中，守持正道。 63.8 九三：殷高宗武丁去征服鬼方，因为路途很远，打了三年才获得胜利，这个时候不可冒用小人。 63.9《象传》说：打了三年才获得胜利，说明虽然最后获得了胜利，但自己也是疲惫不堪的。 63.10 六四：华丽的衣服很快变成破旧的了，整天处于戒备当中。 63.11《象传》说：整天处于戒备当中，因为疑虑担心太多。 63.12 九五：东邻（商纣王）用杀掉整牛的厚礼来祭祀，不如西邻（周文王）用薄礼虔诚地来祭拜，西邻反而实实在在地受到上天的降福。

63.13 《象》曰："东邻杀牛"，不如西邻之时也。"实受其福"，吉大来也。
xiàng yuē dōng lín shā niú bù rú xī lín zhī shí yě shí shòu qí fú jí dà lái yě

63.14 上六：濡其首，厉。
shàng liù rú qí shǒu lì

63.15 《象》曰："濡其首，厉"，何可久也？
xiàng yuē rú qí shǒu lì hé kě jiǔ yě

【译 文】63.13《象传》说：东邻用杀掉整牛的厚礼来祭祀，不如西邻用薄礼虔诚地来祭拜，说明所处的时运不同，心中的诚意不一样。实实在在地受到上天的降福，自然是大吉大利的。 63.14 上六：小狐狸过河，头都掉进水里了，非常危险。 63.15《象传》说：小狐狸过河，头都掉进水里了，非常危险，说明成功之后，如果不小心谨慎，怎么能够保持长久呢？

【现代启示】我们每个人都要居安思危，事先预防因事情处理不当，而可能发生的祸患。如果凡事都能事先想好对策，以应对可能发生的危机，那么事情自然会很顺利。

未济卦第六十四

未济卦是六十四卦的最后一卦，告诉我们一切事物都是循环往复的，所以未济并非不济、终结，而是充满希望，只是还没有成功而已。

64.1 未济，亨。小狐汔济，濡其尾，无攸利。

64.2 《彖》曰：未济“亨”，柔得中也。“小狐汔济”，未出中也。“濡其尾，无攸利”，不续终也。虽不当位，刚柔应也。

64.3 《象》曰：火在水上，未济。君子以慎辨物居方。

【译文】64.1 未济卦象征光明在望，努力可获亨通。小狐狸拼命挣扎、费尽全力，终于要到达岸边而接近成功了，却弄湿了尾巴，可能一无所成。 64.2《彖传》说：未济，努力可获亨通，六五柔顺居中。小狐狸渡河快要到达岸边了，但还没有成功。弄湿了尾巴，可能一无所成，但还要继续努力，坚持到底，才能有所成就。未济卦六个爻，没有一个是当位的，但是初六跟九四，九二跟六五，六三跟上九都是阴阳相应的。 64.3《象传》说：未济卦的卦象是坎（水）下离（火）上，火是向上的，水是向下的，互相不接触。君子看到这种现象就要好好去看一看，自己跟谁是同道，因为物以类聚，人以群分。

chū liù rú qí wěi lìn
64.4 初六：濡其尾，吝。

xiàng yuē rú qí wěi yì bù zhī jí yě
64.5 《象》曰："濡其尾"，亦不知极也。

jiǔ èr yè qí lún zhēn jí
64.6 九二：曳其轮，贞吉。

xiàng yuē jiǔ èr zhēn jí zhōng yǐ xíng zhèng yě
64.7 《象》曰：九二"贞吉"，中以行正也。

liù sān wèi jì zhēng xiōng lì shè dà chuān
64.8 六三：未济，征凶。利涉大川。

xiàng yuē wèi jì zhēng xiōng wèi bù dāng yě
64.9 《象》曰："未济，征凶"，位不当也。

jiǔ sì zhēn jí huǐ wáng zhèn yòng fá guǐ fāng sān nián yǒu shǎng yú dà guó
64.10 九四：贞吉，悔亡。震用伐鬼方，三年有赏于大国。

【译文】64.4 初六：小狐狸过河，弄湿尾巴，会招致麻烦。 64.5《象传》说：小狐狸过河，弄湿尾巴，说明太不知道自己的极限和能力，自不量力，自然有麻烦。 64.6 九二：拖住车轮，不让它快进，坚守正道可获得吉祥。 64.7《象传》说：九二坚守正道可获得吉祥，说明九二居中，始终坚持合理行为，不为任何偏邪所引诱。 64.8 六三：体力不济，往前走会有凶险。稳扎稳打、冷静谨慎，有利于渡过大河。 64.9《象传》说：体力不济，往前走会有凶险，因为六三所处的位置不当。 64.10 九四：坚守正道可获吉祥，并消除悔恨。征讨远方的国家，用了很长的时间，最后获得胜利，并得到很大的奖赏。

xiàng yuē zhēn jí huǐ wáng zhì xíng yě
64.11 《象》曰：“贞吉，悔亡”，志行也。

liù wǔ zhēn jí wú huǐ jūn zǐ zhī guāng yǒu fú jí
64.12 六五：贞吉无悔。君子之光，有孚。吉。

xiàng yuē jūn zǐ zhī guāng qí huī jí yě
64.13 《象》曰：“君子之光”，其晖吉也。

shàng jiǔ yǒu fú yú yǐn jiǔ wú jiù rú qí shǒu yǒu fú shī shì
64.14 上九：有孚于饮酒，无咎。濡其首，有孚失是。

xiàng yuē yǐn jiǔ rú shǒu yì bù zhī jié yě
64.15 《象》曰：饮酒“濡首”，亦不知节也。

【译 文】64.11《象传》说：坚守正道可获吉祥，并消除悔恨，因为自身行得正，意志坚定，能够不受任何诱惑而改变初衷。 64.12 六五：坚守正道可获吉祥，没有什么可后悔的。君子具备高尚的修养，心怀诚信，自然是吉顺的。 64.13《象传》说：君子具备高尚的修养，也感染别人全力投入，这是六五无比的光辉，自然可获吉祥。 64.14 上九：待人诚信，适度饮酒，没有什么祸患。倘若不知节制，丧失理智，偏离诚信的正道，就好比小狐狸浸湿了头，会整个沉入水中。 64.15《象传》说：饮酒作乐，好比小狐狸浸湿了头，不知节制，放纵自己，只能自食恶果。

【现代启示】与其早成功，不如晚成功。年纪轻轻就成名了，往往年轻气盛到处去找人比试、争斗，不知节制，这样做是很危险的，因为人外有人，天外有天，天下没有总是一个人获胜的道理。

wén yán zhuàn
文 言 传

乾卦文言

1　元者，善之长也；亨者，嘉之会也；利者，义之和也；贞者，事之干也。君子体仁足以长人，嘉会足以合礼，利物足以和义，贞固足以干事。君子行此四德者，故曰“乾，元亨利贞”。

2　初九曰“潜龙勿用”，何谓也？子曰：“龙德而隐者也。不易乎世，不成乎名。遁世无闷，不见是而无闷。乐则行之，忧则违之，确乎其不可拔，潜龙也。”

【译文】1.元，是众善的首长；亨，是嘉美的会合；利，是事物得体而中和；贞，是事物的根本。君子效此体现仁德，足以治理人；嘉美会合，足以合乎礼；裁成事物，足以合乎义；能贞正固守，足以成就事业。君子能行此四德，所以说就体现了乾卦元、亨、利、贞的四德。　2.初九爻辞说“潜龙勿用”，是什么意思呢？孔子说：“人有龙德而隐居。其志不为世俗所改变，不急于成就功名。隐退世外而不烦闷，其言行不被世人赞同也没有烦闷，君子所乐之事去实行，所忧之事则离开，坚强而不可动摇，这就是潜龙。”

jiǔ èr yuē xiàn lóng zài tián lì jiàn dà rén
3 九二曰“见龙在田，利见大人”，
hé wèi yě zǐ yuē lóng dé ér zhèng zhōng zhě
何谓也？子曰：“龙，德而正中者
yě yōng yán zhī xìn yōng xíng zhī jǐn xián yé cún qí
也。庸言之信，庸行之谨，闲邪存其
chéng shàn shì ér bù fá dé bó ér huà yì yuē
诚，善世而不伐，德博而化。《易》曰
xiàn lóng zài tián lì jiàn dà rén jūn dé yě
‘见龙在田，利见大人，’君德也。”

jiǔ sān yuē jūn zǐ zhōng rì qián qián xī tì ruò
4 九三曰“君子终日乾乾，夕惕若，
lì wú jiù hé wèi yě zǐ yuē jūn zǐ jìn
厉无咎”，何谓也？子曰：“君子进
dé xiū yè zhōng xìn suǒ yǐ jìn dé yě xiū cí lì
德修业。忠信，所以进德也，修辞立
qí chéng suǒ yǐ jū yè yě zhī zhì zhì zhī kě yǔ
其诚，所以居业也。知至至之，可与
yán jī yě zhī zhōng zhōng zhī kě yǔ cún yì yě shì
言几也；知终终之，可与存义也。是

【**译 文**】3. 九二爻辞说“见龙在田，利见大人”，是什么意思呢？孔子说：“人有龙德而居正得中，很平常的言论亦当诚实，平凡的举动亦当谨慎，防止邪恶而保持诚信，善行在世但不自夸，德行广博而能化育人。《易经》说‘见龙在田，利见大人。’这是君主之德。” 4. 九三爻辞说“君子终日乾乾，夕惕若厉，无咎”，是什么意思呢？孔子说：“君子为增进德行而修治学业，为人忠诚信实所以增进德行。修饰言辞以树立诚意，所以成就学业。知道所要达到的目标而努力达到，就可以与其谈论做事情微妙的初衷了。知道何时终止而善于终止，就可以与其讨论做事的合理界限了。

gù jū shàng wèi ér bù jiāo zài xià wèi ér bù yōu

故，居上位而不骄；在下位而不忧。

gù qián qián yīn qí shí ér tì suī wēi wú jiù yǐ

故乾乾因其时而惕，虽危无咎矣。”

jiǔ sì yuē huò yuè zài yuān wú jiù hé wèi

5 九四曰“或跃在渊，无咎”，何谓

yě zǐ yuē shàng xià wú cháng fēi wéi xié yě

也？子曰：“上下无常，非为邪也；

jìn tuì wú héng fēi lí qún yě jūn zǐ jìn dé xiū

进退无恒，非离群也。君子进德修

yè yù jí shí yě gù wú jiù

业，欲及时也，故无咎。”

jiǔ wǔ yuē fēi lóng zài tiān lì jiàn dà rén

6 九五曰“飞龙在天，利见大人”，

hé wèi yě zǐ yuē tóng shēng xiāng yìng tóng qì xiāng

何谓也？子曰：“同声相应，同气相

qiú shuǐ liú shī huǒ jiù zào yún cóng lóng fēng cóng

求。水流湿，火就燥，云从龙，风从

hǔ shèng rén zuò ér wàn wù dǔ běn hū tiān zhě qīn shàng

虎。圣人作而万物睹。本乎天者亲上，

běn hū dì zhě qīn xià zé gè cóng qí lèi yě

本乎地者亲下，则各从其类也。”

【译文】这样，就能居上位而不骄傲，在下位而不忧愁。所以勤奋进取因其时而戒惧，虽有危险却没有灾咎。” 5. 九四爻辞说“或跃在渊，无咎”，是什么意思呢？孔子说：“或上或下，无一定常规，并非为了邪欲。或进或退，不是恒久不变的，并非脱离人群。君子增长德行，修治学业，都要因时而做出调整，所以没有灾咎。” 6. 九五爻辞说“飞龙在天，利见大人”，是什么意思呢？孔子说：“相同的声音相互感应，相同的气息相互追求。水往湿处流，火往干处燃。云从龙生，风由虎出。圣人兴起而万物清明可见。受气于天的亲附于上，受气于地的亲附于下，各自归从自己所属的类别。”

shàng jiǔ yuē kàng lóng yǒu huǐ hé wèi yě zǐ yuē guì ér wú wèi gāo ér wú mín xián rén zài xià wèi ér wú fǔ shì yǐ dòng ér yǒu huǐ yě

7 上九曰“亢龙有悔”，何谓也？子曰：“贵而无位，高而无民。贤人在下，位而无辅，是以动而有悔也。”

qián lóng wù yòng xià yě xiàn lóng zài tián shí shě yě zhōng rì qián qián xíng shì yě huò yuè zài yuān zì shì yě fēi lóng zài tiān shàng zhì yě kàng lóng yǒu huǐ qióng zhī zāi yě qián yuán yòng jiǔ tiān xià zhì yě

8 “潜龙勿用”，下也。“见龙在田”，时舍也。“终日乾乾”，行事也。“或跃在渊”，自试也。“飞龙在天”，上治也。“亢龙有悔”，穷之灾也。乾元“用九”，天下治也。

qián lóng wù yòng yáng qì qián cáng xiàn lóng zài tián tiān xià wén míng zhōng rì qián qián yǔ shí xié xíng huò yuè zài yuān qián dào nǎi gé

9 “潜龙勿用”，阳气潜藏。“见龙在田”，天下文明。“终日乾乾”，与时偕行。“或跃在渊”，乾道乃革。

【译 文】7. 上九爻辞说“亢龙有悔”，是什么意思呢？孔子说：“尊贵而没有具体职位，高高在上而与民众脱离，贤明之士处下位而无人来辅助，所以只要一行动就产生悔恨。” 8. 潜龙勿用，因为地位卑下。见龙在田，因为出现了合适的时空。终日乾乾，因为开始有所行动。或跃在渊，完全由自己来把握。飞龙在天，乃是居上而治理天下之时。亢龙有悔，是由穷极而造成的灾害。乾卦用九即人人都能修养好自己的品德，则不需要管理，天下必然大治。 9. 潜龙勿用，因为阳气潜藏于地下。见龙在田，意为人类出现文明之时。终日乾乾，目的是随从天时的变化而行动。或跃在渊，表示天道即将出现变化。

fēi lóng zài tiān nǎi wèi hū tiān dé kàng lóng yǒu
“飞龙在天”，乃位乎天德。“亢龙有
huǐ yǔ shí xié jí qián yuán yòng jiǔ nǎi xiàn tiān zé
悔”，与时偕极。乾元用九，乃见天则。

qián yuán zhě shǐ ér hēng zhě yě lì
10 乾“元”者，始而亨者也。“利
zhēn zhě xìng qíng yě qián shǐ néng yǐ měi lì lì
贞”者，性情也。乾始，能以美利利
tiān xià bù yán suǒ lì dà yǐ zāi dà zāi qián
天下，不言所利，大矣哉，大哉乾
hū gāng jiàn zhōng zhèng chún cuì jīng yě liù yáo fā
乎！刚健中正，纯粹精也。六爻发
huī páng tōng qíng yě shí chéng liù lóng yǐ yù
挥，旁通情也。“时乘六龙”，以御
tiān yě yún xíng yǔ shī tiān xià píng yě
天也。“云行雨施”，天下平也。

jūn zǐ yǐ chéng dé wéi xíng rì kě jiàn zhī xíng yě
11 君子以成德为行，日可见之行也。
qián zhī wéi yán yě yǐn ér wèi xiàn xíng ér wèi
“潜”之为言也，隐而未见，行而未
chéng shì yǐ jūn zǐ fú yòng yě
成，是以君子弗用也。

【译文】飞龙在天，说明已位居天德。亢龙有悔，因时变化而超过极限。乾元用九，才真正体现出天道的规则。 10. 乾元的意思，是元始而亨通。利贞的意思，是万物的本性之情。乾的创始化育功能能以美好与利益来为天下万物提供好处，却不言利物之功，伟大啊，乾阳！刚劲强健而中正不偏，可谓纯粹精微。六爻变动，普遍通达于情理。掌握六龙（爻）的变化，以驭天道。云气流行，雨水布施，于是天下太平。 11. 君子以完成道德修养作为行动的目标，每天都可见之于行动。初爻所说的“潜”，是隐藏而未显现的意思，行动尚未成功，所以君子不能有所作为。

jūn zǐ xué yǐ jù zhī wèn yǐ biàn zhī kuān yǐ
12 君子学以聚之，问以辩之，宽以
jū zhī rén yǐ xíng zhī yì yuē xiàn lóng zài
居之，仁以行之。《易》曰“见龙在
tián lì jiàn dà rén jūn dé yě
田，利见大人”君德也。

jiǔ sān chóng gāng ér bù zhōng shàng bú zài tiān xià bú zài
13 九三重刚而不中，上不在天，下不在
tián gù qián qián yīn qí shí ér tì suī wēi wú jiù yǐ
田。故乾乾因其时而惕，虽危无咎矣。

jiǔ sì chóng gāng ér bù zhōng shàng bú zài tiān xià bú
14 九四重刚而不中，上不在天，下不
zài tián zhōng bú zài rén gù huò zhī huò zhī
在田，中不在人，故“或”之。或之
zhě yí zhī yě gù wú jiù
者，疑之也，故无咎。

fú dà rén zhě yǔ tiān dì hé qí dé yǔ rì
15 夫大人者，与天地合其德，与日
yuè hé qí míng yǔ sì shí hé qí xù yǔ guǐ shén hé
月合其明，与四时合其序，与鬼神合
qí jí xiōng xiān tiān ér tiān fú wéi hòu tiān ér fèng tiān
其吉凶。先天而天弗违，后天而奉天

【译 文】12. 君子学习以聚积知识，互相问难以明辨是非，宽宏大量与人相处，以仁爱之心指导行为。《易经》说“见龙在田，利见大人。”就是指君子之德。 13. 九三处于重重阳刚交接之处而不居中位，上不及天位，下不在地位，所以“乾乾”因其时而戒惕，虽有危难而无灾咎。 14. 九四处于重重阳刚交接之处而不居中位，上不及天位，下不在地位，中间不在人位，所以有“或”字。“或”即“惑”，疑惑的意思，所以无灾咎。 15. 九五爻辞的“大人”，其德行与天地相合，其圣明与日月相合，其施政与四时顺序相合，其吉凶与鬼神相合。先于天道行动而与天道不相违背，后于天道行动而顺奉天时。

shí tiān qiě fú wéi ér kuàng yú rén hū kuàng yú guǐ
时。天且弗违，而况于人乎！况于鬼
shén hū
神乎！

kàng zhī wéi yán yě zhī jìn ér bù zhī tuì
16 “亢”之为言也，知进而不知退，
zhī cún ér bù zhī wáng zhī dé ér bù zhī sàng qí wéi
知存而不知亡，知得而不知丧。其唯
shèng rén hū zhī jìn tuì cún wáng ér bù shī qí zhèng zhě
圣人乎？知进退存亡而不失其正者，
qí wéi shèng rén hū
其为圣人乎！

kūn guà wén yán
坤卦文言

kūn zhì róu ér dòng yě gāng zhì jìng ér dé fāng hòu
1 坤至柔而动也刚，至静而德方。后
dé zhǔ ér yǒu cháng hán wàn wù ér huà guāng kūn dào qí
得主而有常，含万物而化光。坤道其
shùn hū chéng tiān ér shí xíng
顺乎，承天而时行。

【译文】既然天都不与违背，何况人呢！更何况鬼神呢！　16. 上九爻辞所说的“亢”，是说只知前进而不知后退，只知生存而不知灭亡，只知获得而不知丧失。能够做到这样的只有圣人吧？知进退存亡之理而不失正道，这大概是圣人吧！　1. 坤卦最为柔顺，但活动时却是刚健的；最为静止，而德行方正。跟随主人而行，却有恒常法则；包容万物，且化育广大。坤卦之道就是顺应吧，顺承天道而与时俱行。

jī shàn zhī jiā bì yǒu yú qìng jī bú shàn zhī
2 积善之家，必有余庆；积不善之
jiā bì yǒu yú yāng chén shì qí jūn zǐ shì qí fù
家，必有余殃。臣弑其君，子弑其父，
fēi yì zhāo yì xī zhī gù qí suǒ yóu lái zhě jiàn yǐ
非一朝一夕之故，其所由来者渐矣，
yóu biàn zhī bù zǎo biàn yě yì yuē lǚ shuāng
由辩之不早辩也。《易》曰“履霜，
jiān bīng zhì gài yán shùn yě
坚冰至”，盖言顺也。

zhí qí zhèng yě fāng qí yì yě jūn zǐ
3 直，其正也；方，其义也。君子
jìng yǐ zhí nèi yì yǐ fāng wài jìng yì lì ér dé bù
敬以直内，义以方外，敬义立而德不
gū zhí fāng dà bù xí wú bú lì zé bù
孤。“直方大，不习无不利”，则不
yí qí suǒ xíng yě
疑其所行也。

【译 文】2. 积累善行的人家，必定会有多余的吉庆留给后代；积累恶行的人家，必定会有多余的灾祸留给后代。像臣子杀害国君，儿子杀害父亲这种大罪，其原因不是一天之内突然发生的，而是长期逐渐累积形成的，只是没有及早辨明罢了。《易经》坤卦初六说“履霜，坚冰至”，说的就是循着趋势发展的现象。 3. 六二的“直”，是说内心正直；“方”，是说行为合宜。君子以恭敬的态度持守内心的正直，以合宜的行为规范外在的表现，做到既恭敬又合宜，就不会因为德行而致形单影只了。“内心正直，行为合宜，表现大度，不修习也不至于有不利之处了”，这样别人就不会怀疑他的所作所为了。

yīn suī yǒu měi hán zhī yǐ cóng wáng shì fú gǎn chéng
4 阴虽有美，含之以从王事，弗敢成
yě dì dào yě qī dào yě chén dào yě dì dào
也。地道也，妻道也，臣道也。地道
wú chéng ér dài yǒu zhōng yě
无成，而代有终也。

tiān dì biàn huà cǎo mù fán tiān dì bì xián rén
5 天地变化，草木蕃。天地闭，贤人
yǐn yì yuē kuò náng wú jiù wú yù
隐。《易》曰“括囊，无咎无誉”，
gài yán jǐn yě
盖言谨也。

jūn zǐ huáng zhōng tōng lǐ zhèng wèi jū tǐ měi zài
6 君子黄中通理，正位居体。美在
qí zhōng ér chàng yú sì zhī fā yú shì yè měi zhī
其中，而畅于四支，发于事业，美之
zhì yě
至也！

【译文】4.（六三）属于阴性的配角身份，虽有美好的内秀也要隐藏起来，以这种态度跟随君王做事，不敢成就什么功业。这是地道的法则，妻道的法则，臣道的法则。地道的法则，即在于不成就什么，而是辅助天道去完成事业。 5.天地之间变化不已，草木滋长茂盛。天地之间闭塞不通，贤人就会隐退。《易经》坤卦六四说“扎起口袋，没有灾难也没有荣誉”，说的就是要谨慎。 6.（六五）君子体悟到中性的黄色融通了地道之理，身体居于中正之位，表示他处世安稳。内心蕴涵的美德，畅行于身体的行动中，进而展现于他所经营的事业上，这真是美德的极致！

7 yīn níng yú yáng bì "zhàn", wèi qí xián yú wú yáng yě, gù chēng lóng yān。yóu wèi lí qí lèi yě, gù chēng "xuè" yān。fú "xuán huáng" zhě, tiān dì zhī zá yě, tiān xuán ér dì huáng。

7 阴疑于阳必"战",为其嫌于无阳也,故称龙焉。犹未离其类也,故称"血"焉。夫"玄黄"者,天地之杂也,天玄而地黄。

【译文】7.(上六)阴气受到阳气猜疑,必然发生争战,因为坤卦上六阴气发展到极端,纯阴无阳而致阴极变阳,涉嫌由牝马变成地龙,难免被乾龙猜疑而发生争战,所以称为"龙战于野"的"龙"。尽管如此,牝马毕竟难以变成龙,阴气发展到极端也还是阴气,仍然没有离开它阴气的类别,亦即阴无法胜过阳,所以用"流血"来描写。而青黄色,则是天地混杂的颜色,天是青色,地是黄色。

xì cí zhuàn shàng
系辞传（上）

tiān zūn dì bēi qián kūn dìng yǐ bēi gāo yǐ chén
1.1 天尊地卑，乾坤定矣。卑高以陈，
guì jiàn wèi yǐ dòng jìng yǒu cháng gāng róu duàn yǐ fāng
贵贱位矣。动静有常，刚柔断矣。方
yǐ lèi jù wù yǐ qún fēn jí xiōng shēng yǐ zài tiān
以类聚，物以群分，吉凶生矣。在天
chéng xiàng zài dì chéng xíng biàn huà xiàn yǐ shì gù gāng
成象，在地成形，变化见矣。是故刚
róu xiāng mó bā guà xiāng dàng gǔ zhī yǐ léi tíng rùn
柔相摩，八卦相荡。鼓之以雷霆，润
zhī yǐ fēng yǔ rì yuè yùn xíng yì hán yì shǔ qián
之以风雨；日月运行，一寒一暑。乾
dào chéng nán kūn dào chéng nǚ qián zhī tài shǐ kūn zuò
道成男，坤道成女。乾知大始，坤作
chéng wù
成物。

【译文】 1.1 天尊高在上，地卑低在下，《易经》中乾为天为高为阳，坤为地为低为阴的象征就确定了。天地间万事万物莫不由卑下以至高大，杂然并陈，《易经》中六爻贵贱的位置，也就依序而排定了。天地间万事万物动极必静，静极必动，动静有一定的常态，《易经》中阳刚阴柔，阳极生阴、阴极生阳的道理也就由此断定，断然可知了。天下人各以其道而以类相聚，物各以其群而以类相分，同于君子同于善的事物则吉，同于小人同于恶的事物则凶就产生了。在天成就日月、星辰、昼夜晦明的现象，在地成就山川、河岳、动植高下诸般的形态，人世间万事万物错综复杂的变化，由此就可以明显地看到了。所以宇宙间阴阳二性不停地切摩变化，八卦所代表的八种天地间的八个基本物象，不停地相与鼓动变化，由此产生了宇宙万物。比如说，以雷霆之气鼓动万物的生机，以风雨疏散润泽万物的气机，日月的运行就构成了人间的昼夜寒暑。乾为天为父为阳，是构成男性的象征，坤为地为母为阴，是构成女性的象征。乾为天，代表时间，故知天地之大始；坤为地，代表空间，故能孕育成万物。

qián yǐ yì zhī kūn yǐ jiǎn néng yì zé yì zhī
1.2 乾以易知，坤以简能。易则易知，

jiǎn zé yì cóng yì zhī zé yǒu qīn yì cóng zé yǒu gōng
简则易从。易知则有亲，易从则有功。

yǒu qīn zé kě jiǔ yǒu gōng zé kě dà kě jiǔ zé xián rén
有亲则可久，有功则可大。可久则贤人

zhī dé kě dà zé xián rén zhī yè yì jiǎn ér tiān xià zhī
之德，可大则贤人之业。易简而天下之

lǐ dé tiān xià zhī lǐ dé ér chéng wèi hū qí zhōng yǐ
理得。天下之理得而成位乎其中矣。

shèng rén shè guà guān xiàng xì cí yān ér míng jí xiōng
2.1 圣人设卦，观象系辞焉而明吉凶，

gāng róu xiāng tuī ér shēng biàn huà shì gù jí xiōng zhě shī
刚柔相推而生变化。是故吉凶者，失

dé zhī xiàng yě huǐ lìn zhě yōu yú zhī xiàng yě biàn
得之象也；悔吝者，忧虞之象也；变

huà zhě jìn tuì zhī xiàng yě gāng róu zhě zhòu yè zhī
化者，进退之象也；刚柔者，昼夜之

xiàng yě liù yáo zhī dòng sān jí zhī dào yě shì gù jūn
象也。六爻之动，三极之道也。是故君

【译 文】1.2 乾为天昭然运行于上而昼夜攸分，是容易让人了解的，是以“容易”为其功能的；坤为地浑然化育万物，是以“简易”为其功能的。“容易”则易于知解，“简易”则容易遵从。“容易”使人了解则有人亲附，“容易”遵从则行之有功。有人亲附则可以长久，行之有功则可以创造伟大的事业。可以长久的，是贤人的德泽；可以成就伟大的，是贤人的事业。《易经》的道理就是如此简易，而能包含天下的道理；能了知天下的道理，则能与天地同参，而成就不朽的名位。 2.1 圣人观察宇宙间万事万物的现象而设置六十四卦、三百八十四爻以规范之，又于六十四卦、三百八十四爻下各系以吉凶悔吝及有关卦爻象之文辞，而使人明白吉凶的趋向，《易经》中阳刚阴柔相与切摩推荡，而产生变化。所以《易经》中有吉凶，是成功或失败的现象；悔吝，是表示有忧虑顾虑的现象；变化，是前进或后退的现象。刚柔，就是昼夜，即夜尽昼来、昼尽夜来的现象。六爻的动态，就是天地人才的道理。

zǐ suǒ jū ér ān zhě yì zhī xù yě suǒ lè ér
子所居而安者，《易》之序也。所乐而
wán zhě yáo zhī cí yě shì gù jūn zǐ jū zé guān qí xiàng
玩者，爻之辞也。是故君子居则观其象
ér wán qí cí dòng zé guān qí biàn ér wán qí zhān shì yǐ
而玩其辞，动则观其变而玩其占。是以
zì tiān yòu zhī jí wú bú lì
自天佑之，吉无不利。

tuàn zhě yán hū xiàng zhě yě yáo zhě yán hū
3.1 彖者，言乎象者也。爻者，言乎
biàn zhě yě jí xiōng zhě yán hū qí shī dé yě
变者也。吉凶者，言乎其失得也。
huǐ lìn zhě yán hū qí xiǎo cī yě wú jiù zhě shàn
悔吝者，言乎其小疵也。无咎者，善
bǔ guò yě shì gù liè guì jiàn zhě cún hū wèi qí xiǎo dà
补过也。是故列贵贱者存乎位。齐小大
zhě cún hū guà biàn jí xiōng zhě cún hū cí yōu huǐ lìn zhě
者存乎卦，辨吉凶者存乎辞，忧悔吝者
cún hū jiè zhèn wú jiù zhě cún hū huǐ shì gù guà yǒu xiǎo
存乎介。震无咎者存乎悔。是故卦有小
dà cí yǒu xiǎn yì cí yě zhě gè zhǐ qí suǒ zhī
大，辞有险易。辞也者，各指其所之。

【译文】所以君子平居之时能心安理得，这是因为能法象《易经》的道理。所以君子平居之时，就观察易象而探索玩味它的文辞；一有行动，则观察《易经》的变化，而玩味占筮的吉凶。就能如大有卦上九爻辞所说：上天祐助，吉而无不利。　3.1 彖辞，是解释全卦的道理现象的。爻辞，是说明每一爻的变化的。吉凶，是说明其成功或失败的。悔吝，是说明其小有弊病与过错的。无咎，是要人善于补救其过失的意思。所以分出六爻贵贱的，就在于它所居的位置而定。每一卦所包含事理的大小，则从各卦的卦象而知。辨别吉凶的，就从各卦各爻的文辞而知。忧虑于悔吝之来临者，则在于吉凶祸福义利善恶几微之间，谨慎小心。能从无咎之中变动而吉者，则在于能悔改。所以卦有小有大，小象征其阴，大象征其阳，卦爻之辞也有极危险的，如劓刖征凶，也有极平易的，如利见大人，利涉大川。各卦爻之辞，皆各指各卦各爻之意旨趋向。

yì yǔ tiān dì zhǔn gù néng mí lún tiān dì zhī
4.1 《易》与天地准，故能弥纶天地之
dào yǎng yǐ guān yú tiān wén fǔ yǐ chá yú dì lǐ
道。仰以观于天文，俯以察于地理，
shì gù zhī yōu míng zhī gù yuán shǐ fǎn zhōng gù zhī sǐ
是故知幽明之故。原始反终，故知死
shēng zhī shuō
生之说。

jīng qì wéi wù yóu hún wéi biàn shì gù zhī guǐ shén
4.2 精气为物，游魂为变，是故知鬼神
zhī qíng zhuàng yǔ tiān dì xiāng sì gù bù wéi zhì zhōu
之情状。与天地相似，故不违。知周
hū wàn wù ér dào jì tiān xià gù bú guò páng xíng ér
乎万物而道济天下，故不过。旁行而
bù liú lè tiān zhī mìng gù bù yōu ān tǔ dūn hū
不流，乐天知命，故不忧。安土敦乎
rén gù néng ài fàn wéi tiān dì zhī huà ér bú guò
仁，故能爱。范围天地之化而不过，
qū chéng wàn wù ér bù yí tōng hū zhòu yè zhī dào ér
曲成万物而不遗，通乎昼夜之道而
zhī gù shén wú fāng ér yì wú tǐ
知。故神无方而《易》无体。

【译文】4.1《易经》准则于天地，所以能包括统贯天地间一切事物的道理。上则观察天上日月星辰的运行现象，下则观察大地山河动植物的变化规律，所以知道昼夜光明幽晦的道理。追源万事万物的始终，故知死生终始循环的道理。 4.2 精神气质合则构成万物，灵魂是生命的源泉，它是随着生老病死而变化的，因此我们可以探知鬼神的情态。《易经》与天地之道相似，故不违背。能周知万物的情态其道义足以匡济天下，故能致用而不超过。能遍行天下而未有流弊，通易道者能乐行天道之所当然，知天命之造化，故无忧。安于所处之境，而敦行仁道，故能泛爱天下。能范围包括天地一切的变化，而不会有过失；能微曲成全万物，而不会有遗漏；能通明于昼夜、阴阳的道理，而尽知其道。所以神奥妙难测，没有一定的方所；《易经》周知宇宙，也没有一定的形体。

yì yīn yì yáng zhī wèi dào jì zhī zhě shàn yě chéng
5.1 一阴一阳之谓道，继之者善也，成
zhī zhě xìng yě rén zhě jiàn zhī wèi zhī rén zhì zhě jiàn
之者性也。仁者见之谓之仁，知者见
zhī wèi zhī zhì bǎi xìng rì yòng ér bù zhī gù jūn zǐ
之谓之知，百姓日用而不知，故君子
zhī dào xiǎn yǐ
之道鲜矣！

xiǎn zhū rén cáng zhū yòng gǔ wàn wù ér bù yǔ
5.2 显诸仁，藏诸用，鼓万物而不与
shèng rén tóng yōu shèng dé dà yè zhì yǐ zāi fù yǒu zhī
圣人同忧，盛德大业至矣哉！富有之
wèi dà yè rì xīn zhī wèi shèng dé shēng shēng zhī wèi
谓大业，日新之谓盛德。生生之谓
yì chéng xiàng zhī wèi qián xiào fǎ zhī wèi kūn jí shù
易，成象之谓乾，效法之谓坤，极数
zhī lái zhī wèi zhān tōng biàn zhī wèi shì yīn yáng bú cè
知来之谓占，通变之谓事，阴阳不测
zhī wèi shén
之谓神。

【译文】5.1 一阴一阳的相反相生，运转不息，为宇宙万事万物盛衰存亡的根本，这就是道。继续阴阳之道而产生宇宙万事万物的就是善，成就万事万物的是天命之性，亦即道德之义。有仁德的人见此性此道，即认为是仁，聪明的人体察此性此道，就认为是智。百姓日常受用，遵循此道此性而各遂其生，却不知晓，所以君子之道能涵盖万有，为万物之根，而知之者却很少呀！ 5.2 君子之道（即易道）显现之仁道，是可以见之于实行的。蕴藏之以致用，是可以舍之则藏的。能鼓动万物的生机，而不与得天子之位的圣人同忧思，可以树立盛明的德行，伟大的事业是多么的完美呀！学问德行乃至天下万事万物的具足富有，就是伟大的事业了，日新又新，就具足了盛明的德行了。生生不息，变化前进不已，就是易；成就现象就是乾；效法而行就是坤；极尽数术的推演，知道未来的变化就是占；通达变化之道，就是事；能运用阴阳之道，至神奇奥妙，变化莫测的，就是神。

6.1　夫《易》广矣大矣！以言乎远则不御，以言乎迩则静而正，以言乎天地之间则备矣。夫乾，其静也专，其动也直，是以大生焉。夫坤，其静也翕，其动也辟，是以广生焉。广大配天地，变通配四时，阴阳之义配日月，易简之善配至德。

7.1　子曰：“《易》其至矣乎！夫《易》，圣人所以崇德而广业也。知崇礼卑。崇效天，卑法地。天地设位而《易》行

【译 文】6.1《易经》真是广大呀！以论说其远，则无所止息；说到其近处，则很文静而又端端正正地放置在我们面前；以谈论于天地之间，就具足了一切万事万物的道理了。乾六爻皆阳，纯阳刚健，当它静而不变之时，则专一而无他；当它动而变化之时，则直遂而不挠，所以广大的宇宙因此而产生。坤卦六爻都是阴，柔顺敦厚，当它静而不变之时，则收敛深藏；当它动而变化之时，则广开展布，所以广大的万物皆由它产生。易理的广大配合天地，变化通达配合四时，阴阳之理配合日月，易简的至善配合最高的德行。　7.1 孔子说：《易经》的道理，真是最伟大的呀！《易经》正是圣人用以崇高道德、广大事业的。智慧要求到崇高而后止，礼节则自谦卑入手。崇高效法天道，谦卑效法地道。天地既设位，《易经》之道也就行于天地之间了。成就此崇高广大的善性，应当不停地蕴存之，存养之，这就是道义产生的门户了。

hū qí zhōng yǐ chéng xìng cún cún dào yì zhī mén
乎其中矣！成性存存，道义之门。”

shèng rén yǒu yǐ jiàn tiān xià zhī zé ér nǐ zhū qí xíng róng xiàng qí wù yí shì gù wèi zhī xiàng shèng rén yǒu yǐ jiàn tiān xià zhī dòng ér guān qí huì tōng yǐ xíng qí diǎn lǐ xì cí yān yǐ duàn qí jí xiōng shì gù wèi zhī yáo yán tiān xià zhī zhì zé ér bù kě wù yě yán tiān xià zhī zhì dòng ér bù kě luàn yě nǐ zhī ér hòu yán yì zhī ér hòu dòng nǐ yì yǐ chéng qí biàn huà
圣人有以见天下之赜，而拟诸其形容，象其物宜，是故谓之象。圣人有以见天下之动，而观其会通，以行其典礼，系辞焉以断其吉凶，是故谓之爻。言天下之至赜而不可恶也。言天下之至动而不可乱也。拟之而后言，议之而后动，拟议以成其变化。

míng hè zài yīn qí zǐ hè zhī wǒ yǒu hǎo jué wú yǔ ěr mí zhī zǐ yuē jūn zǐ jū qí shì
8.1 “鸣鹤在阴，其子和之。我有好爵，吾与尔靡之。”子曰：“君子居其室，

【译文】圣人见天下万事万物的繁杂，因而拟测万事万物的形态，而归纳为八个基本卦，以象征万事万物所适宜的物象，所以叫作象。圣人见天下一切动作营为的千变万化，而观察其可以会而通之之道，制成六十四卦、三百八十四爻，以显现一切动作营为的常体，复合系之以辞而断定它的吉凶，因此就成为爻。有了八卦代表万事万物的象征，故天下最繁杂的万事万物，也不致嫌其厌恶了。有了三百八十四爻以拟像天下一切的动作营为，故天下最动荡不安的事情，观察易爻，也不致繁乱了。八卦之象，三百八十四爻之辞既是从拟议而得，我们于人世间处事应物亦当拟测揆度之后，才可发为言论，议论探讨周详后，方可有所动作，言行能如此拟测揆度、议论探讨，方能成就变化如神的事业。 8.1 中孚卦九二的爻辞说：“鹤鸣于阴暗之处，其子即能和声响应，我有好的爵位，我将与你共同治理。”孔子说：“君子住在家里，

chū qí yán shàn zé qiān lǐ zhī wài yìng zhī kuàng qí ěr
出其言善，则千里之外应之，况其迩

zhě hū jū qí shì chū qí yán bú shàn zé qiān lǐ
者乎？居其室，出其言不善，则千里

zhī wài wéi zhī kuàng qí ěr zhě hū yán chū hū shēn
之外违之，况其迩者乎？言出乎身，

jiā hū mín xíng fā hū ěr xiàn hū yuǎn yán xíng
加乎民；行发乎迩，见乎远。言行，

jūn zǐ zhī shū jī shū jī zhī fā róng rǔ zhī zhǔ
君子之枢机；枢机之发，荣辱之主

yě yán xíng jūn zǐ zhī suǒ yǐ dòng tiān dì yě kě
也。言行，君子之所以动天地也，可

bú shèn hū
不慎乎？”

tóng rén xiān háo táo ér hòu xiào zǐ yuē
8.2 “同人，先号咷而后笑。”子曰：

jūn zǐ zhī dào huò chū huò chǔ huò mò huò yǔ
“君子之道，或出或处，或默或语，

èr rén tóng xīn qí lì duàn jīn tóng xīn zhī yán qí
二人同心，其利断金；同心之言，其

xiù rú lán
臭如兰。”

【译 文】发出善美的言论，千里之外的人也会闻风响应，何况是亲近的人呢？若发出不善的言论，千里之外的人也会违背他，何况是亲近他的人呢？言语是从本身发出，而能影响于百姓；行为是从近处着手，而显现于远处。言行是君子的关键要枢，关键的发起，是光荣或受辱的主宰。言行正是君子感动天地之由，怎么可以不谨慎呢？” 8.2“同人九五，居尊得位，在天下和同之先，本有艰难，故号啕大哭，以至诚感人，终至天下和同，故后快乐而笑。”孔子对此发表申论说：“君子之道，或出而服务天下，或隐居而独善其身，或沉默，或言语，若二人同心，其锋利足断坚硬的金属。同心的意思，是说二人精诚团结，心意齐同，其气味的相投，犹如兰蕙的芬芳。”

8.3 chū liù jiè yòng bái máo wú jiù zǐ yuē
“初六：藉用白茅，无咎。”子曰：
gǒu cuò zhū dì ér kě yǐ jiè zhī yòng máo hé jiù zhī
“苟错诸地而可矣；藉之用茅，何咎之
yǒu shèn zhī zhì yě fú máo zhī wéi wù bó ér yòng kě
有？慎之至也。夫茅之为物薄，而用可
zhòng yě shèn sī shù yě yǐ wǎng qí wú suǒ shī yǐ
重也。慎斯术也以往，其无所失矣！”

8.4 láo qiān jūn zǐ yǒu zhōng jí zǐ yuē
“劳谦，君子有终，吉。”子曰：
láo ér bù fá yǒu gōng ér bù dé hòu zhī zhì yě
“劳而不伐，有功而不德，厚之至也，
yǔ yǐ qí gōng xià rén zhě yě dé yán shèng lǐ yán
语以其功下人者也。德言盛，礼言
gōng qiān yě zhě zhì gōng yǐ cún qí wèi zhě yě
恭，谦也者，致恭以存其位者也。”

8.5 kàng lóng yǒu huǐ zǐ yuē guì ér wú wèi
“亢龙有悔。”子曰：“贵而无位，
gāo ér wú mín xián rén zài xià wèi ér wú fǔ shì
高而无民，贤人在下，位而无辅，是
yǐ dòng ér yǒu huǐ yě
以动而有悔也。”

【译文】8.3 大过初六说：“借用白茅承垫祭祀品，这是无咎的。”孔子对此发表申论说：“祭祀品放置于地上即可以了，而又承垫之以白茅，又有何灾咎呢？这是谨慎到极点了。茅草之为物本来很纤薄并不贵重，而可用于承垫祭祀品，则其用处就很重大。人如果能以此谨慎之道行事，必能无所错失了。” 8.4 谦卦九三说：“劳苦功高而又谦虚的君子，最终是吉利的。”孔子对此发表申论说：“有功劳而不夸耀，有功绩而不自以为德，是敦厚到极点了，是说以其功劳犹能谦下于人。德是称其有盛明的德行，礼是说其恭敬，谦虚就是说表现恭敬以保存他的职位。” 8.5 乾卦上九爻辞说：“巨龙高亢过度，将会引来灾祸，产生悔恨。”孔子对此发表申论说：“已位至极点，再无更高的位置可占，孤高在上，失去民众的支持和贤人的辅助，刚愎自用，急躁冒进，引来灾祸，产生悔恨也是必然的。”

bù chū hù tíng wú jiù zǐ yuē luàn zhī
8.6 “不出户庭，无咎。”子曰：“乱之
suǒ shēng yě zé yán yǔ yǐ wéi jiē jūn bú mì zé shī
所生也，则言语以为阶。君不密则失
chén chén bú mì zé shī shēn jī shì bú mì zé hài
臣，臣不密则失身，几事不密，则害
chéng shì yǐ jūn zǐ shèn mì ér bù chū yě
成。是以君子慎密而不出也。”

zǐ yuē zuò yì zhě qí zhī dào hū
8.7 子曰：“作《易》者其知盗乎！
yì yuē fù qiě chéng zhì kòu zhì fù yě
《易》曰：‘负且乘，致寇至。’负也
zhě xiǎo rén zhī shì yě chéng yě zhě jūn zǐ zhī qì yě
者，小人之事也；乘也者，君子之器也。
xiǎo rén ér chéng jūn zǐ zhī qì dào sī duó zhī yǐ shàng
小人而乘君子之器，盗思夺之矣；上
màn xià bào dào sī fá zhī yǐ màn cáng huì dào yě
慢下暴，盗思伐之矣。慢藏诲盗，冶
róng huì yín yì yuē fù qiě chéng zhì
容诲淫。《易》曰：“‘负且乘，致
kòu zhì dào zhī zhāo yě
寇至。’盗之招也。”

【译 文】 8.6 节卦初九爻辞说：“不出门庭，是没有灾咎的。”孔子对此发表申论说：“祸乱的生起，是以言语为阶梯。国君不保密，则失去臣子；臣子不保密，则失去生命；机密的事情不保密，则造成灾害。所以君子要谨慎守密而不泄露机密。” 8.7 孔子对此发表申论说：“作《易经》的人，大概知道盗之所起吧？《易经》解卦六三说：‘背负着东西，而且乘在车上，势必招致盗寇。’背负着东西，本是小人之事；乘的车子，本是君子乘坐的器具。今小人窃乘君子的器具，必无能匡济，大盗必思抢夺它了；君上傲慢，臣下暴敛，大盗必思侵犯其国了。慢藏财富，就是自招盗寇的偷盗，女人妖冶其容貌，必招坏人之淫辱。《易经》说：“‘负且乘，致寇至’，原是说自己招致寇盗之意。”

dà yǎn zhī shù wǔ shí qí yòng sì shí yòu jiǔ
9.1 大衍之数五十，其用四十有九。
fēn ér wéi èr yǐ xiàng liǎng guà yī yǐ xiàng sān shé zhī
分而为二以象两，挂一以象三，揲之
yǐ sì yǐ xiàng sì shí guī jī yú lè yǐ xiàng rùn gù
以四以象四时，归奇于扐以象闰，故
zài lè ér hòu guà tiān shù wǔ dì shù wǔ wǔ wèi
再扐而后挂。天数五，地数五，五位
xiāng dé ér gè yǒu hé tiān shù èr shí yòu wǔ dì shù
相得而各有合。天数二十有五，地数
sān shí fán tiān dì zhī shù wǔ shí yòu wǔ cǐ suǒ
三十，凡天地之数，五十有五，此所
yǐ chéng biàn huà ér xíng guǐ shén yě
以成变化而行鬼神也。

qián zhī cè èr bǎi yī shí yòu liù kūn zhī cè
9.2 乾之策，二百一十有六。坤之策，
bǎi sì shí yòu sì fán sān bǎi yòu liù shí dāng jī zhī
百四十有四。凡三百有六十，当期之
rì èr piān zhī cè wàn yǒu yì qiān wǔ bǎi èr shí
日。二篇之策，万有一千五百二十，

【译 文】9.1 大演天地之数以卜筮，是用五十根蓍草，其用唯四十九根而已（留一不用，放回袋中以象太极）。任意分为二堆以象两仪，从右手堆中取一根挂于左手小指与无名指之间以象三才，以四根四根分之，以象四时的运行，先以右手取左手的蓍草，以四根四根数之，将其余数或一或二或三或四，挂于无名指与中指间，以象农历的三年一闰，再以左手取右手堆的蓍草用四四分之，将其余数或一或二或三或四，挂于中指与食指间，以象农历的五年两闰。如是将挂于左手的蓍草取出，非五即九，即成一变，是谓再扐而后挂。天数五即一、三、五、七、九，地数五即二、四、六、八、十。一与二相得，三与四相得，五与六相得，七与八相得，九与十相得，五个天数合在一起得二十五，五个地数合在一起得三十，二十五加上三十等于五十五，这就是“天之数”，可以用以产生八卦，鬼神也逃不出这些数。 9.2 乾为阳，策即推算蓍草的根数，阳数九，以四时乘之为三十六，再以六爻乘之为二百一十六。坤为阴，阴数六，以四时乘之为二十四，再以六爻乘之为一百四十四。二策相加凡三百六十，相当于一年的日数。

dāng wàn wù zhī shù yě shì gù sì yíng ér chéng yì shí
当万物之数也。是故，四营而成易，十
yòu bā biàn ér chéng guà bā guà ér xiǎo chéng yǐn ér shēn
有八变而成卦，八卦而小成。引而伸
zhī chù lèi ér zhǎng zhī tiān xià zhī néng shì bì yǐ
之，触类而长之，天下之能事毕矣。
xiǎn dào shén dé xíng shì gù kě yǔ chóu zuò kě yǔ yòu
显道神德行，是故可与酬酢，可与佑
shén yǐ zǐ yuē zhī biàn huà zhī dào zhě qí zhī
神矣。子曰：“知变化之道者，其知
shén zhī suǒ wéi hū
神之所为乎！”

yì yǒu shèng rén zhī dào sì yān yǐ yán zhě
10.1 《易》有圣人之道四焉：以言者
shàng qí cí yǐ dòng zhě shàng qí biàn yǐ zhì qì zhě shàng
尚其辞，以动者尚其变，以制器者尚
qí xiàng yǐ bǔ shì zhě shàng qí zhān shì yǐ jūn zǐ jiāng
其象，以卜筮者尚其占。是以君子将
yǒu wéi yě jiāng yǒu xíng yě wèn yān ér yǐ yán qí
有为也，将有行也，问焉而以言，其

【译文】《易经》上下二篇六十四卦，共有三百八十四爻，阴阳各一百九十二，以阳数三十六，阴数二十四，各乘以一百九十二而加之，总计得一万一千五百二十，相当于万物的数字。所以“揲之以四”去营求，而构成《易》筮数的变化，三变而成一爻，卦有六爻，十八变即筮成一卦，圣人作《易》画八卦以括万事万物之象，仅为小成而已。引而伸之，顺其类而推求之，增长之，即构成六十四卦，三百八十四爻，方作成一部《易经》，天下之能事皆尽在此《易经》之中了。故《易经》可使道术显明于天下，使德行神妙莫测，所以可以应酬于人间之事，而如获神明祐助了。孔子说：“了解《易经》变化道理的人，岂不就能知道神的所作所为了吗！” 10.1《易经》有圣人之道四，即辞变象占。以《易经》来谈论的人则崇尚《易》辞，以《易经》来动作营为的人则崇尚《易》之变化，以《易经》来制造器具的人则崇尚《易》象，以《易经》来筮卦的人则崇尚《易》占。所以君子将要有作为，将要行动的时候，探问于《易经》以筮卦，而《易经》即以其六十四卦当中的吉辞应答，即筮得吉凶之辞，则受易道之指引，如响之应声。

shòu mìng yě rú xiǎng wú yǒu yuǎn jìn yōu shēn suì zhī lái
受命也如响。无有远近幽深，遂知来
wù fēi tiān xià zhī zhì jīng qí shú néng yù yú cǐ
物。非天下之至精，其孰能与于此？
sān wǔ yǐ biàn cuò zōng qí shù tōng qí biàn suì chéng
参伍以变，错综其数：通其变，遂成
tiān dì zhī wén jí qí shù suì dìng tiān xià zhī xiàng fēi
天地之文；极其数，遂定天下之象。非
tiān xià zhī zhì biàn qí shú néng yù yú cǐ yì
天下之至变，其孰能与于此！《易》，
wú sī yě wú wéi yě jì rán bú dòng gǎn ér suì tōng
无思也，无为也，寂然不动，感而遂通
tiān xià zhī gù fēi tiān xià zhī zhì shén qí shú néng yù yú
天下之故。非天下之至神，其孰能与于
cǐ fú yì shèng rén zhī suǒ yǐ jí shēn ér yán jī
此！夫《易》，圣人之所以极深而研几
yě wéi shēn yě gù néng tōng tiān xià zhī zhì wéi jī
也。唯深也，故能通天下之志；唯几
yě gù néng chéng tiān xià zhī wù wéi shén yě gù bù
也，故能成天下之务；唯神也，故不
jí ér sù bù xíng ér zhì zǐ yuē yì yǒu
疾而速，不行而至。子曰“《易》有
shèng rén zhī dào sì yān zhě cǐ zhī wèi yě
圣人之道四焉”者，此之谓也。

【译文】无论远近幽深，我们借《易经》之占筮，终于知解未来事物之变化。非天下最精深者，谁能如此呢？三才五行或阴阳之数参合五位的变化，错综其数字的推演，通达它的变化，终于成就阴阳之数的神妙，而《易经》中阴阳卦爻的文辞也由此可以推知了；极尽数字的变化，遂能肇定天下的物象。非天下最神奇变化的，谁能如此呢？《易经》本身是没有思虑的，是没有作为的，是很安详寂静不动的，人若能感发兴起而运用之，终能通达天下一切之事故。非天下最神奇美妙的，谁能如此呢？《易经》是圣人极尽幽深，研究神机莫测的一门大学问。正唯它的幽深，故能通达天下人的心志；正唯它的神机莫测，故能成就天下的一切事务；正唯它的神妙，所以似不见其急速，而自然快速，似不见其行，却能到达。孔子说“《易经》有圣人之道四焉”者，就是指此而言的。

11.1 天一，地二，天三，地四，天五，地六，天七，地八，天九，地十。子曰："夫《易》，何为者也？夫《易》，开物成务，冒天下之道，如斯而已者也。"是故圣人以通天下之志，以定天下之业，以断天下之疑。是故蓍之德圆而神，卦之德方以知，六爻之义易以贡。圣人以此洗心，退藏于密，吉凶与民同患。神以知来，知以藏往，其孰能与于此哉？古之聪明睿知、神武而不杀者夫。是以明于天之道，而察

【译文】11.1 天即阳，地即阴，阳数奇，即一三五七九，阴数为偶，即二四六八十。孔子说："《易经》是做什么的呀？《易经》就是开创万物、成就事务，包括天下一切道理，如此而已的一门学问。"所以圣人以此通达天下一切人的心志，以此肇定天下的事业，并以之决断天下一切的嫌疑。所以蓍草占筮用四十九根，其德行是圆通而神妙的；六十四卦的德行是方正而有睿智的；每卦皆有六爻，其意是很简易而贡献在我们面前的。圣人以此洗涤修炼之心（先知天下之心）。退藏于深秘之处，吉凶与百姓同其忧患。《易经》之神妙足以知道未来变化之理，其智慧足以储藏既往的知识经验。谁能参赞于此呢？唯有古之聪明深智，神武而不嗜杀人者能如此而已。

yú mín zhī gù shì xīng shén wù yǐ qián mín yòng shèng rén
于民之故，是兴神物以前民用。圣人

yǐ cǐ zhāi jiè yǐ shén míng qí dé fú shì gù hé hù
以此齐戒，以神明其德夫。是故阖户

wèi zhī kūn pì hù wèi zhī qián yì hé yí pì wèi zhī
谓之坤，辟户谓之乾；一阖一辟谓之

biàn wǎng lái bù qióng wèi zhī tōng xiàn nǎi wèi zhī xiàng
变，往来不穷谓之通；见乃谓之象，

xíng nǎi wèi zhī qì zhì ér yòng zhī wèi zhī fǎ lì yòng chū
形乃谓之器；制而用之谓之法，利用出

rù mín xián yòng zhī wèi zhī shén
入，民咸用之谓之神。

shì gù yì yǒu tài jí shì shēng liǎng yí
11.2 是故《易》有太极，是生两仪，

liǎng yí shēng sì xiàng sì xiàng shēng bā guà bā guà dìng jí
两仪生四象，四象生八卦，八卦定吉

xiōng jí xiōng shēng dà yè shì gù fǎ xiàng mò dà hū tiān
凶，吉凶生大业。是故法象莫大乎天

【译文】所以明白天的道理，而又能观察百姓的事故，是以天地兴起蓍草的神妙之物，以为民前用，使趋吉避凶于未做事之前。圣人以此斋戒其心，以神明他德业的幽深！《易经》之阴阳变通之理，随处可见，比如以门户比喻，关起门户来叫作坤，打开门户叫作乾，一关一开相续不穷，就叫作变；一开一关使人们可以自由自在地出入往来，未有穷尽，就叫作通。显现于外面，有物象可观，就叫作象；表现于器用，有尺度的大小，合于规矩方圆的形状，就叫作器；制定屋宇之时，即用门户以出入，有法度可寻，就叫作法；利用它来出出入入，往来不穷，百姓常常利用它而不知，就叫作神。11.2 所以《易经》之原始有太极，太极即阴阳未生浑茫广大之气，太极变而产生天地，是谓两仪；两仪变而产生少阳、老阳、少阴、老阴，是谓四象；四象变而生天、地、水、火、风、雷、山、泽，是谓乾、坤、坎、离、巽、震、艮、兑八卦；由此八卦相重而产生六十四卦三百八十四爻，以涵盖宇宙万象，而系之以辞用断吉凶，因此有了《易经》；遵循《易经》之道即能趋吉避凶，而成就伟大的事业。

dì biàn tōng mò dà hū sì shí xuán xiàng zhù míng mò dà
地，变通莫大乎四时；县象着明莫大
hū rì yuè chóng gāo mò dà hū fù guì bèi wù zhì
乎日月，崇高莫大乎富贵；备物致
yòng lì chéng qì yǐ wéi tiān xià lì mò dà hū shèng
用，立成器以为天下利，莫大乎圣
rén tàn zé suǒ yǐn gōu shēn zhì yuǎn yǐ dìng tiān xià
人；探赜索隐，钩深致远，以定天下
zhī jí xiōng chéng tiān xià zhī wěi wěi zhě mò dà hū shī
之吉凶，成天下之亹亹者，莫大乎蓍
guī shì gù tiān shēng shén wù shèng rén zé zhī tiān dì
龟。是故天生神物，圣人则之；天地
biàn huà shèng rén xiào zhī tiān chuí xiàng xiàn jí xiōng shèng
变化，圣人效之；天垂象，见吉凶，圣
rén xiàng zhī hé chū tú luò chū shū shèng rén zé zhī
人象之；河出图，洛出书，圣人则之。
yì yǒu sì xiàng suǒ yǐ shì yě xì cí yān
《易》有四象，所以示也。系辞焉，
suǒ yǐ gào yě dìng zhī yǐ jí xiōng suǒ yǐ duàn yě
所以告也。定之以吉凶，所以断也。

【译文】所以可以使人取法的现象，没有比天地更大的了；穷则变，变则通的，没有比四时更大的了；悬挂物象，显著光明，照耀天下的，没有比日月更大的了；崇高的事业，没有比富且贵更大的了；具备器物，以适人类的所用，设立完成许多器具以利益天下的，没有比圣人更伟大的了；探求繁杂的物象，索求幽隐的事理，钩求深远的道术，使人获致远大的前途，以决定天下的吉凶，成就天下勤勉的事业的，没有比卜筮所用的“蓍草”和“龟甲”更伟大的了。所以天生蓍草和神龟，圣人就把它作为取法的对象；天地变化，圣人就效法它；天垂示物象，现出吉凶的征兆，圣人就取法它；黄河有龙马负图，洛水有神龟负书的祥瑞征兆，圣人于是效法它，运用它。《易经》有老阳、少阳、老阴、少阴四象，显示天地的变化，并启示圣人智慧而作成《易经》六十四卦、三百八十四爻。又系之以文辞，所以告诉我们智慧的哲理。又定之以吉凶的征兆，所以断定人事的吉凶祸福，而教人趋吉避凶，赴善就福，远离灾殃。

yì yuē zì tiān yòu zhī jí wú bú lì

12.1 《易》曰：“自天佑之，吉无不利。”

zǐ yuē yòu zhě zhù yě tiān zhī suǒ zhù zhě shùn

子曰：“‘佑’者助也。天之所助者顺

yě rén zhī suǒ zhù zhě xìn yě lǚ xìn sī hū shùn yòu

也，人之所助者信也。履信思乎顺，又

yǐ shàng xián yě shì yǐ zì tiān yòu zhī jí wú bú

以尚贤也，是以‘自天佑之，吉无不

lì yě

利’也。”

zǐ yuē shū bú jìn yán yán bú jìn yì

12.2 子曰：“书不尽言，言不尽意。”

rán zé shèng rén zhī yì qí bù kě jiàn hū zǐ yuē

然则圣人之意，其不可见乎？子曰：

shèng rén lì xiàng yǐ jìn yì shè guà yǐ jìn qíng wěi

“圣人立象以尽意，设卦以尽情伪，

xì cí yān yǐ jìn qí yán biàn ér tōng zhī yǐ jìn lì

系辞焉以尽其言，变而通之以尽利，

gǔ zhī wǔ zhī yǐ jìn shén

鼓之舞之以尽神。”

【译文】12.1《易经》大有卦上九爻辞说：“从上天获得祐助，完全吉而无不利。”孔子说：“祐是扶助的意思，上天所扶助的是能顺大道、行事规范的人；人们所扶助的是笃守诚信的人。履守诚信，而思虑处处合顺于大道的规范，又能崇尚贤能的人，犹如上天祐助，所以完全吉利而没有不吉利的了。”12.2 孔子说：“书是不能完全表达作者要讲的话的，言语是不能表达人的心意的，那么圣人的心意，难道就不能被了解了吗？”孔子说：“圣人树立象数的规范，以竭尽未能完全表达的心意，使人因象以悟其心意，设置六十四卦以竭尽宇宙万事万物的情态，又系之以文辞，以尽其所未能表达的言语，又变而通之以尽其利，鼓励、激扬之，以尽神奇奥妙之能事。”

qián kūn qí yì zhī yùn yé qián kūn chéng
12.3 乾坤，其《易》之缊邪！乾坤成
liè ér yì lì hū qí zhōng yǐ qián kūn huǐ
列，而《易》立乎其中矣。乾坤毁，
zé wú yǐ jiàn yì yì bù kě jiàn zé
则无以见《易》。《易》不可见，则
qián kūn huò jī hū xī yǐ shì gù xíng ér shàng zhě wèi
乾坤或几乎息矣。是故形而上者谓
zhī dào xíng ér xià zhě wèi zhī qì huà ér cái zhī wèi
之道，形而下者谓之器；化而裁之谓
zhī biàn tuī ér xíng zhī wèi zhī tōng jǔ ér cuò zhī tiān
之变；推而行之谓之通；举而错之天
xià zhī mín wèi zhī shì yè shì gù fú xiàng shèng rén yǒu
下之民谓之事业。是故夫象，圣人有
yǐ jiàn tiān xià zhī zé ér nǐ zhū qí xíng róng xiàng qí
以见天下之赜，而拟诸其形容，象其
wù yí shì gù wèi zhī xiàng shèng rén yǒu yǐ jiàn tiān xià
物宜，是故谓之象。圣人有以见天下
zhī dòng ér guān qí huì tōng yǐ xíng qí diǎn lǐ xì
之动，而观其会通，以行其典礼，系
cí yān yǐ duàn qí jí xiōng shì gù wèi zhī yáo jí tiān
辞焉以断其吉凶，是故谓之爻。极天

【译 文】12.3 乾坤也就是天地，它是《易经》的精蕴呀！乾坤既成列于上下，《易经》的道理也就肇定于其中了。如果乾坤毁灭的话，则没有办法见到《易经》的道理了。《易经》的道理不可被知解的话，则天地乾坤之道也几乎要止息了。所以在形体之上，无形体度量，抽象不可形而为万物所共由者，就叫作道；在形体之下，有形体可寻，是具体之物，就叫作器；将形上之道、形下之器，变化而裁制之以致用，就叫作变。推而发挥之，扩充之以实行于天下，谓之通；用所做的事施惠于天下的百姓，就叫作事业。所以《易经》所谓象，乃因圣人见天下万事万物的繁杂，而拟测其形态的种类，象征其物象的适宜，因此谓之象。圣人见天下一切动作营为之众多，而观察它可以会而通之之道，以制定其经常的规范，形成三百八十四种动态的指规，又系以文辞，以断定它的吉凶，所以谓之爻。

xià zhī zé zhě cún hū guà gǔ tiān xià zhī dòng zhě cún hū

下之赜者存乎卦，鼓天下之动者存乎

cí huà ér cái zhī cún hū biàn tuī ér xíng zhī cún hū

辞，化而裁之存乎变，推而行之存乎

tōng shén ér míng zhī cún hū qí rén mò ér chéng zhī

通，神而明之存乎其人，默而成之，

bù yán ér xìn cún hū dé xíng

不言而信，存乎德行。

【译文】极尽天下繁杂的物象的，在于六十四卦；鼓动天下的动作营为的，在于爻辞；变化而裁制之，在于变；发挥而推行之，在于通；明其神奇奥妙之道，在于其人的运用；默默而成就其事业，不形之以言，而天下皆能相信，则在于其德行的深厚。

xì cí zhuàn xià
系辞传（下）

1.1 bā guà chéng liè， xiàng zài qí zhōng yǐ； yīn ér chóng zhī， yáo zài qí zhōng yǐ； gāng róu xiāng tuī， biàn zài qí zhōng yǐ； xì cí yān ér mìng zhī， dòng zài qí zhōng yǐ。

八卦成列，象在其中矣；因而重之，爻在其中矣；刚柔相推，变在其中矣；系辞焉而命之，动在其中矣。

1.2 jí xiōng huǐ lìn zhě， shēng hū dòng zhě yě； gāng róu zhě， lì běn zhě yě； biàn tōng zhě， qū shí zhě yě。 jí xiōng zhě， zhēn shèng zhě yě； tiān dì zhī dào， zhēn guān zhě yě； rì yuè zhī dào， zhēn míng zhě yě； tiān xià zhī dòng， zhēn fú yī zhě yě。

吉凶悔吝者，生乎动者也；刚柔者，立本者也；变通者，趋时者也。吉凶者，贞胜者也；天地之道，贞观者也；日月之道，贞明者也；天下之动，贞夫一者也。

【译文】1.1 八卦之中，乾与坤相对，震与巽相对，离与坎相对，兑与艮相对，八卦对待成列，举凡天地间两两相重，成为六位的卦，以应事实的需要，因而八八六十四卦、三百八十四爻，都在其中了。阴阳两爻，递相推移，宇宙间的千变万化，都在其中了。各卦各爻，圣人都系以文辞，分别指出吉凶的征兆，于是人间所有的动作营为和趋吉避凶的道理，也都在其中了。人事之间，所以有吉凶悔吝的产生，是由于动作营为的结果。阴阳两爻，是设立卦象以推演宇宙间万事万物的根本。推移变通，正是所以趋向于真理或时机的变化的。 1.2 时机虽有吉有凶，但我们处在吉利或凶险时，必须安常守正，才可稳操胜算，而立于不败之地。人事如此，宇宙自然亦复如此，皆以守正为前提，所以天地的道理，以正而观照万物。日月的道理，以正而光明，普照万物，都公正无私，使万物各遂其生，各得其所。天下一切的动作营为，都是归于端正专一，精诚无欲，才能有成就。

fú qián què rán shì rén yì yǐ fú kūn tuí rán
1.3 夫乾确然，示人易矣；夫坤隤然，
shì rén jiǎn yǐ yáo yě zhě xiào cǐ zhě yě xiàng yě
示人简矣。爻也者，效此者也；象也
zhě xiàng cǐ zhě yě yáo xiàng dòng hū nèi jí xiōng
者，像此者也。爻象动乎内，吉凶
xiàn hū wài gōng yè xiàn hū biàn shèng rén zhī qíng xiàn
见乎外；功业见乎变，圣人之情见
hū cí
乎辞。

tiān dì zhī dà dé yuē shēng shèng rén zhī dà bǎo yuē
1.4 天地之大德曰生，圣人之大宝曰
wèi hé yǐ shǒu wèi yuē rén hé yǐ jù rén yuē
位。何以守位？曰仁。何以聚人？曰
cái lǐ cái zhèng cí jìn mín wéi fēi yuē yì
财。理财、正辞，禁民为非，曰义。

【译 文】1.3 乾道造化自然，很刚健地昭示众人，是非常的平易而容易知道。坤道是顺应乾道而开物成务，很柔顺地昭示众人的道理，是非常简易的。圣人制作卦爻，便是效法乾坤简易的理则而作。卦象的设立，亦是效法乾坤简易的形迹而设立。卦爻卦象先有变化于内，遂依象释理，吉凶之真象就表现于外了。进而裁制机宜，导致功业的成就，就表现于聪智的变化。圣人崇德广业、仁民爱物的言行，在卦辞爻辞中记载得很清楚。 1.4 天地之大德在于使万物生生不息，圣人之大宝在于有崇高地位。如何守住职位呢？那就要靠仁爱的德行了。如何聚集人群呢？那就要有财物。调理财物，端正言行，禁止老百姓为非作歹，就是道义所应做的。

gǔ zhě páo xī shì zhī wàng tiān xià yě, yǎng zé guān xiàng
2.1 古者包牺氏之王天下也，仰则观象
yú tiān, fǔ zé guān fǎ yú dì, guān niǎo shòu zhī wén,
于天，俯则观法于地，观鸟兽之文，
yǔ dì zhī yí, jìn qǔ zhū shēn, yuǎn qǔ zhū wù, yú
与地之宜，近取诸身，远取诸物，于
shì shǐ zuò bā guà, yǐ tōng shén míng zhī dé, yǐ lèi wàn
是始作八卦，以通神明之德，以类万
wù zhī qíng. zuò jié shéng ér wéi wǎng gǔ, yǐ tián yǐ
物之情。作结绳而为网罟，以佃以
yú, gài qǔ zhū lí
渔，盖取诸《离》。

páo xī shì mò, shén nóng shì zuò, zhuó mù wéi sì, róu
2.2 包牺氏没，神农氏作，斫木为耜，揉
mù wéi lěi, lěi nòu zhī lì, yǐ jiào tiān xià, gài qǔ
木为耒，耒耨之利，以教天下，盖取
zhū yì
诸《益》。

rì zhōng wéi shì, zhì tiān xià zhī mín, jù tiān xià zhī huò,
日中为市，致天下之民，聚天下之货，
jiāo yì ér tuì, gè dé qí suǒ, gài qǔ zhū shì hé
交易而退，各得其所，盖取诸《噬嗑》。

【译 文】2.1 古时包牺氏（即伏羲）的治理天下，上则观察天上日月星辰的现象，下则观察大地高下卑显种种的法则，又观察鸟兽羽毛的文采，和山川水土的地利，近的就取象于人的一身，远的就取象于宇宙万物，于是创作出八卦，以融会贯通神明的德行，参赞天地的化育，以比类万物的情状。编绳结网，作为捕捉鱼、鸟的工具，以猎兽捕鱼，是取象于离卦的。 2.2 包牺氏死后，神农氏兴起，砍削树木做成犁头，曲转木材为犁柄，以便耕种和除草，创作许多耕作器具，教导人民，使天下的粮食增加，是取象于益卦。规定中午为买卖时间，招致天下的人们，聚集天下的货物，互相交换所需要的货物，以满足各人的需要，则是取象于噬嗑卦。

shén nóng shì mò huáng dì yáo shùn shì zuò tōng
2.3 神农氏没，黄帝、尧、舜氏作，通
qí biàn shǐ mín bú juàn shén ér huà zhī shǐ mín yí
其变，使民不倦，神而化之，使民宜
zhī yì qióng zé biàn biàn zé tōng tōng zé jiǔ shì
之。易穷则变，变则通，通则久。是
yǐ zì tiān yòu zhī jí wú bú lì
以"自天佑之，吉无不利"。

huáng dì yáo shùn chuí yī cháng ér tiān xià zhì
黄帝、尧、舜垂衣裳而天下治，
gài qǔ zhū qián kūn
盖取诸《乾》《坤》。

kū mù wéi zhōu yǎn mù wéi jí zhōu jí zhī lì yǐ
2.4 刳木为舟，剡木为楫，舟楫之利，以
jì bù tōng zhì yuǎn yǐ lì tiān xià gài qǔ zhū huàn
济不通，致远以利天下，盖取诸《涣》。

fú niú chéng mǎ yǐn zhòng zhì yuǎn yǐ lì tiān xià
2.5 服牛乘马，引重致远，以利天下，
gài qǔ zhū suí
盖取诸《随》。

【译文】2.3 神农氏死后，黄帝、尧、舜氏兴起，由于社会的演进，日趋繁荣，旧日的典章文物制度，已不敷使用，所以黄帝、尧、舜诸古圣人先王，为了使人民过上安定的生活，随着时代的变化而不断改变，通达其变化，使百姓生活不至于死板而产生厌倦的心理。易学的道理是穷极则变化，变化则通达，能通达则能恒久。能循此变通的原则，何事不成？所以有如天助一般，当然吉无不利了。黄帝、尧、舜氏设立文物制度，百官分职，各尽其力，终致天下太平，以至于垂拱而治，无为而成，是取象于乾坤两卦的现象。 2.4 将木材凿成舟船，削锐木头作为船楫，使两岸的人能互相来来往往，且可航行至更远的地方，便利天下人，是取象于涣卦。 2.5 征服了牛，乘着马，用牛来拖载重物，用马来奔驰远地，以沟通有无，便利世人，是取象于随卦。

chóng mén jī tuò yǐ dài bào kè gài qǔ zhū yù

2.6 重门击柝，以待暴客，盖取诸《豫》。

duàn mù wéi chǔ jué dì wéi jiù jiù chǔ zhī lì

2.7 断木为杵，掘地为臼，臼杵之利，

wàn mín yǐ jì gài qǔ zhū xiǎo guò

万民以济，盖取诸《小过》。

xián mù wéi hú yǎn mù wéi shǐ hú shǐ zhī lì

2.8 弦木为弧，剡木为矢。弧矢之利，

yǐ wēi tiān xià gài qǔ zhū kuí

以威天下，盖取诸《睽》。

shàng gǔ xué jū ér yě chǔ hòu shì shèng rén yì zhī

2.9 上古穴居而野处，后世圣人易之

yǐ gōng shì shàng dòng xià yǔ yǐ dài fēng yǔ gài qǔ

以宫室，上栋下宇，以待风雨，盖取

zhū dà zhuàng

诸《大壮》。

gǔ zhī zàng zhě hòu yī zhī yǐ xīn zàng zhī zhōng

2.10 古之葬者，厚衣之以薪，葬之中

yě bù fēng bú shù sāng qī wú shù hòu shì shèng rén

野，不封不树，丧期无数，后世圣人

yì zhī yǐ guān guǒ gài qǔ zhū dà guò

易之以棺椁，盖取诸《大过》。

【**译文**】2.6 设置重门，击柝巡夜，以防御盗贼侵入，是取象于豫卦。 2.7 发明杵臼，以利民食，是取象于小过卦。 2.8 将柔韧的小木条做成绳索弓，把木材削成箭，用弓箭的威力，来威服天下，是取象于睽卦。 2.9 上古时候，冬天则藏身洞穴，夏天则在野外居住，后世圣人，为了防止洪水猛兽的侵袭，遂教民建筑宫室，上有栋梁，下有檐宇，以防御风雨，是取象于大壮卦。 2.10 古时候的丧葬，用厚厚的木材堆在尸体上面，埋在荒野中，不设立坟墓，也不植树，居丧没有一定的期限。后世圣人，制定丧礼，换用棺椁以殡葬，是取象于大过卦。

2.11 上古结绳而治，后世圣人易之以书契，百官以治，万民以察，盖取诸《夬》。

3.1 是故《易》者，象也；象也者，像也。彖者，材也；爻也者，效天下之动也。是故吉凶生而悔吝著也。

4.1 阳卦多阴，阴卦多阳，其故何也？阳卦奇，阴卦耦。其德行何也？阳一君而二民，君子之道也；阴二君而一民，小人之道也。

【译文】2.11 上古无文字，结绳以记事，以后不敷使用了，圣人便发明文书契据，百官也利于治理，万民也赖于此书契而有所稽查，不至于误事，是取象于夬卦。 3.1 所以《易经》的内容，就是描述万事万物的形象。《易经》的卦象，就是用以拟效宇宙间万事万物的形象的。彖辞是解释全卦的意义和结构，所以说，彖辞是代表一个卦的才德。每卦六个爻位的演变，都是仿效天下万事万物错综复杂的动态而产生的。具备了象彖爻，用以描述万事万物，因此事物变动得失的吉凶就发生了，而细小疵病的悔恨，忧虑困扰的灾吝，就由此而显现出来了。 4.1 本来阳卦适宜阳爻居多，阴卦适宜阴爻居多，为何现在反而相反，阳卦多阴，阴卦多阳呢？就以奇偶来说，阳卦以奇为主，例如震坎艮三卦为阳卦，都是一阳二阴，所以说，阴爻多于阳爻。阴卦以偶数为主，如巽离兑三卦为阴卦，都是二阳一阴，所以说，阳爻多于阴爻。震、坎、艮虽多阴爻，一奇为主，即为阳卦。巽、离、兑虽多阳爻，一偶为主，即为阴卦。阴阳两卦，它们的德行，有什么不同呢？就国家而论，一国不能有二君，这是天经地义的道理。阳卦象征着众多的臣民，拥护一位人君，团结一致，这是正人君子的大道。反之，阴卦象征着君多民少，这就要互相倾轧，以致天下大乱，这是小人之道。

yì yuē chōng chōng wǎng lái péng cóng ěr
5.1 《易》曰："憧憧往来，朋从尔
sī zǐ yuē tiān xià hé sī hé lǜ tiān xià
思。"子曰："天下何思何虑？天下
tóng guī ér shū tú yí zhì ér bǎi lǜ tiān xià hé sī
同归而殊途，一致而百虑，天下何思
hé lǜ rì wǎng zé yuè lái yuè wǎng zé rì lái rì
何虑？日往则月来，月往则日来，日
yuè xiāng tuī ér míng shēng yān hán wǎng zé shǔ lái shǔ wǎng
月相推而明生焉；寒往则暑来，暑往
zé hán lái hán shǔ xiāng tuī ér suì chéng yān wǎng zhě qū
则寒来，寒暑相推而岁成焉。往者屈
yě lái zhě shēn yě qū shēn xiāng gǎn ér lì shēng yān
也，来者信也，屈信相感而利生焉。
chǐ huò zhī qū yǐ qiú shēn yě lóng shé zhī zhé yǐ
尺蠖之屈，以求信也；龙蛇之蛰，以
cún shēn yě jīng yì rù shén yǐ zhì yòng yě lì yòng
存身也。精义入神，以致用也；利用
ān shēn yǐ chóng dé yě guò cǐ yǐ wǎng wèi zhī huò
安身，以崇德也。过此以往，未之或
zhī yě qióng shén zhī huà dé zhī shèng yě
知也；穷神知化，德之盛也。"

【译 文】5.1《易经》咸卦九四爻辞说："思虑不专一，因而往来不定，憧憧万端，他的朋党也相率地、互相地遵从他的思想。"孔子说："天下的事物，有何足以困扰忧虑的呢？天下同归于一个目标，只是所走的途径不同。同归于一个好的理想，有百种不同的思虑。宇宙自然地运行，循环不息，日月往来交替，因而有光明的出现。寒暑往来交替，遂有春夏秋冬四时递相推移的岁序。以往的事情，已经屈缩，将来的事情，即将伸展，屈缩伸展，互相交感而用，而利益的产生，也就在其中了。屈行虫把身子屈缩起来，正是为了养精蓄锐，等待时机的来临，以求伸展行进。龙蛇之类，严冬酷寒的时候在土洞里冬眠，以保全它们的躯体。专精地研究精粹微妙的义理，到达神而化之的境界，则从心所欲，而不逾矩，也就可以学以致用了。利用易学所显示的道理，而安洽其身，则可以随遇而安，怡然自得，心广体胖，以崇高我们的德业。如超过以上易理所显示的事情，则虽圣人，也不会知道的。至于钻研宇宙无穷的奥妙，了解万事万物变化的原理，而默然和而化之，这是圣人的道德功夫达到很高的程度了。"

5.2 《易》曰："困于石，据于蒺藜，入于其宫，不见其妻，凶。"子曰："非所困而困焉，名必辱；非所据而据焉，身必危。既辱且危，死期将至，妻其可得见邪？"

5.3 《易》曰："公用射隼于高墉之上，获之，无不利。"子曰："隼者，禽也；弓矢者，器也；射之者，人也。君子藏器于身，待时而动，何不利之有？动而不括，是以出而有获，语成器而动者也。"

【译文】5.2《易经》困卦六三爻辞说："前进则受困于坚硬的巨石，后退则又据于多刺的蒺藜之上，异常痛苦。回到家，见不到自己的妻子，是多么不利。"孔子说："不是自己所应经历的困境，却为了欲望而受困，必招致声名俱裂的恶果。不是自己所应后退的据点，却后退以安身，必招致身家危殆的恶果。名辱身危，已步入死亡之境地，妻子哪里能看得到呢？" 5.3《易经》解卦上六的爻辞说："王公出猎，登在高墙上瞄射鹰隼，一箭命中，象征着无往不利。"孔子说："隼是鹰鸟，弓矢是打猎的利器，能执弓而射中禽兽的是人。君子蕴藏着宏大的才器在身上，等待时机的来临而有所动，还有什么不利的呢？君子不鸣则已，一鸣惊人，同理，有所行动时，绝无闭结与障碍，精准无比，出外必有收获。这就是平常已经蕴蓄结成了宏大的才器，然后再有所行动，所以出而有获，无事不成。"

5.4 子曰：“小人不耻不仁，不畏不义，不见利而不劝，不威不惩。小惩而大诫，此小人之福也。《易》曰：‘履校灭趾，无咎。’此之谓也。”

5.5 “善不积不足以成名，恶不积不足以灭身。小人以小善为无益而弗为也，以小恶为无伤而弗去也，故恶积而不可掩，罪大而不可解。《易》曰：‘何校灭耳，凶。’”

【译 文】5.4 孔子说：“世上令人感到可耻可畏的是不仁不义，但小人却不以不仁为耻，不怕背信弃义，甘心去做伤天害理的事情，纯粹以利为义，无利益可得，就不知道勤勉向上，不用刑罚来恫吓，就不知道害怕。能在犯小过之初，受了惩罚而知道处事要谨慎，就不至于酿成滔天大祸，实在是小人的幸运了。《易经》噬嗑卦初九爻辞说：‘最初犯有轻微罪行的人，被加上脚镣的刑具，将他的脚趾纳入刑具里，把足趾都灭没了，虽受刑，但过失尚小，能从此改过自新，也就无咎了。’说的就是这样的事情。” 5.5 善行不积累，就不足以成名于天下；罪恶不累积，也不足以自灭其身。小人做事，完全以利害关系为出发点，以为做出小小善事，不会得到什么好处，便索性不去做了；以为做些小的错事，无伤大体，便不改过，因此日积月累，罪恶便盈满天下，以至于无法掩盖，到了不可解救的地步。《易经》噬嗑卦上九爻辞说：‘罪恶深重，刑具已负荷在头部，两耳都灭没了，这是凶害达到了极点。’”

zǐ yuē wēi zhě ān qí wèi zhě yě wáng zhě
5.6 子曰："危者，安其位者也；亡者，
bǎo qí cún zhě yě luàn zhě yǒu qí zhì zhě yě shì gù
保其存者也；乱者，有其治者也。是故
jūn zǐ ān ér bú wàng wēi cún ér bú wàng wáng zhì ér bú
君子安而不忘危，存而不忘亡，治而不
wàng luàn shì yǐ shēn ān ér guó jiā kě bǎo yě yì
忘乱。是以身安而国家可保也。《易》
yuē qí wáng qí wáng xì yú bāo sāng
曰：'其亡其亡，系于苞桑。'"

zǐ yuē dé bó ér wèi zūn zhì xiǎo ér móu dà
5.7 子曰："德薄而位尊，知小而谋大，
lì shǎo ér rèn zhòng xiǎn bù jí yǐ yì yuē
力少而任重，鲜不及矣！《易》曰：
dǐng zhé zú fù gōng sù qí xíng wò xiōng
'鼎折足，覆公𫗧，其形渥，凶。'
yán bú shèng qí rèn yě
言不胜其任也。"

【译 文】5.6 孔子说："凡是面临危险的人，都是因为先前安逸于他的职位上；灭亡的国家，是因为先前自以为国家可以长存；扰乱的国家，是因为先前自以为已经治好而忽略荒殆，致使国家扰乱以致灭亡。所以君子必须居安思危，在安定的时候，不要忘记危险，心存亡国的苦痛，治理的时候不忘祸乱的惨烈，以如此的谨慎之心行事，本身自会安定，国家可以常保。《易经》否卦九五爻辞上说：'它将危亡吧，将危亡吧？天下国家的治安，就好像维系在丛生的苞桑上一样，是要常常谨慎警惕的呀。'" 5.7 孔子说："德行浅薄而身居尊位，才智狭小而图谋大事，力量很小却担当天下的重任，很少有免于灾祸的。《易经》鼎卦九四爻辞说：'鼎足折断，倾覆了王公的美食，象征着倾覆家园，身遭刑辱，是非常凶害的。'这是说才力不足以胜任的危险啊！"

zǐ yuē zhī jī qí shén hū jūn zǐ shàng jiāo
5.8 子曰：“知几其神乎？君子上交
bù chǎn xià jiāo bù dú qí zhī jī hū jī zhě
不谄，下交不渎，其知几乎？几者，
dòng zhī wēi jí zhī xiān xiàn zhě yě jūn zǐ jiàn jī ér
动之微，吉之先见者也。君子见几而
zuò bú sì zhōng rì yì yuē jiè yú
作，不俟终日。《易》曰：‘介于
shí bù zhōng rì zhēn jí jiè rú shí yān nìng
石，不终日，贞吉。’介如石焉，宁
yòng zhōng rì duàn kě shí yǐ jūn zǐ zhī wēi zhī zhāng
用终日？断可识矣！君子知微知彰，
zhī róu zhī gāng wàn fū zhī wàng
知柔知刚，万夫之望。”

zǐ yuē yán shì zhī zǐ qí dài shù jī hū
5.9 子曰：“颜氏之子，其殆庶几乎！
yǒu bú shàn wèi cháng bù zhī zhī zhī wèi cháng fù xíng yě
有不善，未尝不知；知之，未尝复行也。
yì yuē bù yuǎn fù wú qí huǐ yuán jí
《易》曰：‘不远复，无祇悔，元吉。’”

【译 文】5.8 孔子说：“能预先晓得几微的事理，则将达到神妙的境界了吧？可说是神妙的人物了吧？君子对上不谄媚阿谀，对下不傲慢无礼，坚定立场，不至于受到危害的牵连，可说是知道神机妙算的人了吧？是事情微妙的动机，能先见到吉利的征兆。君子能见几于未然，所以能够把握时机的来临而兴起，而有所行动，不必等待以后。《易经》豫卦六二爻辞说：‘被坚硬的石头所阻隔，不必等一整天才离开，要想到当下尽快脱离此境，这是贞正固守而吉利的。’像被硬石所阻隔，应当机立断而离开，何待终日？君子晓得事理的微妙，也知道事理的彰显，知道柔弱的一面，也晓得刚强的一面，能通达而应变自如，就是万众所景仰的人物了。” 5.9 孔子赞赏他的学生颜回说：“颜家的这位子弟，要算位知几通达的君子了吧？有了过失，没有自己不知道的，一经反省发觉以后，立即改正，从此不再犯了。《易经》复卦初九爻辞说：‘迷途了，走到未远的地方，及时回头猛省，便不至于有太大的悔吝，经此警觉，则有大吉。’”

5.10 “天地氤氲，万物化醇。男女构精，万物化生。《易》曰：‘三人行，则损一人；一人行，则得其友。’言致一也。”

5.11 子曰：“君子安其身而后动，易其心而后语，定其交而后求；君子修此三者，故全也。危而动，则民不与也；惧以语，则民不应也；无交而求，则民不与也；莫之与，则伤之者至矣。《易》曰：‘莫或益之，或击之，立心勿恒，凶。’”

【译文】5.10“天地二气缠绵交密，互相会和，使万物感应，精纯完固。万物之中，雌雄男女，形体交接，阴阳相感，遂得以生生不息。《易经》损卦六三说：‘三人同行，各有主张，行动难以统一，势必减损三人的成见；一人独行，反而容易得到志同道合的友伴，同心协力，共患难，共甘苦。’说的是理无二致，天下的事理都归于一致。” 5.11 孔子说：“君子必先安定其身，然后才可以有所作为；心平气和，然后才可以说话；先以诚信待人，建立信誉，然后才可以对人有所要求。君子有了此三项基本修养，与人必能和睦相处，无所偏失。冒险的举动，人们是不会拥护的；用言语去威胁人民，人民是不会去响应的；诚信和恩惠尚未施于人民，竟要对人民有所征发和要求，人民是不会理会助益的。若无人助益理会，则随时有人会伤害你。所以《易经》益卦上九爻辞说：‘没有得人助益，有时也会遭人攻击，立心不坚定恒久的人，是有凶险的。’”

zǐ yuē qián kūn qí yì zhī mén yé
6.1 子曰：“乾坤，其《易》之门邪？
qián yáng wù yě kūn yīn wù yě yīn yáng hé dé
乾，阳物也；坤，阴物也。阴阳合德
ér gāng róu yǒu tǐ yǐ tǐ tiān dì zhī zhuàn yǐ tōng shén
而刚柔有体，以体天地之撰，以通神
míng zhī dé qí chēng míng yě zá ér bú yuè yú jī
明之德。其称名也，杂而不越，于稽
qí lèi qí shuāi shì zhī yì yé
其类，其衰世之意邪？

fú yì zhāng wǎng ér chá lái ér wēi xiǎn
6.2 夫《易》：“彰往而察来，而微显
chǎn yōu kāi ér dāng míng biàn wù zhèng yán duàn cí
阐幽。开而当名，辨物，正言，断辞，
zé bèi yǐ qí chēng míng yě xiǎo qí qǔ lèi yě dà qí
则备矣。其称名也小，其取类也大；其
zhǐ yuǎn qí cí wén qí yán qū ér zhòng qí shì sì ér
旨远，其辞文，其言曲而中，其事肆而
yǐn yīn èr yǐ jì mín xíng yǐ míng shī dé zhī bào
隐。因贰以济民行，以明失得之报。”

【译文】6.1 孔子说：“易理的变化，是从乾坤两卦开始的，乾坤相对，该是易理所从而出的两扇门吧？乾为阳，坤为阴。阴阳的德行，相与配合，阳刚阴柔，刚柔有一定的体制，以体察天地间一切的撰作营为，以通达造化神明自然的德行。《易经》称述万事万物的名义，虽繁杂，但不超越事理。我们考察它创作的事类，大概是衰乱的时代所创的意象吧。”
6.2 孔子说：“《易经》是彰明以往的事迹，以体察未来事态的演变，而使细微的理则显著，以阐发宇宙的奥秘。我们一打开《易经》，就可以看到每个卦爻有适当的名称，明辨天下事物的形态，不至于混淆不清，如乾马、坤牛，正确地指陈吉凶变化的道理，推断文辞是吉，则明确地指出是吉象，反之，凶则指出凶象，毫无偏差，可以说是完备无缺的了。《易经》文辞中所指物名，多似细小，但探取其中的旨意，却很广大；它的旨意非常深远，它的文辞又非常文雅，它的言辞婉转，旁推侧引，无不中理，它所叙述的事物，却非常地直截了当，放肆而毫无隐藏，但它的道理却又深藏于其中。就天地间相反相生，或行善而吉，或作恶而凶的道理。易理教导并济助人们行事，以明辨善恶吉凶得失的报应。”

7.1 《易》之兴也，其于中古乎？作《易》者，其有忧患乎！

7.2 是故《履》，德之基也；《谦》，德之柄也；《复》，德之本也；《恒》，德之固也；损，德之修也；《益》，德之裕也；《困》，德之辨也；《井》，德之地也；《巽》，德之制也。

【译 文】 7.1《易经》的兴起，大概是在中古时代吧？《易经》的作者，大概有忧患意识吧！ 7.2 所以履卦教人行礼，是建立德业之初基，为其根本。谦卦教人卑己尊人，虚心求教，是道德的把柄。复卦教人除去物欲，教人从善，是德行的根本。恒卦教人始终如一，恒久不已，是道德稳固之所由。损卦教人惩忿窒欲的道理，为修德的功夫。益卦教人迁善改过，使德行日益宽大。困卦教人穷困不乱，守持正道，是道德的分辨。井卦教人德泽似井，取之不尽，用之不竭，以达到道德的程度。巽卦教人因势利导，是道德的制宜。

7.3 《履》，和而至；《谦》，尊而光；《复》，小而辨于物；《恒》，杂而不厌；《损》，先难而后易；《益》，长裕而不设；《困》，穷而通；《井》，居其所而迁；《巽》，称而隐。

7.4 《履》以和行；《谦》以制礼；《复》以自知。《恒》以一德；《损》以远害；《益》以兴利；《困》以寡怨；《井》以辨义；巽以行权。

【译文】7.3 履与礼相通，能和顺人情，处世和睦，是人立身行事所因应的准则。谦虚待人，则易得他人敬仰，德业自然更加尊贵而光明。复卦微小的一阳位于群阴暗昧之下，但不为五阴所淹没，能于迷途未远旋即回复，而辨别万事万物的是非善恶。事物与环境过于复杂，必使人心生厌倦，唯有恒心，才能克服一切，不为外物的复杂而厌倦，这样方有成功之日。损卦惩忿窒欲和克己复礼的功夫是修身的起步，是很艰难的，所以说是“先难”。以后日久习惯成自然，便容易多了。益卦进德修业，长久的增裕自身的德行而无须设防，故弄玄虚，以蒙骗他人。在困境中，虽困穷然足以磨炼身心，“困于心，衡于虑，然后作”，故能通。井虽固定在某处，但泉涌流通不息，日月迁徙而历久弥新。巽顺人理，因势利导，隐而不露。

7.4 履卦是教人以礼的实践为基础，而和顺地去行事。谦卦是教人以礼自制，使性行巽顺。复卦是教人反求诸己，回复自然本性。恒卦是教人始终不二，坚定德行。损卦是教人摒除私欲，以修德远害。益卦是教人损上益下，增兴福利。困卦是教人艰苦奋斗到底，不怨天尤人而少愤怒。井卦是教人辨识义理的来源。巽卦是教人顺合时宜，能行使权便，当机立断。

yì zhī wéi shū yě bù kě yuǎn wéi dào yě lǚ
8.1 《易》之为书也不可远，为道也屡
qiān biàn dòng bù jū zhōu liú liù xū shàng xià wú cháng gāng
迁。变动不居，周流六虚，上下无常，刚
róu xiāng yì bù kě wéi diǎn yào wéi biàn suǒ shì
柔相易，不可为典要，唯变所适。

qí chū rù yǐ dù wài nèi shǐ zhī jù yòu míng yú
8.2 其出入以度外内，使知惧，又明于
yōu huàn yǔ gù wú yǒu shī bǎo rú lín fù mǔ chū
忧患与故。无有师保，如临父母。初
shuài qí cí ér kuí qí fāng jì yǒu diǎn cháng gǒu fēi
率其辞，而揆其方，既有典常。苟非
qí rén dào bù xū xíng
其人，道不虚行。

【译文】8.1《易经》这部书，是一门经世致用的学问，人生不可须臾疏远；《易经》是以阴阳运行互相推移变化的，故其道常常变迁。变动不拘于一爻一卦，如乾卦初九是潜龙，九二是见龙。还有阴阳六爻，外三爻为上，内三爻为下，更互变动，周流于六个爻位之间，从上位降至下位，由下位升向上位，上下没有经常不变的爻位，阳刚阴柔，互相变易，在另一卦爻时，解释又不同，不可固执于一种典常，唯有观其变化所往，才能周明其道。
8.2《易经》至理，启示我们出入进退，内外往来都要合于法度，或在外以安边定国，匡齐天下，或在内以正心诚意修身养性，皆使我们知道戒惧谨慎，以免除灾祸。同时，明了忧患的原因。虽无师保在旁，却似父母在自己面前，不至于有过分的行为。最初遵循辞义以揆度爻象和道理所在，就有经常的法则，可让我们恪遵不二了。易学是一门经世致用的学问，不是毫无根据的空谈，若非笃信易道的人，则道也不能凭虚而行。

yì zhī wéi shū yě yuán shǐ yāo zhōng yǐ wéi zhì
9.1 《易》之为书也，原始要终以为质
yě liù yáo xiāng zá wéi qí shí wù yě qí chū nán
也。六爻相杂，唯其时物也。其初难
zhī qí shàng yì zhī běn mò yě chū cí nǐ zhī
知，其上易知：本末也。初辞拟之，
zú chéng zhī zhōng
卒成之终。

ruò fú zá wù zhuàn dé biàn shì yǔ fēi zé fēi qí
9.2 若夫杂物撰德，辨是与非，则非其
zhōng yáo bú bèi yī yì yào cún wáng jí xiōng zé
中爻不备。噫！亦要存亡吉凶，则
jū kě zhī yǐ zhì zhě guān qí tuàn cí zé sī guò
居可知矣。知者观其彖辞，则思过
bàn yǐ
半矣。

【译文】9.1《易经》这部书，是追溯万事万物的始终，以成其根本的一本书。有六十四卦、三百八十四爻，包括万事万物的要素。一卦分为六爻，虽六爻刚柔相杂不一，但只要观察爻位所处的时位和象征的事物，便可以决定吉凶了。初爻是很难了解它的涵义的，因初爻为根本，卦的形体尚未形成，而上爻为卦末，全卦形体已经具备，涵义自然毕露，容易领会。圣人在拟测而系初爻的文辞时较为困难。等到初爻的文辞已定，则顺此立二三四五及上爻的文辞，顺爻位的次序，由下而上，全卦六爻的文辞就逐渐形成，到了上爻，不过是卦义的终结而已。 9.2 至于阴阳杂陈，撰述阴阳的德行，辨别是非，不是初爻和上爻二者所能概括的，必须加上二、三、四、五爻，互相审度观察，它的涵义才能完备而无遗。啊！探存亡吉凶的大要，只要从六爻中推求，虽平居在家，也可知道了。聪明贤达的人看看彖辞，则卦义多半可知了。

9.3 二与四同功而异位，其善不同：二多誉，四多惧，近也。柔之为道，不利远者；其要无咎，其用柔中也。三与五同功而异位：三多凶，五多功，贵贱之等也。其柔危，其刚胜邪？

10.1 《易》之为书也，广大悉备：有天道焉，有地道焉，有人道焉。兼三才而两之，故六。六者，非它也，三才之

【译 文】9.3 六爻中的第二爻与第四爻，同属于阴柔的性质，二与四互成一卦，可知存亡吉凶的道理，它们的功用相同而位置不同，因此它们时位的善恶也有不同。二居下卦中远应九五之尊，不为君王所疑，做事易奏效，故得到赞赏较多。四居上卦之下，接近五的君位，虽旦夕侍在君侧，但言行必须谨慎，动辄得咎，惶恐不安，故常处在危机之中。柔顺的人，自立不易，需亲附于他人，所以不利于远者，只求没有咎害便可以了。用柔之道，要使柔顺居中，不失中庸之道，方能有利。像六二以阴居阴位，处内卦之中，多能获得吉利。六爻中的第三爻与第五爻，同属阳刚的性质，三与五互成一卦，它们的功用相同而位置不同。三居下卦之极，在臣下之位，故多凶害。五居上卦之中，在君上之位，象征高明中正，众星拱照，故多功。这是爻位等次有尊卑贵贱之差异的关系。属于柔爻的，必定是危殆吗？属于阳刚的，一定优胜吗？这要看各爻的尊卑贵贱及时位，并不一定阳刚就吉，阴柔就凶。

10.1 《易经》这部书，凡天道、人道、地道，无所不包，可谓广大完备。易学以三画，象征天、人、地的三个位置，易理是相生相对的，天有昼夜，地有水陆，人有男女，所以卦爻两两成列，合两个三爻的卦而为一个六爻的卦，兼两爻为一位，五为阳，上为阴，阴阳成象，故五与上为天位，三与四为人位，初与二为地位，为刚柔为形体。六爻成一卦，皆是相当于三才之道而已。

dào yě dào yǒu biàn dòng gù yuē yáo yáo yǒu děng
道也。道有变动，故曰爻；爻有等，

gù yuē wù wù xiāng zá gù yuē wén wén bù dāng
故曰物；物相杂，故曰文；文不当，

gù jí xiōng shēng yān
故吉凶生焉。

yì zhī xīng yě qí dāng yīn zhī mò shì zhōu
11.1 《易》之兴也，其当殷之末世，周

zhī shèng dé yé dāng wén wáng yǔ zhòu zhī shì yé shì gù
之盛德邪？当文王与纣之事邪？是故

qí cí wēi wēi zhě shǐ píng yì zhě shǐ qīng qí dào
其辞危。危者使平，易者使倾；其道

shèn dà bǎi wù bú fèi jù yǐ zhōng shǐ qí yào wú
甚大，百物不废。惧以终始，其要无

jiù cǐ zhī wèi yì zhī dào yě
咎，此之谓《易》之道也。

【译 文】《易经》之道，变动不居，而周流于六位之间的奇偶两画，称之为爻；爻有刚柔大小远近贵贱的等次，好像物类的不齐，所以称乾为阳物，称坤为阴物；阴阳两物交相错杂，似青黄两色的相兼，所以称为文；各卦各爻，阴阳掺杂，时有当与不当，于是吉凶之象就此产生了。 11.1《易经》的兴盛，大概在商代的末期，周文王德业方盛的时期吧！是文王和纣王时代的事情吧！所以他所系的文辞皆含有警戒畏惧之意。常常居安思危，戒慎恐惧，必能化险为夷，担心危虑祸患可使平安。反之，得意忘形，骄傲自恃，虽安定局势，必招致倾覆。因而安逸懈怠的，就使其倾覆，易学道理是如此广大，所有事物都不能违背此原则。时时戒惧，始终不懈，其主旨在于无咎，这就是易学的道理。

12.1 夫乾，天下之至健也，德行恒易以知险。夫坤，天下之至顺也，德行恒简以知阻。能说诸心，能研诸（侯之）虑，定天下之吉凶，成天下之亹亹者。是故变化云为，吉事有祥，象事知器，占事知来。

12.2 天地设位，圣人成能。人谋鬼谋，百姓与能。八卦以象告，爻彖以情言。刚柔杂居，而吉凶可见矣。变动以利言，吉凶以情迁。是故爱恶相攻而吉

【译 文】12.1 乾象是天下最刚健的，表现为刚健之处，在于恒久而平易，且无私意，故可以明照出天下危险的事情。坤象最为柔顺，其表现柔顺之处，在于恒久而简静，故可以明察天下烦壅阻隔的原因。《易经》的道理，能使人身心和悦，能专精地研制所有的思虑，能断定天下吉凶悔吝的事理，能成就天下勤勉不息的事业。所以无论天地阴阳变化，还是人类言行举止，吉利的事情必有吉祥的征兆，观察万事万物的现象，就知道各种事类的器宇或材具，尚未显现的时机，也可以占卜而知吉凶。 12.2 天尊于上，地卑于下，天地间万事万物，皆有一定的法则和位置，圣人仿效之，演成《易经》的理象，使万物各遂其生，各得其所，以成就参赞造化的功能。圣人在做事之前，先谋于贤士，同时又卜筮于鬼神，以谋求吉凶的道理，明白这个道理，众人也必能参与这幽明的能事了。八卦是以爻象告示于人的，爻辞和彖辞，是就阴阳变化的道理和事物消长的情态而言的，刚柔两爻互相错杂周流于六位之间，其时位也因而有当与不当，因此吉凶之征兆便可以见到了。

xiōng shēng yuǎn jìn xiāng qǔ ér huǐ lìn shēng qíng wěi xiāng gǎn

凶生，远近相取而悔吝生，情伪相感

ér lì hài shēng fán yì zhī qíng jìn ér bù xiāng

而利害生。凡《易》之情，近而不相

dé zé xiōng huò hài zhī huǐ qiě lìn

得则凶，或害之，悔且吝。

jiāng pàn zhě qí cí cán zhōng xīn yí zhě qí

12.3 将叛者，其辞惭；中心疑者，其

cí zhī jí rén zhī cí guǎ zào rén zhī cí duō wū shàn

辞枝；吉人之辞寡；躁人之辞多；诬善

zhī rén qí cí yóu shī qí shǒu zhě qí cí qū

之人，其辞游；失其守者，其辞屈。

【译 文】穷则变，变则通，通则久，刚柔两爻的变动，是为使事物趋于有利；吉凶的推迁，是随着情理而定的。处世合情合理，则得吉，反之，违背人情常理，则陷入凶害。所以贪爱和憎恶两种不同的情感，互相交攻，必有得失，于是就有吉凶的产生。爻位之间有远有近，互相感应，不得其道，而任意远近相取的话，就会有悔恨困吝的事情跟着产生了。事有真假虚伪，若以实情相感应，则利益源源而来，若以虚伪相感应，则祸害应运而生，若是实情和虚伪相感应，则格格不入，利害的冲突便产生了。《易经》的情况，是使两相接近的事物，能互相交感，以生利，若近而不相交感，不相协调，必有乖违的灾害，以致产生凶险的事情，甚至有自外而来的伤害，因此而蒙受后悔和困吝。 12.3 将要阴谋叛变的人，说话时神色定有惭愧的颜色；心中有疑惑的人，因心神不定，故说话毫无系统，多分枝不清，像树枝一样的杂乱；有修养的吉利之人，言辞真善而正直，故很少说话；浮躁的人，较为轻浮，故喜欢多说话；陷害善人之人，心中不安，故言不由衷，他的说辞便游移不定；失去操守的人，方寸大乱，说话往往显得理屈词穷。

shuō guà zhuàn
说 卦 传

xī zhě shèng rén zhī zuò yì yě yōu zàn yú shén
1 昔者圣人之作《易》也，幽赞于神
míng ér shēng shī sān tiān liǎng dì ér yǐ shù guān biàn yú yīn
明而生蓍，参天两地而倚数，观变于阴
yáng ér lì guà fā huī yú gāng róu ér shēng yáo hé shùn yú
阳而立卦，发挥于刚柔而生爻，和顺于
dào dé ér lǐ yú yì qióng lǐ jìn xìng yǐ zhì yú mìng xī
道德而理于义，穷理尽性以至于命。昔
zhě shèng rén zhī zuò yì yě jiāng yǐ shùn xìng mìng zhī
者圣人之作《易》也，将以顺性命之
lǐ shì yǐ lì tiān zhī dào yuē yīn yǔ yáng lì dì zhī
理。是以立天之道，曰阴与阳；立地之
dào yuē róu yǔ gāng lì rén zhī dào yuē rén yǔ yì jiān
道，曰柔与刚；立人之道曰仁与义。兼
sān cái ér liǎng zhī gù yì liù huà ér chéng guà fēn
三才而两之，故《易》六画而成卦；分
yīn fēn yáng dié yòng róu gāng gù yì liù wèi ér chéng
阴分阳，迭用柔刚，故《易》六位而成
zhāng tiān dì dìng wèi shān zé tōng qì léi fēng xiāng bó
章。天地定位，山泽通气，雷风相薄，
shuǐ huǒ bù xiāng yì bā guà xiāng cuò shǔ wǎng zhě shùn
水火不相射，八卦相错。数往者顺，
zhī lái zhě nì shì gù yì nì shǔ yě
知来者逆，是故，《易》逆数也。

【译 文】1. 昔日圣人作《易经》时，深深祈求神明而创制蓍法，是以天数三与地数两为依据而确立阴阳刚柔之数的。观察阴阳的变化而确立了卦画，变动刚柔之画而产生了爻，和顺于道德而调理事物得其宜，穷研物之理而尽物之性以至于通晓天命。昔日圣人创作《易经》时，深深顺从性命之理。所以确立了天道为阴与阳，确立了地道为柔与刚，确立了人道为仁与义。兼备天地人三才之画而使之相重，因此《易经》六画而成一卦。分初、三、五为阳位，分二、四、六为阴位，六爻之位，更迭使用刚柔，故《易经》六位之阴阳刚柔顺理成章。天地确定上下位置，山泽气息相通，雷风相迫而动，水火不直接接触，八卦相互错杂成六十四卦。以数推算过去为顺，预知未来为逆，所以《易经》是以逆数推算来事。

léi yǐ dòng zhī fēng yǐ sàn zhī yǔ yǐ rùn zhī
2 雷以动之，风以散之，雨以润之，
rì yǐ xuān zhī gèn yǐ zhǐ zhī duì yǐ yuè zhī qián
日以烜之，艮以止之，兑以说之，乾
yǐ jūn zhī kūn yǐ cáng zhī
以君之，坤以藏之。

dì chū hū zhèn qí hū xùn xiāng jiàn hū lí
3 帝出乎震，齐乎巽，相见乎离，
zhì yì hū kūn yuè yán hū duì zhàn hū qián láo hū
致役乎坤，说言乎兑，战乎乾，劳乎
kǎn chéng yán hū gèn
坎，成言乎艮。

wàn wù chū hū zhèn zhèn dōng fāng yě qí hū
4 万物“出乎震”，震，东方也。齐乎
xùn xùn dōng nán yě qí yě zhě yán wàn wù zhī jié
巽，巽，东南也。齐也者，言万物之絜
qí yě lí yě zhě míng yě wàn wù jiē xiāng jiàn nán
齐也。离也者，明也，万物皆相见，南
fāng zhī guà yě shèng rén nán miàn ér tīng tiān xià xiàng míng ér
方之卦也。圣人南面而听天下，向明而
zhì gài qǔ zhū cǐ yě kūn yě zhě dì yě wàn wù jiē
治，盖取诸此也。坤也者，地也，万物皆
zhì yǎng yān gù yuē zhì yì hū kūn duì zhèng qiū
致养焉，故曰“致役乎坤”。兑，正秋
yě wàn wù zhī suǒ yuè yě gù yuē yuè yán hū duì
也，万物之所说也，故曰“说言乎兑”。

【译文】2. 雷鼓动万物，风散播万物，雨滋润万物，日干燥万物，艮终止万物，兑喜悦万物，乾统领万物，坤藏养万物。 3. 万物生于东方震位，生长整齐于巽位，显现于离位，役养于坤位，欣悦于兑位，相接于乾位，劳倦于坎位，成就于艮位。 4. 万物生于震，震为东方。整齐于巽，巽为东南方。齐，是说万物整齐。离，光明，万物皆相显现，南方之卦。圣人面南而坐听政于天下，朝光明方向处理政务，大概就取于此义吧。坤为地，万物都在地的养育之下，所以说“致养于坤”。兑，正秋季节，万物皆喜悦（于收获），所以说“悦言于兑”。

zhàn hū qián qián xī běi zhī guà yě yán yīn
“战乎乾”，乾，西北之卦也，言阴
yáng xiāng bó yě kǎn zhě shuǐ yě zhèng běi fāng zhī guà
阳相薄也。坎者，水也，正北方之卦
yě láo guà yě wàn wù zhī suǒ guī yě gù yuē láo
也；劳卦也，万物之所归也，故曰“劳
hū kǎn gèn dōng běi zhī guà yě wàn wù zhī suǒ chéng
乎坎”。艮，东北之卦也，万物之所成
zhōng ér suǒ chéng shǐ yě gù yuē chéng yán hū gèn
终而所成始也，故曰“成言乎艮”。

shén yě zhě miào wàn wù ér wéi yán zhě yě
5 “神”也者，妙万物而为言者也。
dòng wàn wù zhě mò jí hū léi náo wàn wù zhě mò
动万物者，莫疾乎雷；桡万物者，莫
jí hū fēng zào wàn wù zhě mò hàn hū huǒ yuè wàn
疾乎风；燥万物者，莫熯乎火；说万
wù zhě mò yuè hū zé rùn wàn wù zhě mò rùn hū
物者，莫说乎泽；润万物者，莫润乎
shuǐ zhōng wàn wù shǐ wàn wù zhě mò shèng hū gèn gù
水；终万物始万物者，莫盛乎艮。故
shuǐ huǒ xiāng dài léi fēng bù xiāng bèi shān zé tōng qì
水火相逮，雷风不相悖，山泽通气，
rán hòu néng biàn huà jì chéng wàn wù yě
然后能变化，既成万物也。

【译 文】相交接于乾，乾，西北之卦，说的是阴阳相迫。坎为水，正北方之卦，（也是）劳倦之卦，万物（劳倦）需归而休息，所以说“劳于坎”。艮，东北之卦，万物在此完成它的终结而又有新的开始，所以说“成言乎艮”。 5. 所谓神，是指奇妙生成万物而言。鼓动万物，没有比雷更急速的；吹散万物，没有比风更迅疾的；干燥万物，没有比火更炎热的；喜悦万物，没有比泽更欣悦的；滋润万物，没有比水更湿润的；终结、开始万物，没有比艮更成功的。所以水火相互吸引，雷风不相违背，山泽气息相通，然后才能变化而生成万物。

qián jiàn yě kūn shùn yě zhèn dòng yě
6 乾，健也；坤，顺也；震，动也；
xùn rù yě kǎn xiàn yě lí lì yě
巽，入也；坎，陷也；离，丽也；
gèn zhǐ yě duì yuè yě
艮，止也；兑，说也。

qián wéi mǎ kūn wéi niú zhèn wéi lóng xùn wéi
7 乾为马，坤为牛，震为龙，巽为
jī kǎn wéi shǐ lí wéi zhì gèn wéi gǒu duì
鸡，坎为豕，离为雉，艮为狗，兑
wéi yáng
为羊。

qián wéi shǒu kūn wéi fù zhèn wéi zú xùn wéi
8 乾为首，坤为腹，震为足，巽为
gǔ kǎn wéi ěr lí wéi mù gèn wéi shǒu duì
股，坎为耳，离为目，艮为手，兑
wéi kǒu
为口。

【译文】6. 乾，其性刚健；坤，其性柔顺；震，其性震动；巽，其性渗入；坎，其性陷险；离，其性依附；艮，其性静止；兑，其性喜悦。 7. 乾为刚，有马的象征；坤和顺，有牛的象征；震为动，有龙的象征；巽为入，有鸡的象征；坎为水，有猪的象征；离为明，有雉（山鸡、美鸟）的象征；艮为山，有狗的象征；兑为悦，有羊的象征。这是八卦取于动物之象，亦可顺此推演为其他动物。 8. 乾为头的象征，坤为肚子（腹）的象征，震阳在下，有脚的象征，巽为股（大腿）的象征，坎为耳的象征，离为目（眼）的象征，艮为手的象征，兑为口的象征。这是八卦引申为人身之象。

9
qián tiān yě gù chēng hū fù kūn dì yě
乾，天也，故称乎父；坤，地也，
gù chēng hū mǔ zhèn yī suǒ ér dé nán gù wèi zhī
故称乎母；震，一索而得男，故谓之
zhǎng nán xùn yī suǒ ér dé nǚ gù wèi zhī zhǎng
长男；巽，一索而得女，故谓之长
nǚ kǎn zài suǒ ér dé nán gù wèi zhī zhōng nán
女。坎，再索而得男，故谓之中男；
lí zài suǒ ér dé nǚ gù wèi zhī zhōng nǚ gèn
离，再索而得女，故谓之中女。艮，
sān suǒ ér dé nán gù wèi zhī shào nán duì sān suǒ
三索而得男，故谓之少男；兑，三索
ér dé nǚ gù wèi zhī shào nǚ
而得女，故谓之少女。

10
qián wéi tiān wéi yuán wéi jūn wéi fù wéi
乾为天、为圜、为君、为父、为
yù wéi jīn wéi hán wéi bīng wéi dà chì wéi
玉、为金、为寒、为冰、为大赤、为
liáng mǎ wéi jí mǎ wéi bó mǎ wéi mù guǒ
良马、为瘠马、为驳马、为木果。

【译 文】9. 乾，象征天，故称其为父；坤，象征地，故称其为母；震是乾坤相交初次求取一乾阳而成，故为长男；巽是乾坤初次相交求取一坤阴而成，故为长女；坎是乾坤再次相交求得一乾阳而成，故为中男；离是乾坤相交再次求取一坤阴而成，故为中女；艮是乾坤第三次相交求取得一乾阳而成，故为少男；兑是乾坤第三次相交求取得一坤阴而成，故为少女。 10. 乾为天，为圆，为君，为父，为玉，为金，为寒冷，为冰冻，为大红色，为良马，为老马，为瘦马，为花马，为木果。

kūn wéi dì wéi mǔ wéi bù wéi fǔ wéi
11 坤为地、为母、为布、为釜、为
lìn sè wéi jūn wéi zǐ mǔ niú wéi dà yú wéi
吝啬、为均、为子母牛、为大舆、为
wén wéi zhòng wéi bǐng qí yú dì yě wéi hēi
文、为众、为柄，其于地也为黑。

zhèn wéi léi wéi lóng wéi xuán huáng wéi fū wéi
12 震为雷、为龙、为玄黄、为旉、为
dà tú wéi zhǎng zǐ wéi jué zào wéi cāng láng zhú
大涂、为长子、为决躁、为苍莨竹、
wéi huán wěi qí yú mǎ yě wéi shàn míng wéi zhù
为萑苇。其于马也，为善鸣、为馵
zú wéi zuò zú wéi dì sǎng qí yú jià yě wéi
足、为作足、为的颡。其于稼也，为
fǎn shēng qí jiū wéi jiàn wéi fán xiān
反生。其究为健，为蕃鲜。

xùn wéi mù wéi fēng wéi zhǎng nǚ wéi shéng zhí
13 巽为木、为风、为长女、为绳直、
wéi gōng wéi bái wéi cháng wéi gāo wéi jìn tuì
为工、为白、为长、为高、为进退、
wéi bù guǒ wéi xiù qí yú rén yě wéi guǎ fà wéi
为不果、为臭。其于人也为寡发、为

【译文】11. 坤为地，为母，为广布，为锅，为吝啬，为均匀，为有孕之牛，为大车，为文采，为民众，为生育之本，对地来说是黑土。 12. 震为雷，为龙，为青黄杂色，为花，为大路，为长子，为决然躁动，为青色竹子，为蒹葭。就马而言，为善于嘶鸣，为后左蹄有白毛，为四足皆动，为马额头有白斑。就庄稼而言，为戴甲而反生。其极为刚健，为草木蕃育鲜明。 13. 巽为木，为风，为长女，为绳直（墨线），为工匠，为白色，为长远，为高，为进退，为不果敢决断，为气味。就人而言，为头发稀少，

guǎng sǎng wéi duō bái yǎn wéi jìn lì shì sān bèi qí
广颡、为多白眼，为近利市三倍。其
jiū wéi zào guà
究为躁卦。

14 kǎn wéi shuǐ wéi gōu dú wéi yǐn fú wéi jiǎo
坎为水、为沟渎、为隐伏、为矫
róu wéi gōng lún qí yú rén yě wéi jiā yōu wéi xīn
輮、为弓轮。其于人也，为加忧、为心
bìng wéi ěr tòng wéi xuè guà wéi chì qí yú mǎ
病、为耳痛、为血卦、为赤。其于马
yě wéi měi jǐ wéi jí xīn wéi xià shǒu wéi bó
也，为美脊、为亟心、为下首、为薄
tí wéi yè qí yú yú yě wéi duō shěng wéi tōng
蹄、为曳。其于舆也，为多眚。为通、
wéi yuè wéi dào qí yú mù yě wéi jiān duō xīn
为月、为盗。其于木也，为坚多心。

15 lí wéi huǒ wéi rì wéi diàn wéi zhōng nǚ wéi
离为火、为日、为电、为中女、为
jiǎ zhòu wéi gē bīng qí yú rén yě wéi dà fù
甲胄、为戈兵。其于人也，为大腹。
wéi gān guà wéi biē wéi xiè wéi luó wéi bàng
为干卦。为鳖、为蟹、为蠃、为蚌、
wéi guī qí yú mù yě wéi kē shàng gǎo
为龟。其于木也，为科上槁。

【译文】为额头宽阔，为眼白多（而瞳仁小），为从市中获得近三倍之利。其极为躁卦。14.坎为水，为沟渠，为隐伏，为矫曲而揉直，为矢弓车轮。就人而言，为忧虑加重，为心痛，为耳痛，为血卦，为红。就马而言，为脊背美丽，为敏捷，为低头，为蹄子薄，为拖曳。就车而言，为多灾难。为通达，为月亮，为盗寇。就木而言，为坚硬而多木心。 15.离为火，为日，为电，为中女，为甲盔，为兵器。就人而言，为大腹。为干燥之卦。为鳖，为蟹，为螺，为蚌，为龟。就木而言，为木中已空而枯槁。

16 gèn wéi shān、wéi jìng lù、wéi xiǎo shí、wéi mén què、wéi guǒ luǒ、wéi hūn sì、wéi zhǐ、wéi gǒu、wéi shǔ、wéi qián huì zhī shǔ。qí yú mù yě，wéi jiān duō jié。

艮为山、为径路、为小石、为门阙、为果蓏、为阍寺、为指、为狗、为鼠、为黔喙之属。其于木也，为坚多节。

17 duì wéi zé、wéi shào nǚ、wéi wū、wéi kǒu shé、wéi huǐ zhé、wéi fù jué。qí yú dì yě，wéi gāng lǔ。wéi qiè、wéi yáng。

兑为泽、为少女、为巫、为口舌、为毁折、为附决。其于地也，为刚卤。为妾、为羊。

【译文】16. 艮为山，为山间小路，为小石，为门台，为瓜果，为阍人寺人（守宫），为手指，为狗，为鼠，为黑色食肉兽。就木而言，为坚硬而多枝节。 17. 兑为泽，为少女，为巫师，为口舌，为折毁，为附决。就地而言，为坚硬而含碱。为小妾，为羊。

xù guà zhuàn
序 卦 传

凶生，远近相取而悔吝生，情伪相感而利害生。凡《易》之情，近而不相得则凶，或害之，悔且吝。

12.3 将叛者，其辞惭；中心疑者，其辞枝；吉人之辞寡；躁人之辞多；诬善之人，其辞游；失其守者，其辞屈。

【译文】穷则变，变则通，通则久，刚柔两爻的变动，是为使事物趋于有利；吉凶的推迁，是随着情理而定的。处世合情合理，则得吉，反之，违背人情常理，则陷入凶害。所以贪爱和憎恶两种不同的情感，互相交攻，必有得失，于是就有吉凶的产生。爻位之间有远有近，互相感应，不得其道，而任意远近相取的话，就会有悔恨困吝的事情跟着产生了。事有真假虚伪，若以实情相感应，则利益源源而来，若以虚伪相感应，则祸害应运而生，若是实情和虚伪相感应，则格格不入，利害的冲突便产生了。《易经》的情况，是使两相接近的事物，能互相交感，以生利，若近而不相交感，不相协调，必有乖违的灾害，以致产生凶险的事情，甚至有自外而来的伤害，因此而蒙受后悔和困吝。 12.3 将要阴谋叛变的人，说话时神色定有惭愧的颜色；心中有疑惑的人，因心神不定，故说话毫无系统，多分枝不清，像树枝一样的杂乱；有修养的吉利之人，言辞真善而正直，故很少说话；浮躁的人，较为轻浮，故喜欢多说话；陷害善人之人，心中不安，故言不由衷，他的说辞便游移不定；失去操守的人，方寸大乱，说话往往显得理屈词穷。

fú qián tiān xià zhī zhì jiàn yě dé xíng héng yì
12.1 夫乾，天下之至健也，德行恒易
yǐ zhī xiǎn fú kūn tiān xià zhī zhì shùn yě dé xíng
以知险。夫坤，天下之至顺也，德行
héng jiǎn yǐ zhī zǔ néng yuè zhū xīn néng yán zhū hóu
恒简以知阻。能说诸心，能研诸（侯
zhī lǜ dìng tiān xià zhī jí xiōng chéng tiān xià zhī wěi
之）虑，定天下之吉凶，成天下之亹
wěi zhě shì gù biàn huà yún wéi jí shì yǒu xiáng xiàng
亹者。是故变化云为，吉事有祥，象
shì zhī qì zhān shì zhī lái
事知器，占事知来。

tiān dì shè wèi shèng rén chéng néng rén móu guǐ móu
12.2 天地设位，圣人成能。人谋鬼谋，
bǎi xìng yù néng bā guà yǐ xiàng gào yáo tuàn yǐ qíng yán
百姓与能。八卦以象告，爻彖以情言。
gāng róu zá jū ér jí xiōng kě jiàn yǐ biàn dòng yǐ lì
刚柔杂居，而吉凶可见矣。变动以利
yán jí xiōng yǐ qíng qiān shì gù ài wù xiāng gōng ér jí
言，吉凶以情迁。是故爱恶相攻而吉

【译文】12.1 乾象是天下最刚健的，表现为刚健之处，在于恒久而平易，且无私意，故可以明照出天下危险的事情。坤象最为柔顺，其表现柔顺之处，在于恒久而简静，故可以明察天下烦壅阻隔的原因。《易经》的道理，能使人身心和悦，能专精地研制所有的思虑，能断定天下吉凶悔吝的事理，能成就天下勤勉不息的事业。所以无论天地阴阳变化，还是人类言行举止，吉利的事情必有吉祥的征兆，观察万事万物的现象，就知道各种事类的器宇或材具，尚未显现的时机，也可以占卜而知吉凶。 12.2 天尊于上，地卑于下，天地间万事万物，皆有一定的法则和位置，圣人仿效之，演成《易经》的理象，使万物各遂其生，各得其所，以成就参赞造化的功能。圣人在做事之前，先谋于贤士，同时又卜筮于鬼神，以谋求吉凶的道理，明白这个道理，众人也必能参与这幽明的能事了。八卦是以爻象告示于人的，爻辞和彖辞，是就阴阳变化的道理和事物消长的情态而言的，刚柔两爻互相错杂周流于六位之间，其时位也因而有当与不当，因此吉凶之征兆便可以见到了。

yǒu tiān dì rán hòu wàn wù shēng yān yíng tiān dì zhī
1 有天地，然后万物生焉。盈天地之
jiān zhě wéi wàn wù gù shòu zhī yǐ zhūn zhūn zhě yíng yě
间者唯万物，故受之以屯；屯者盈也，
zhūn zhě wù zhī shǐ shēng yě wù shēng bì méng gù shòu zhī yǐ
屯者物之始生也。物生必蒙，故受之以
méng méng zhě méng yě wù zhī zhì yě wù zhì bù kě bù
蒙；蒙者蒙也，物之稚也。物稚不可不
yǎng yě gù shòu zhī yǐ xū xū zhě yǐn shí zhī dào yě
养也，故受之以需；需者饮食之道也。
yǐn shí bì yǒu sòng gù shòu zhī yǐ sòng sòng bì yǒu zhòng
饮食必有讼，故受之以讼。讼必有众
qǐ gù shòu zhī yǐ shī shī zhě zhòng yě
起，故受之以师；师者众也。

zhòng bì yǒu suǒ bǐ gù shòu zhī yǐ bǐ bǐ zhě
2 众必有所比，故受之以比；比者，
bǐ yě bǐ bì yǒu suǒ xù gù shòu zhī yǐ xiǎo xù
比也。比必有所畜，故受之以小畜。
wù xù rán hòu yǒu lǐ gù shòu zhī yǐ lǚ lǚ ér
物畜然后有礼，故受之以履。履而
tài rán hòu ān gù shòu zhī yǐ tài tài zhě tōng
泰，然后安，故受之以泰；泰者，通

【译文】1.有了天地，万物才得以产生。盈满天地之间的，唯有万物，所以乾坤两卦之后，接着就是屯卦；屯，就是盈满的意思，象征万物始生的状况。万物刚刚创生之后，是很蒙昧的，所以屯卦之后，接着是蒙卦；蒙，启蒙的意思，象征万物幼稚懵懂的状态。万物幼小，不可以不养育，所以蒙卦之后，接着就是需卦；需，饮食之道。追求饮食的过程，必定有所争讼，所以需卦之后，接着就是讼卦。争讼不休，很容易诉诸武力、兴师动众，所以讼卦之后，接着就是师卦；师，众多的意思。 2.众多的人在一起，必定有所亲比，所以师卦之后，接着就是比卦；比，亲比、追随的意思。追随别人，会有所积蓄，所以比卦之后，接着就是小畜卦。有所积蓄之后就需要履行天道，所以小畜卦之后，接着就是履卦。

yě wù bù kě yǐ zhōng tōng gù shòu zhī yǐ pǐ wù
也。物不可以终通，故受之以否。物
bù kě yǐ zhōng pǐ gù shòu zhī yǐ tóng rén yǔ rén tóng
不可以终否，故受之以同人。与人同
zhě wù bì guī yān gù shòu zhī yǐ dà yǒu
者，物必归焉，故受之以大有。

yǒu dà zhě bù kě yǐ yíng gù shòu zhī yǐ qiān
有大者不可以盈，故受之以谦。
yǒu dà ér néng qiān bì yù gù shòu zhī yǐ yù yù bì
有大而能谦必豫，故受之以豫。豫必
yǒu suí gù shòu zhī yǐ suí yǐ xǐ suí rén zhě bì yǒu
有随，故受之以随。以喜随人者必有
shì gù shòu zhī yǐ gǔ gǔ zhě shì yě
事，故受之以蛊；蛊者，事也。

yǒu shì ér hòu kě dà gù shòu zhī yǐ lín lín zhě dà
3 有事而后可大，故受之以临；临者，大
yě wù dà rán hòu kě guān gù shòu zhī yǐ guān kě guān ér hòu
也。物大然后可观，故受之以观。可观而后
yǒu suǒ hé gù shòu zhī yǐ shì hé hé zhě hé yě
有所合，故受之以噬嗑；嗑者，合也。

【译 文】实践天道使得天下太平，所以履卦之后，接着就是泰卦；泰，通泰的意思。万物不可能长久通泰，所以，泰卦之后，接着就是否卦。万物不可能长久闭塞不通，所以否卦之后，接着就是同人卦。与人同心协力，万物前来归附，所以同人卦之后，接着就是大有卦。大有所获之后要谦虚，不可以盈满自负，所以大有卦之后，接着就是谦卦。大有所获而又能够保持谦虚，必定有所喜乐，所以谦卦之后，接着就是豫卦。喜乐，自然会有人跟随，所以豫卦之后，接着就是随卦。因喜乐追随别人会造成很多事情，所以随卦之后，接着就是蛊卦；蛊，乱糟糟的事情。 3. 事情都是慢慢发展，由小及大的，所以蛊卦之后，接着就是临卦；临，大的意思。事物大了之后才能吸引大家去观看，所以临卦之后，接着就是观卦。成果可观，就会有人从中作梗，所以观卦之后，接着就是噬嗑卦。嗑，咬断的意思。

wù bù kě yǐ gǒu hé ér yǐ, gù shòu zhī yǐ bì。
物不可以苟合而已，故受之以贲。

bì zhě, shì yě。zhì shì rán hòu hēng zé jìn yǐ, gù shòu zhī yǐ bō; bō zhě, bō yě。wù bù kě yǐ zhōng jìn, bō qióng shàng fǎn xià, gù shòu zhī yǐ fù。fù zé bú wàng yǐ, gù shòu zhī yǐ wú wàng。yǒu wú wàng rán hòu kě xù, gù shòu zhī yǐ dà xù。wù xù rán hòu kě yǎng, gù shòu zhī yǐ yí; yí zhě, yǎng yě。
贲者，饰也。致饰然后亨则尽矣，故受之以剥；剥者，剥也。物不可以终尽，剥穷上反下，故受之以《复》。复则不妄矣，故受之以《无妄》。有无妄然后可畜，故受之以大畜。物畜然后可养，故受之以《颐》；颐者，养也。

bù yǎng zé bù kě dòng, gù shòu zhī yǐ dà guò。wù bù kě yǐ zhōng guò, gù shòu zhī yǐ kǎn; kǎn zhě, xiàn yě。xiàn bì yǒu suǒ lì, gù shòu zhī yǐ lí; lí zhě, lì yě。
4 不养则不可动，故受之以大过。物不可以终过，故受之以坎；坎者，陷也。陷必有所丽，故受之以离；离者，丽也。

【译 文】 事物不可以一直马虎苟且，所以噬嗑卦之后，接着就是贲卦；贲，文饰的意思。文饰到极点之后，虽然亨通，但马上就要消耗尽了，所以贲卦之后，接着就是剥卦；剥，剥落的意思。事物不可能一直剥落，剥极必复，所以剥卦之后，接着就是复卦。恢复到正常的道路，就会减少妄念，所以复卦之后，接着就是无妄卦。有了无妄的精神就能大有所蓄，所以无妄卦之后，接着就是大畜卦。大有所蓄之后就可以颐养身体，所以大畜卦之后，接着就是颐卦；颐，颐养的意思。 4. 颐养之后就容易胡作非为，所以颐卦之后，接着就是大过卦。事物不可能总是处于非常的状态，所以大过卦之后，接着就是坎卦；坎，陷险的意思。事物处于陷险当中必定有所附丽，所以坎卦之后，接着就是离卦；离，附丽的意思。

yǒu tiān dì rán hòu yǒu wàn wù yǒu wàn wù rán
5 有天地，然后有万物；有万物，然
hòu yǒu nán nǚ yǒu nán nǚ rán hòu yǒu fū fù yǒu fū
后有男女；有男女，然后有夫妇；有夫
fù rán hòu yǒu fù zǐ yǒu fù zǐ rán hòu yǒu jūn
妇，然后有父子；有父子，然后有君
chén yǒu jūn chén rán hòu yǒu shàng xià yǒu shàng xià
臣；有君臣，然后有上下；有上下，
rán hòu lǐ yí yǒu suǒ cuò fū fù zhī dào bù kě yǐ bù
然后礼仪有所错。夫妇之道，不可以不
jiǔ yě gù shòu zhī yǐ héng héng zhě jiǔ yě
久也，故受之以恒；恒者，久也。

wù bù kě yǐ jiǔ jū qí suǒ gù shòu zhī yǐ
物不可以久居其所，故受之以
dùn dùn zhě tuì yě wù bù kě yǐ zhōng dùn gù
遁；遁者，退也。物不可以终遁，故
shòu zhī yǐ dà zhuàng wù bù kě yǐ zhōng zhuàng gù shòu zhī
受之以大壮。物不可以终壮，故受之
yǐ jìn jìn zhě jìn yě jìn bì yǒu suǒ shāng gù
以晋；晋者，进也。进必有所伤，故
shòu zhī yǐ míng yí yí zhě shāng yě shāng yú wài zhě
受之以明夷；夷者，伤也。伤于外者

【译文】5. 有了天地，万物才得以产生；有了万物，然后就有男女的区别；有了男女，然后才能结为夫妇；有了夫妇，然后有父子。有了父子，才有君臣的名分；有了君臣，就有了尊卑上下的分别；有了尊卑上下的分别，才有不同的礼仪交错其中。夫妻之道不可以不长久，所以咸卦之后，接着就是恒卦；恒，长久的意思。事物不可能长久没有变化，所以恒卦之后，接着就是遁卦；遁，退的意思。事物不可能一天到晚变化调整，所以遁卦之后，接着就是大壮卦。事物不可能长期保持大壮的状况，所以大壮之后，接着就是晋卦；晋，前进的意思。前进难免受到伤害，所以晋卦之后，接着就是明夷卦；夷，受伤的意思。

bì fǎn qí jiā gù shòu zhī yǐ jiā rén jiā dào qióng bì
必反其家，故受之以家人。家道穷必
guāi gù shòu zhī yǐ kuí kuí zhě guāi yě
乖，故受之以睽；睽者，乖也。

guāi bì yǒu nán gù shòu zhī yǐ jiǎn jiǎn zhě
6 乖必有难，故受之以蹇；蹇者，
nán yě wù bù kě zhōng nán gù shòu zhī yǐ xiè xiè
难也。物不可终难，故受之以解；解
zhě huǎn yě huǎn bì yǒu suǒ shī gù shòu zhī yǐ sǔn
者，缓也。缓必有所失，故受之以损。
sǔn ér bù yǐ bì yì gù shòu zhī yǐ yì yì ér bù
损而不已必益，故受之以益。益而不
yǐ bì jué gù shòu zhī yǐ guài guài zhě jué yě
已必决，故受之以夬；夬者，决也。
jué bì yǒu suǒ yù gù shòu zhī yǐ gòu gòu zhě yù
决必有所遇，故受之以姤；姤者，遇
yě wù xiāng yù ér hòu jù gù shòu zhī yǐ cuì cuì
也。物相遇而后聚，故受之以萃；萃
zhě jù yě
者，聚也。

【译文】在外面受了伤，必定回到家中寻找安慰，所以明夷卦之后，接着就是家人卦。家道穷困难免互相离散，所以家人卦之后，接着就是睽卦；睽，乖离的意思。 6. 人心乖离会遇到重重困难，所以睽卦之后，接着就是蹇卦；蹇，困难的意思。事物不可能一直处于困难当中而没有解决的办法，所以蹇卦之后，接着就是解卦；解，缓解的意思。问题得到缓解，必定松懈而有所失，所以解卦之后，接着就是损卦。物极必反，损到无所可损的时候，就会增益，所以损卦之后，接着就是益卦。增益到一定程度，就会满而溢，所以益卦之后，接着就是夬卦；夬，决的意思。决去必定有所遇合，所以夬卦之后，接着就是姤卦；姤，遇合的意思。事物遇合就会聚集在一起，所以姤卦之后，接着就是萃卦；萃，聚集的意思。

jù ér shàng zhě wèi zhī shēng gù shòu zhī yǐ shēng
聚而上者谓之升，故受之以升。
shēng ér bù yǐ bì kùn gù shòu zhī yǐ kùn kùn hū shàng
升而不已必困，故受之以困。困乎上
zhě bì fǎn xià gù shòu zhī yǐ jǐng jǐng dào bù kě bù
者必反下，故受之以井。井道不可不
gé gù shòu zhī yǐ gé gé wù zhě mò ruò dǐng gù
革，故受之以革。革物者莫若鼎，故
shòu zhī yǐ dǐng zhǔ qì zhě mò ruò zhǎng zǐ gù shòu zhī
受之以鼎。主器者莫若长子，故受之
yǐ zhèn zhèn zhě dòng yě wù bù kě yǐ zhōng dòng zhǐ
以震；震者动也。物不可以终动，止
zhī gù shòu zhī yǐ gèn gèn zhě zhǐ yě
之，故受之以艮；艮者止也。

wù bù kě yǐ zhōng zhǐ gù shòu zhī yǐ jiàn jiàn
7 物不可以终止，故受之以渐。渐
zhě jìn yě jìn bì yǒu suǒ guī gù shòu zhī yǐ guī
者，进也。进必有所归，故受之以归
mèi dé qí suǒ guī zhě bì dà gù shòu zhī yǐ fēng
妹。得其所归者必大，故受之以丰；
fēng zhě dà yě qióng dà zhě bì shī qí jū gù shòu
丰者，大也。穷大者必失其居，故受

【译文】聚集在一起后不断上升，所以萃卦之后，接着就是升卦。上升一定会遇到困难，所以升卦之后，接着就是困卦。凡是在上面遭遇到困厄的，一定会向下去寻求出路，所以困卦之后，接着就是井卦。井用久了必定要整修清理，所以井卦之后，接着就是革卦。变革食物没有比鼎更适合的，所以革卦之后，接着就是鼎卦。主持鼎器的人，没有比长子更适合的，所以鼎卦之后，接着就是震卦；震，震动的意思。 7. 事物不可能一直不停地动，都会慢慢停下来，所以震卦之后，接着就是艮卦；艮，停止的意思。事物不可能永远停止不动，所以艮卦之后，接着就是渐卦；渐，循序渐进的意思。渐进一定要有所归宿，所以渐卦之后，接着就是归妹卦。得到归宿的，局面会越来越大，所以归妹卦之后，接着就是丰卦；丰，盛大的意思。盛大到无穷尽的时候必定会失去住所，所以丰卦之后，接着就是旅卦。

zhī yǐ lǚ lǚ ér wú suǒ róng gù shòu zhī yǐ xùn
之以旅。旅而无所容，故受之以巽；
xùn zhě rù yě rù ér hòu yuè zhī gù shòu zhī yǐ
巽者，入也。入而后说之，故受之以
duì duì zhě yuè yě
兑。兑者，说也。

yuè ér hòu sàn zhī gù shòu zhī yǐ huàn huàn zhě
8 说而后散之，故受之以涣；涣者，
lí yě wù bù kě yǐ zhōng lí gù shòu zhī yǐ jié
离也。物不可以终离，故受之以节。
jié ér xìn zhī gù shòu zhī yǐ zhōng fú yǒu qí xìn zhě
节而信之，故受之以中孚。有其信者
bì xíng zhī gù shòu zhī yǐ xiǎo guò yǒu guò wù zhě bì
必行之，故受之以小过。有过物者必
jì gù shòu zhī yǐ jì jì wù bù kě qióng yě gù
济，故受之以既济。物不可穷也，故
shòu zhī yǐ wèi jì zhōng yān
受之以未济终焉。

【译 文】旅居在外，没有容身之地，就会懂得谦顺与人，入乡随俗，所以旅卦之后，接着就是巽卦；巽，进入的意思。进入之后就会慢慢喜悦，所以巽卦之后，接着就是兑卦；兑，喜悦的意思。　8. 喜悦过后难免散去，所以兑卦之后，接着就是涣卦；涣，离散的意思。事物不可能一直离散，所以涣卦之后，接着就是节卦。知所节制，还要对人诚信，所以节卦之后，接着就是中孚卦。心存诚信，难免矫枉过正，所以中孚卦之后，接着就是小过卦。有所超过说明事情已经完成，所以小过卦之后，接着就是既济卦。事物不可能穷尽，所以既济卦之后，就是未济卦，象征自然、人事都是循环往复、周而复始。

zá guà zhuàn
杂卦传

qián gāng kūn róu bǐ lè shī yōu lín guān zhī yì
1 乾刚坤柔，比乐师忧。临观之义，
huò yǔ huò qiú zhūn xiàn ér bù shī qí jū méng zá ér zhù
或与或求。屯见而不失其居，蒙杂而著。

zhèn qǐ yě gèn zhǐ yě sǔn yì
震，起也；艮，止也；损、益，
shèng shuāi zhī shǐ yě dà xù shí yě wú wàng
盛衰之始也。大畜，时也；无妄，
zāi yě cuì jù ér shēng bù lái yě qiān qīng ér yù dài
灾也。萃聚而升不来也。谦轻而豫怠
yě shì hé shí yě bì wú sè yě duì xiàn ér
也。噬嗑，食也；贲，无色也。兑见而
xùn fú yě suí wú gù yě gǔ zé chì yě
巽伏也。随，无故也；蛊，则饬也。

bō làn yě fù fǎn yě jìn zhòu yě
剥，烂也；复，反也。晋，昼也；
míng yí zhū yě jǐng tōng ér kùn xiāng yù yě xián
明夷，诛也。井通而困相遇也。咸，
sù yě héng jiǔ yě huàn lí yě jié zhǐ
速也；恒，久也。涣，离也；节，止
yě xiè huǎn yě jiǎn nàn yě
也。解，缓也；蹇，难也。

【译文】1.乾卦刚健，坤卦柔顺，比卦与人亲比，是愉悦的；师卦兴师动众，令人很忧愁。临卦和观卦的意义，是给予和追求。屯卦象征始生之难，但不会失去居所；蒙卦象征启蒙，事情杂乱而显著。震卦，震动而起；艮卦，停止；损卦和益卦，是盛衰的开始。大畜卦，时机很重要；无妄卦，代表无妄之灾。萃卦，聚集的意思，而升卦，不知适可而止就返不回来。谦卦，是谦虚，轻己尊人，而豫卦是安逸，容易使人懈怠。噬嗑卦，是咬到坚硬的；贲卦，朴实无华。兑卦，喜悦显露在外，而巽卦是潜伏在里面。随卦，没有问题；蛊卦，整治。剥卦，剥烂；复卦，返回。晋卦，代表白天；明夷，光明受到阻碍。井卦，通达，而困卦代表遭遇到困难。咸卦，迅速；恒卦，恒久。涣卦，离散；节卦，节制。解卦，缓解；蹇卦，艰难。

睽，外也；家人，内也。否、泰，反其类也。大壮则止；遁则退也。大有，众也。同人，亲也。革，去故也；鼎，取新也。小过，过也；中孚，信也。

丰，多故也；亲寡旅也。离上而坎下也。小畜，寡也；履，不处也。需，不进也；讼，不亲也。大过，颠也；姤，遇也，柔遇刚也。

渐，女归待男行也。颐，养正也；既济，定也。归妹，女之终也。未济，男之穷也。夬，决也，刚决柔也。君子道长，小人道忧也。

【译文】睽卦，乖离与外，貌合神离；家人卦，家庭内部的事情。否卦代表闭塞不通，泰卦代表通泰，二者是相反的。大壮，壮大要适可而止；遁卦，退让。大有卦，所有、众多。同人卦，与人相亲，和睦相处。革卦，革除故旧。鼎卦，适合翻新。小过卦，稍微有点儿过分；中孚卦，诚信。丰卦，故交众多；亲朋寡少，家破人亡，是旅卦。离卦，向上提升，坎卦，向下沉沦。小畜卦，小有积蓄；履卦，非礼勿履。需卦，需要等待时机；讼卦，争讼而不亲近。大过卦，太过分以致颠倒；姤卦，相遇，代表柔遇刚。渐卦，女子嫁人，要男方主动提出要求，并经过一系列婚聘程序，方可进行。颐卦，用正当的方式和途径来颐养自己；既济卦，大功告成。归妹卦，嫁人是女子的归宿。未济卦，事情未完成，男子处于困穷的时候。夬卦，决去的意思，阳刚要决掉阴柔。君子的势力越来越大，小人的势力越来越小而逐渐陷入困境。

八卦取象歌

朱　熹 词
曾以仁 曲

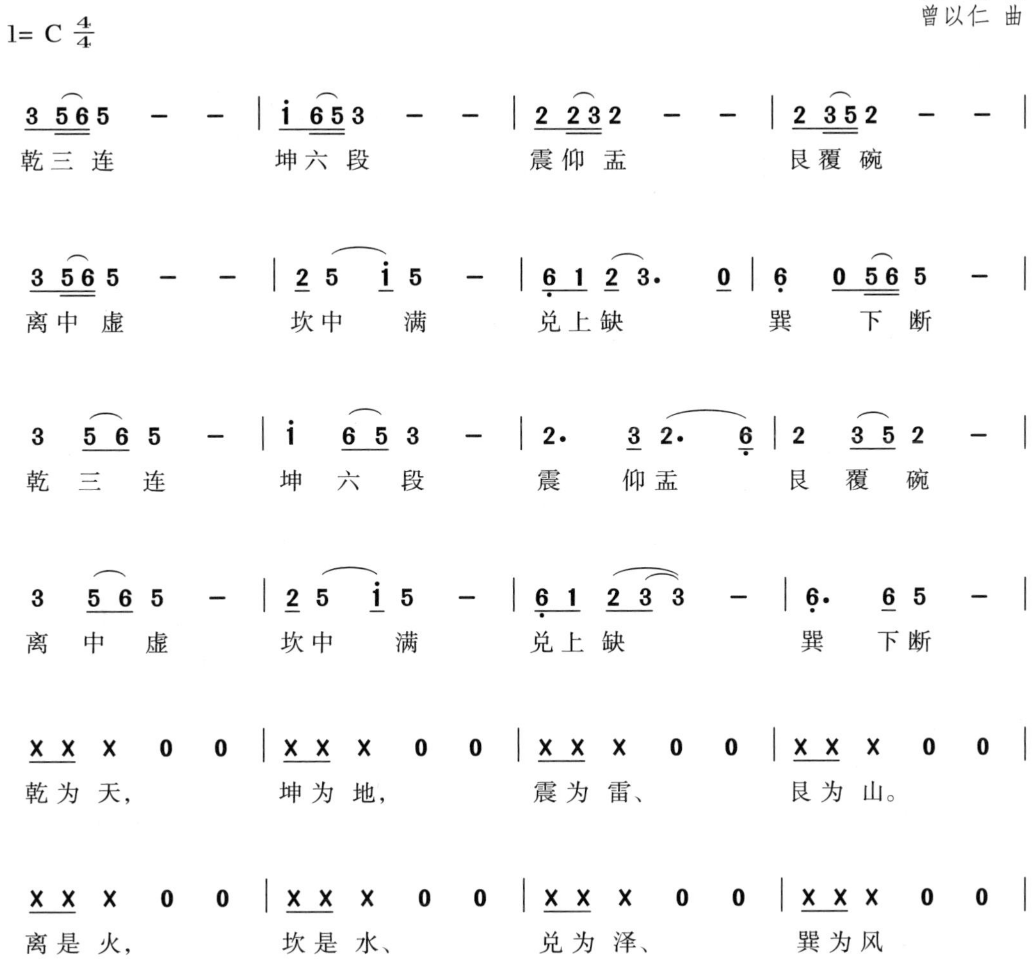

1= C 4/4

3 565 – – | 1 653 – – | 2 232 – – | 2 352 – – |
乾三连　坤六段　震仰盂　艮覆碗

3 565 – – | 2 5 1 5 – | 6 1 2 3. 0 | 6 0 565 – |
离中虚　坎中满　兑上缺　巽下断

3 5 6 5 – | 1 6 5 3 – | 2. 3 2. 6 | 2 3 5 2 – |
乾三连　坤六段　震仰盂　艮覆碗

3 5 6 5 – | 2 5 1 5 – | 6 1 2 3 3 – | 6. 6 5 – |
离中虚　坎中满　兑上缺　巽下断

X X X 0 0 | X X X 0 0 | X X X 0 0 | X X X 0 0 |
乾为天，坤为地，震为雷、艮为山。

X X X 0 0 | X X X 0 0 | X X X 0 0 | X X X 0 0 |
离是火，坎是水、兑为泽、巽为风

间奏：太极生两仪，两仪生四象，四象生八卦。读书之理，做少年君子！

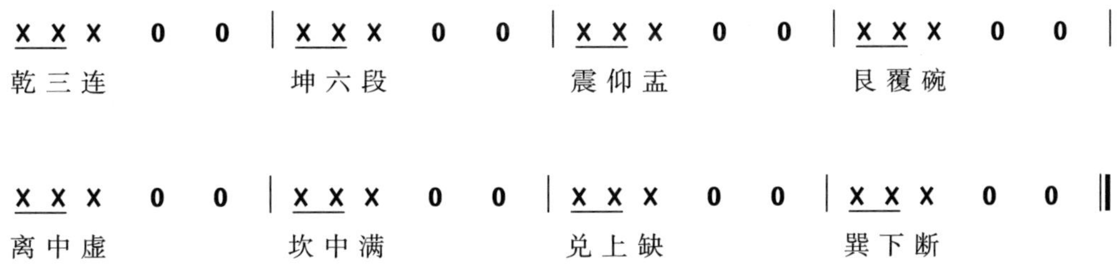

X X X 0 0 | X X X 0 0 | X X X 0 0 | X X X 0 0 |
乾三连　坤六段　震仰盂　艮覆碗

X X X 0 0 | X X X 0 0 | X X X 0 0 | X X X 0 0 ‖
离中虚　坎中满　兑上缺　巽下断

六十四卦卦序歌

朱 熹 词
曾以仁 曲

1= D $\frac{4}{4}$

欢快地

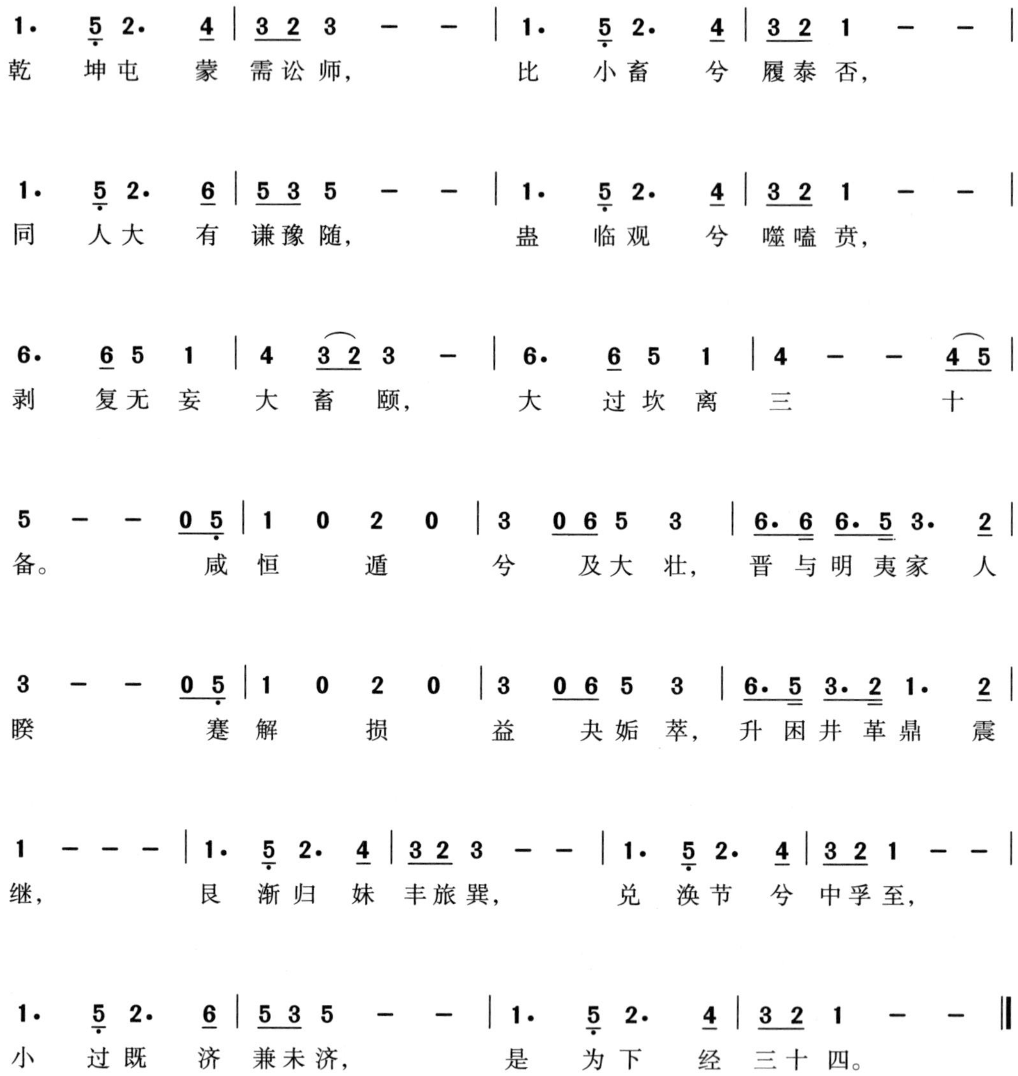

1· 5 2· 4 | 3 2 3 — — | 1· 5 2· 4 | 3 2 1 — — |
乾 坤屯 蒙 需讼 师， 比 小畜 兮 履泰 否，

1· 5 2· 6 | 5 3 5 — — | 1· 5 2· 4 | 3 2 1 — — |
同 人大 有 谦豫 随， 蛊 临观 兮 噬嗑 贲，

6· 6 5 1 | 4 3 2 3 — | 6· 6 5 1 | 4 — — 4 5 |
剥 复无 妄 大 畜 颐， 大 过坎 离 三 十

5 — — 0 5 | 1 0 2 0 | 3 0 6 5 3 | 6· 6 6· 5 3· 2 |
备。 咸 恒 遁 兮 及大 壮， 晋 与 明 夷 家 人

3 — — 0 5 | 1 0 2 0 | 3 0 6 5 3 | 6· 5 3· 2 1· 2 |
睽 蹇 解 损 益 夬 姤 萃， 升 困 井 革 鼎 震

1 — — — | 1· 5 2· 4 | 3 2 3 — — | 1· 5 2· 4 | 3 2 1 — — |
继， 艮 渐 归 妹 丰 旅 巽， 兑 涣 节 兮 中 孚 至，

1· 5 2· 6 | 5 3 5 — — | 1· 5 2· 4 | 3 2 1 — — ‖
小 过 既 济 兼 未 济， 是 为 下 经 三 十 四。

分宫卦象次序歌

作词：金伯扬
作曲：陈怡彤

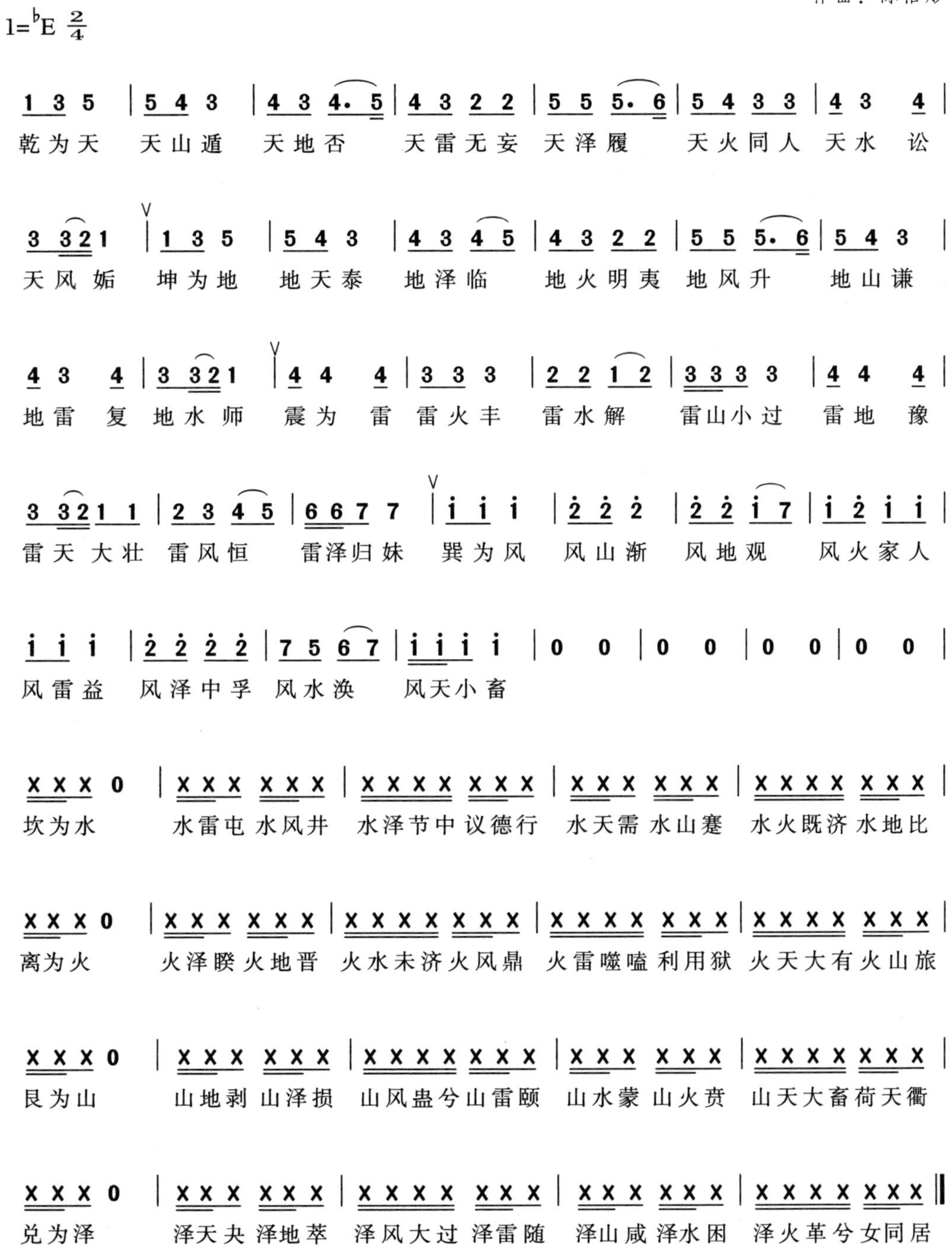

1=♭E $\frac{2}{4}$

1 3 5 | 5 4 3 | 4 3 4. 5 | 4 3 2 2 | 5 5 5. 6 | 5 4 3 3 | 4 3 4 |
乾为天 天山遁 天地否 天雷无妄 天泽履 天火同人 天水讼

3 3 2 1 | ∨ 1 3 5 | 5 4 3 | 4 3 4 5 | 4 3 2 2 | 5 5 5. 6 | 5 4 3 |
天风姤 坤为地 地天泰 地泽临 地火明夷 地风升 地山谦

4 3 4 | 3 3 2 1 | ∨ 4 4 4 | 3 3 3 | 2 2 1 2 | 3 3 3 3 | 4 4 4 |
地雷复 地水师 震为雷 雷火丰 雷水解 雷山小过 雷地豫

3 3 2 1 1 | 2 3 4 5 | 6 6 7 7 | ∨ 1̇ 1̇ 1̇ | 2̇ 2̇ 2̇ | 2̇ 2̇ 1̇ 7 | 1̇ 2̇ 1̇ 1̇ |
雷天大壮 雷风恒 雷泽归妹 巽为风 风山渐 风地观 风火家人

1̇ 1̇ 1̇ | 2̇ 2̇ 2̇ 2̇ | 7 5 6 7 | 1̇ 1̇ 1̇ 1̇ | 0 0 | 0 0 | 0 0 | 0 0 |
风雷益 风泽中孚 风水涣 风天小畜

X X X 0 | X X X X X X | X X X X X X X | X X X X X X | X X X X X X X |
坎为水 水雷屯 水风井 水泽节中议德行 水天需 水山蹇 水火既济 水地比

X X X 0 | X X X X X X | X X X X X X X | X X X X X X X | X X X X X X X |
离为火 火泽睽 火地晋 火水未济 火风鼎 火雷噬嗑 利用狱 火天大有 火山旅

X X X 0 | X X X X X X | X X X X X X X | X X X X X X | X X X X X X X |
艮为山 山地剥 山泽损 山风蛊兮山雷颐 山水蒙 山火贲 山天大畜荷天衢

X X X 0 | X X X X X X | X X X X X X X | X X X X X X | X X X X X X X ‖
兑为泽 泽天夬 泽地萃 泽风大过 泽雷随 泽山咸 泽水困 泽火革兮女同居

大哉乾元

（感念父亲 终身难忘）

《易经·乾卦象辞》

曾以仁 曲

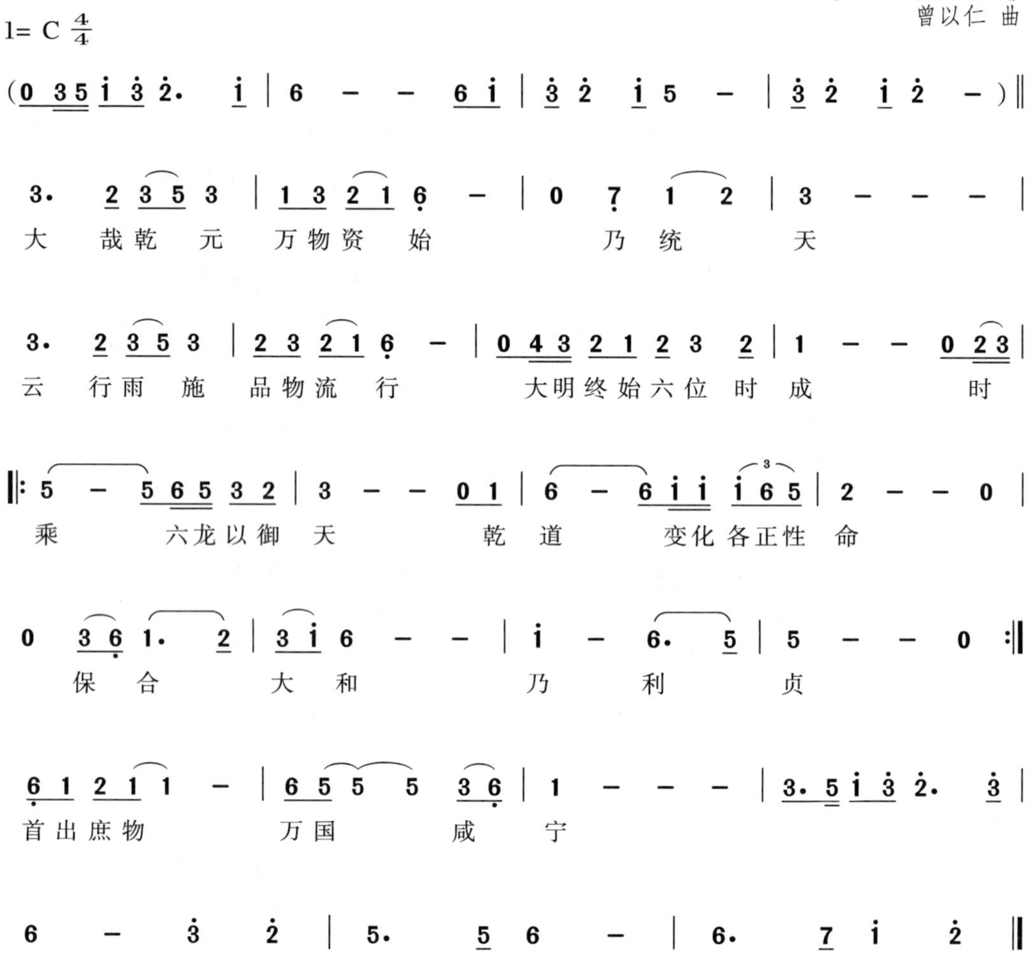

1= C $\frac{4}{4}$

大哉乾元 万物资始 乃统天

云行雨施 品物流行 大明终始六位时成 时

乘六龙以御天 乾道 变化各正性命

保合大和 乃利贞

首出庶物 万国咸宁